KB144783

유진상가
원일아파트

2층 한옥상가

효자아파트

고은아파트
안산맨숀

피어선아파트

낙원빌딩

최원상가아파트

연화아파트

서소문아파트
미동아파트
(아미토아파트)

세운상가

운정아파트

정운설아파트

관문빌딩

월효아파트

금성아파트

삼각아파트

대신아파트

반포주공
노선상가아파트

0   1km   2km

가장 도시적인 삶

가장 도시적인 삶

글·사진 황두진

무지개떡 건축
탐사 프로젝트

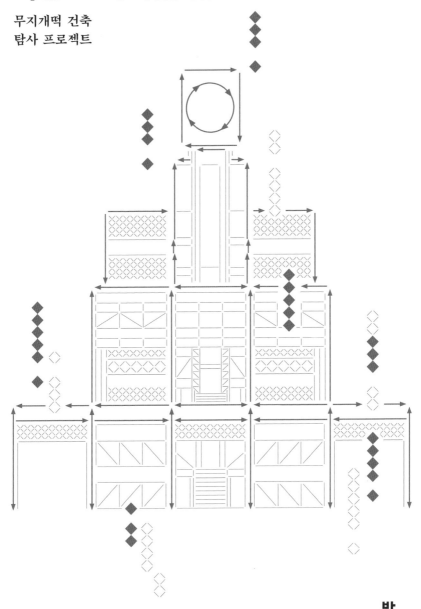

반비

익명의
선배 건축가들에게
이 책을 바칩니다.

추천의 말

　과학자의 관점에서 볼 때, 현대 도시문명의 지속 가능성을 해치는 가장 심각한 문제는 '직주분리', 즉 일터와 삶터가 멀리 떨어져 있다는 점이다. 하루 2시간 이상 소모되는 출퇴근의 피로와 스트레스, 교통 혼잡과 매연으로 인한 환경 파괴, 탄소 에너지의 지나친 소비까지. 도시인들의 '일과 삶의 균형'은 심각하게 망가졌다. 새로운 도시문명을 건설한다면, 제일 먼저 해결해야 할 문제가 바로 이 직주분리 문제다.

　'무지개떡 건축'이라는 개념을 통해 일터와 삶터가 가까이 있는 도시 공간의 필요성을 일찍이 주장했던 건축가 황두진은, 이번 책에서 서울 시내 곳곳에 위치한 '상가아파트'를 분석했다. 가내수공업 시대 유럽의 도시건축에서만 그 기원을 찾지 않고, 조선 시대부터 내려오던 일터-삶터의 균형을 활용한 실험이 성공하지 못한 연유를 살피며, 상가아파트를 통해 존재하고 있던 도시 주거 유형의 한국적 맥락을 밝혀낸다. 성실히 답사하고 치밀하게 분석해 발과 머리로 쓴 이 책은 우리에게 건축사에서 외면당해온 상가아파트라는 외로운 공간을 통해, 지난 세월 한반도에서 우리가 어떻게 살아왔는지를 생생하게 상상할 수 있도록 도와준다. '삶을 담아내는 그릇'으로서의 건축이 무엇인지 정확하게 보여주는 이 책을 읽으면서 내 삶을 행복하게 품을 미래 공간을 꿈꿔보시길. —정재승(KAIST 바이오및뇌공학과 교수)

작가 오현종은 자전소설에서 "훗날 자신이 죽은 뒤 남는 건 단 몇 줄에 불과하고, 그나마 만남과 헤어짐, 두려움과 외로움 같은 건 기록되지 않는다."고 했다. 출생과 사망으로만 깔끔하게 기록되는 공식적인 기록은 그래서 누구의 사연에도 눈 돌리지 않는다. 어디 인생만 그러랴. 출생도 분명치 않고 사망 기록도 확인하기 곤란한 도시건축은 그저 귀찮은 존재일 뿐이다. 오로지 눈부심과 돈벌이만을 좇는 생존경쟁의 악다구니 속에서 누군가 벗어놓은 철 지난 외투처럼 버려졌고, 그래서 이들은 늘 외롭고 두렵다. 오래된 것을 오래되었다고 버리는 시대인 까닭이다.

황두진의 『가장 도시적인 삶』은 외로움과 두려움에 떠는 존재를 향한 따사로운 눈길이다. 지은이의 발걸음 역시 외롭고 두려웠겠다. 거의 없다 해도 지나치지 않은 부실한 기록 때문에 무릎이 자주 꺾였고, 힘도 부쳤다. 스스로 성실하게 기록하는 것이 역사라는 믿음은 사뭇 용기가 되었다. 그렇게 찾아 나선 '상가아파트'는 역사가 되었고, 믿음과 용기가 보태져 『가장 도시적인 삶』을 잉태했다. 황두진의 책은 그러므로 외로움과 두려움에 떠는 도시건축에 대한 배려와 격려로 만든 '도시건축의 보학(譜學)'이다. —박철수(서울시립대 건축학부 교수)

1960년대, 다가올 경제성장과 도시의 고도화를 예견한 한국의 건축가들은 대담한 상상력과 도시에의 애정으로 상가아파트를 설계했다. 그러나 상가아파트를 무대로 한 드라마틱한 역사는 잊혔고, 50년 일찍 실현된 미래는 이해받지 못한 채 묻혔다.

눈 밝은 건축가 황두진은 이 책에서 상가아파트의 역사와 가능성을 재발견한다. 이는 과거에 대한 순수한 호기심에서 비롯된 것임과 동시에, 우리가 살아갈 도시를 아름답고 효율적인 공간으로 만들어내기 위한 그의 오랜 고민의 결과다. 이 책을 들고 골목길을 걸으며 답사를 해도 좋겠고, 아직 가치가 저평가된 구역을 찾아 탐사에 나서도 좋겠다. ─김시덕(문헌학자·작가)

서문

불과 몇 년 전까지만 해도 이런 내용의 책을 쓰게 되리라고는 전혀 예상하지 못했다. 다른 사람들처럼 나 또한 상가아파트에 특별한 관심이 없었다. 도시 여기저기에서 불쑥불쑥 마주칠 때마다 조만간 헐릴지 모른다는 다소 착잡한 마음이 들었을 뿐, 자세히 들여다볼 생각은 하지 못했다. 본격적으로 관심을 둔 것은 2015년 말에 출판된 『무지개떡 건축』(메디치미디어, 2015)을 쓰면서였다. 상가아파트가 무지개떡 건축을 이야기하는 데 있어서 일종의 '사라진 연결 고리'와도 같다는 생각이 들었다. 그 이전에 쓴 책인 『한옥이 돌아왔다』(공간사, 2006)에서 성공회강화도성당이나 벤사창 같은 사례를 한옥 진화의 사라진 연결 고리로 봤던 것과 같은 이유에서였다. 마치 페이지가 뜯겨 나간 역사책을 바라보는 느낌이었다고나 할까. 게다가 한때 상가아파트는 아파트의 기본형, 즉 대세였다. 오늘날 우리에게 익숙한(상가동과 주거동으로 확연히 구분된) 소위 단지형 아파트가 본격적으로 등장한 것은 상가아파트가 나름 세상을 풍미하고 난 후였다. 그리고 상가아파트는 그야말로 어느 날 갑자기 백악기 말의 공룡처럼 사라져버렸다. 그 과정을 불과 몇 페이지에 압축해서 담는 것으로 일단 그 책을 마무리했지만 미진한 느낌이 남아 있었다.

《서울신문》의 연재 제안이 온 것은 책이 나오고 몇 달 후였다. 2016년 4월로 기억된다. 『무지개떡 건축』 중 상가아파트 부분만 집중적으로 다루어 연재할 수 있겠냐는 파격적인 내용이었다. 일주일에 한 번, 그것도 신문 한 면 전체를 채우는 대담한 기획이었다. 내심 바라던 바였다. 이리하여 2016년 5월 「건축가 황두진의 무지개떡 건축을 찾아서」라는 제목으로 연재가 시작되었고, 도중에 25회를 30회로 늘리기로 결정되어 연말쯤에야 연재가 마무리되었다. 후반부에 가서는 시점을 현재로 이동하여, 최근에 지어진 사례는 물론이고 마침 당시 출장을 가게 된 몇몇 태평양 연안 국가의 도시도 다루었다. 모든 건물을 답사하고 가급적 사진도 직접 찍는다는 원칙을 세웠고, 이를 충실히 따랐다. 연재의 최종회인 평양의 경우만 예외가 되었다. 결과적으로 작업량이 만만치 않았던 탓에, 전업 작가가 아닌 입장에서는 생활에 상당한 무리수를 두고 지낸 셈이다. 본업인 건축사무소 일을 당연히 최우선으로 삼으며 사생활을 극도로 압축했다. 이 과정에서 내 자신이 일종의 무지개떡 건축에서 살며 일한다는 사실이 큰 힘이 되었다. 평소에도 '내게는 남들보다 하루에 두 시간이 더 있다.'라고 생각해왔는데 이런 상황에서는 그 두 시간이 금보다 귀했다. 직주근접(職住近接)의 삶이 아니었다면 아마 이 일을 시작할 엄두조차 못 냈을 것이다.

이 책은 무지개떡 건축이라는 건축적 담론과 관련된 일련의 사례를 소개하고, 그에 대한 관찰과 견해를 담은 결과물이다. 본격적인 학술서를 지향하지는 않으나, 그럼에도 확인 가능한 범위 안에서 사실

관계를 정확히 하고자 노력했다. 시대 추세에 따라 대다수 정보를 인터넷에서 구했으나 단일 정보에 의존하기보다는 가급적 여러 가지를 폭넓게 조망하여 객관성을 유지하려 했다. 이 과정에서 특히 유의했던 것은 각 건물의 건립 연도, 법적 용어로는 '사용승인일'이었다. 요즘은 정보의 유통이 활발하여 이런 정보들을 부동산 사이트에서도 구할 수 있으나, 이 책에서는 건축물대장 혹은 그 이전의 구가옥대장을 발급받아 하나하나 확인하였다. 문제는 사람도 종종 서류상 생년월일과 실제 생년월일이 다르듯이 건물 또한 그러하다는 점이었다. 때로 불과 1~2년 사이로 중요한 역사적 평가가 바뀌는 경우도 있기 때문에 이는 상당히 심각한 문제다. 예를 들어 좌원상가아파트는 관점에 따라서 한국 최초의 주상복합건축으로 볼 수 있는 경우인데, 서류상 사용승인일과 분양일과의 차이가 너무 커서 자료의 신빙성에 의문이 든다. 세운상가의 경우도 이를 구성하는 여러 건물의 서류상 사용승인일과 실제 완공 시점과의 격차가 상당하는 것이 그간 만난 아파트 연구자들의 공통된 의견이었다. 별도의 심층 연구를 통해서 밝혀야 할 영역이다.

또 다른 문제는 답사 자체의 물리적 한계다. 이 책에 소개된 건물 중 답사자가 마음 편하게 방문할 수 있는 곳은 없다고 해도 과언이 아니다. 상가아파트는 대부분 한 개 동으로 구성되어 있기 때문에 입주자와 외부인이 금방 구별된다. 게다가 재건축이 예정되어 있거나 이를 추진 중인 곳이 많아서 불청객을 경계하는 분위기다. 노골적으로 "사진 촬영 금지" 경고문이 붙어 있거나 심지어 이를 어길 경우 고발하겠다는 문구도 볼 수 있다. 주택은 기본적으로 사유재산이므로 그러한 경고를 가볍게 생각할 수도 없다. 실제로 주민들의 가벼운 항의를 받은 적도 있고 영 분위기가 험악하여 내심 두려움을 느낀 적도 있다. 답사는 해야겠고 도저히 어쩔 수 없을 경우에는 결국 선의의 거짓말을 했다. "잘 기억이 나지 않으나 부모님 말씀으로는 내가 어렸을 때 여기 살았다고 한다. 어머니가 팔순으로 거동이 불편하신데 이 집 생각이 많이 나신다며 사진이라도 좀 찍어 오라 하셔서 왔다."라는 식이다. 나름 효과가 좋은 방법이기는 하지만 남용해서는 안 되겠다. 이 책이 나오고 나면 답사를 희망하는 독자도 있을 텐데, 아쉽지만 각자 나름의 지혜를 동원해서 방법을 찾으라고 말씀드릴 수밖에 없다.

답사 과정이 그러했던 데다가, 무엇보다 개인적 작업이어서 실측에 바탕을 둔 도면화 작업은 꿈도 꿀 수 없었다. 이 책에 실린 도면들은 전적으로 인용하거나 제공받은 것이다. 특히 선행 연구에 해당하는 장림종·박진희 공저의 『대한민국 아파트 발굴사』(효형출판, 2009)에 수록된 일부 도면이 이 책에도 실려 있다. 장림종 교수는 안타깝게도 일찍 세상을 떠났으나 공저자인 박진희 씨와 장림종 교수의 유가족으로부터 도면 사용에 대한 동의를 구할 수 있었다. 그나마 도면이 있는 것은 일부 건물에 해당하며 단 한 장의 실측 도면도 마련되지 않은 상가아파트가 대부분이다. 그래서 오히려 역으로 제안을 하고 싶다. 공공적 방식으로 이 실측 및 조사 작업을 진행할 수는 없는가. 중앙정부나 서울시 등 지자체에서 수행하는 수많은 도시건축 관련 사업에 투입되는 예산 중 극히 일부만 할애해도 충분히 가능한 일이다. 게다가 상가아파트가 무한정 있는 것도 아니어서 중요한 건물을 다 모아봐야 그 개수가 얼마 되지 않는다. 하지만 그 기록의 중요성은 가히 문화재급이라고 믿는다. 그러한 사회적 결단이 내려지는 데 이 책이 조금이라도 기여한다면 저자로서 큰 보람이겠다.

이 책은 무지개떡 건축 중에서도 주로 상가아파트의 전체적 구성, 그리고 건물과 도시가 만나는 방식에 주로 관심을 둔다. 즉 개별 상가아파트의 특성 못지않게 도시건축의 유형으로서 상가아파트의 보편적 가치를 조망하고, 그 존재를 다시 알리며, 나아가 이를 재구성하여 현대에 다시 적용하고자 하는 노력의 산물이다. 이런 관점에서 개별 유닛에 대한 관심은 부차적이었고, 따라서 내용상 필요한 정도만 언급했다. 왜 지금 이런 건물 유형에 대한 관심이 필요한가는 전작인 『무지개떡 건축』에서 밝힌 바 있으나, 다시 정리하자면 다음과 같다.

고도성장기에는 교외의 확장이 이루어지며, 이 과정에서 필연적으로 도시의 수평적 팽창과 이동 시간의 증가가 수반된다. 이때 오히려 도심의 인구가 감소한다. 상가아파트는 이러한 현상이 본격적으로 도래하기 전의 건축 유형으로 그 상당수는 전통적 구도심이거나 도심 외곽의 교통 거점에 자리 잡고 있었다. 즉 상가아파트는 애초부터 전원형이 아닌 도시적 유형이었던 셈이다. 반면 단지형 아파트는 비록 현재 도시 아파트의 대세이기는 하나, 근본적으로 전원형이라는 것이 나의 견해다.

한편 고도성장기 이후에는 인구의 도심 회귀가 일어난다. 파리의 경우 1970년대에 야심차게 개발한 근교 신도시의 인구가 줄어드는 현상이 근래 보고되고 있다. 이들을 포함한 하위 중산층의 도심 진입은 이미 사회적으로도 중요한 쟁점이 되었다. 2015년 1월 5일자 서울연구원의 《세계도시동향》에 따르면, 파리 도심을 고급 주택지가 독점하는 것을 막기 위하여 파리 시청은 도심 일정 지역의 주거용 건물을 소유한 사람은 이를 공공에게 우선적으로 매각해야 한다는 특단

15

의 조치를 취한 바 있다. 동경도 마찬가지다. 2017년 4월 6일자《연합뉴스》기사의 제목이 「日 도쿄 도심으로 인구회귀 가속」일 정도다. 서울의 경우 인구의 수도권 전출로 전체 인구가 다시 1000만 명 미만으로 내려가 있지만, 도심으로의 회귀는 이미 시작되었다. 2017년 7월 31일자《한국스포츠경제》의 「신도시 탈출, 원도심 대이동」과 같은 기사가 그런 현상을 잘 보여준다. 이것은 다른 도시들도 마찬가지다.

이러한 현상에 대응하고 이를 포용할 건축적 유형은 무엇일까? 우선 단독주택은 기본 밀도의 문제를 도저히 해결할 수 없으므로 보편적 유형으로 자리매김할 가능성이 전혀 없다. 기존의 단지형 아파트는 의외로 토지 이용의 효율도 높지 않을 뿐 아니라, 무엇보다 도시의 기본 에너지인 거리의 활력에 전혀 기여하지 못한다. 기존의 다가구, 다세대, 연립주택 들은 기본 밀도는 어느 정도 충족하고 도시 맥락의 유지에도 공헌하지만 대부분 주거 단일 용도인 경우가 많아 거리에 대해서 방어적인 입장을 취하게 된다는 단점이 있다. 즉 도시의 기본 밀도를 충족하면서 복합 기능을 통해 거리의 활력에 기여하고, 도시의 기존 맥락을 어느 정도 유지할 수 있으며, 나아가 상주인구와 유동인구의 적절한 균형을 확보할 수 있는 유형이 필요하다. 그것이 바로 무지개떡 건축이다. 그리고 그 시원적 형태를 찾아볼 수 있는 것이 바로 상가아파트다. 이 책에 등장하는 주요 가로형 상가아파트의 평균 용적률은 400퍼센트 이상으로, 대부분 200퍼센트 미만인 요즘 단지형 아파트의 용적률을 훨씬 상회한다. 그 자세한 내용은 부록에 첨부되어 있다.

이 책을 쓰는 과정에서 수많은 분들의 도움을 받았다. 우선 연재

프로젝트를 제안하고 긴 여정의 동반자가 되어준 《서울신문》의 이순녀, 안동환 두 분, 그리고 처음에 다리를 놓아준 메디치미디어의 김현종 대표에게 감사의 인사를 전한다. 그다음으로는 일부 답사에 동참하거나 다양한 방식으로 조언과 격려를 아끼지 않은 건축계 안팎의 동반자들이 있다. 일일이 열거하기 어려우나, 그중에서도 특히 소소건축 대표인 박진희 씨, 그리고 도면의 사용을 허락해준 고 장림종 교수의 부인 이주연 씨에게 다시 한 번 감사드린다. 2010년 서울대학교 석사논문인 「1960~1970년대 서울 상가아파트에 관한 연구」의 저자 강승현 씨도 빼놓을 수 없다. 해외 체류 중이라 직접 만나지는 못했으나 이메일로 의견을 교환하고 몇몇 귀한 도면의 재인용에 대한 동의를 받을 수 있었다. 마침 유학을 마치고 실무 건축가의 길을 가고 있다고 하니 언젠가 이론과 실무를 겸비한 건축가로 등장하리라 기대해본다. 한국 공동주거사의 석학인 서울시립대학교의 박철수 교수님 또한 받는 사람이 미안할 정도로 여러 귀한 정보를 기꺼이 제공해주셨다. 근대건축 연구가로 잘 알려진 코어건축의 정다은 씨에게도 많은 도움을 받았다.

인연의 씨줄과 날줄이 교직하며 오랜 교류 끝에 출판사와 필자로 만나게 된 사이언스북스의 박상준 대표, 그리고 그 임프린트인 도서출판 반비의 김희진, 조은 두 분께도 특별한 감사를 드린다. 특히 기획 초기에 건네받은 빽빽한 모니터링 원고는 부족한 관점을 되돌아보고 이 책의 성격을 명확히 하는 데 결정적인 도움을 주었다. 회사 대표인 나의 저술 활동을 묵묵히 바라보고 지지해준 황두진건축사사무소의 직원들, 특히 이 책의 원고를 꼼꼼히 읽어보고 애정 어린 조언을 아끼지 않은 홍수영 팀장에게 감사한다.

마지막으로는 역시 가족, 특히 아내 고현주에 대한 미안하고 고마운 마음을 말할 차례다. 일과 후나 주말이면 어김없이 '낡은 건물'을 보기 위해 사라지곤 하는 남편에게 어찌 원망이 없었으랴. 그러면서도 몇몇 건물의 답사에 동행해서 여러 의견을 준 것 또한 즐거운 추억이다. 이렇게 조사하고 연구한 내용을 바탕으로 남편이 훌륭한 건축적 결과물을 내놓기를 기대하는 마음 또한 고스란히 나에게 전해졌다.

이 책이 세상에 도움이 되기를 바란다.

2017년 여름 목련원에서
황두진

일러두기

― 편집 초기의 논의에 따라 글의 연속적인
  리듬을 위해 별도의 참고 문헌 없이, 필요
  한 내용은 가급적 본문에 녹였다.
― 별도 표기가 없는 사진은 모두 직접 찍은
  것이다. 기타 사진이나 도판의 경우 출처
  를 밝혔다. 최대한 저작권을 확인했으나
  미처 누락된 것은 연락을 바란다.
― 건물을 소개하는 순서는 일단 유형별로 분
  류했고, 같은 유형 안에서는 건축물대장상
  의 사용승인일을 기준으로 했다.
― 지도 작업은 신윤석 씨가 담당했다.

차례

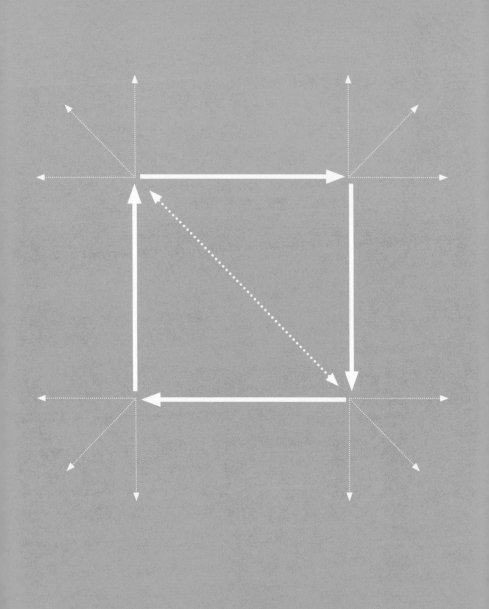

1부

단독형
무지개떡 건축

대부분의 상가아파트는 한 개 동으로 구성되어 있는 '단독형'이다. 그러나 이들은 단일 건물로서의 정체성을 강하게 띤 채 섬처럼 고립되어 있는 유형이 아니라, 그것이 면하고 있는 거리와 밀착된 '거리형' 아파트로서 주변 공간과 긴밀히 호흡한다. 따라서 1부의 단독형 건물을 살펴볼 때에도 개별 건물과 도시가 관계 맺는 방식에 주목할 필요가 있다.

2층 한옥상가

무지개떡 건축의 탄생

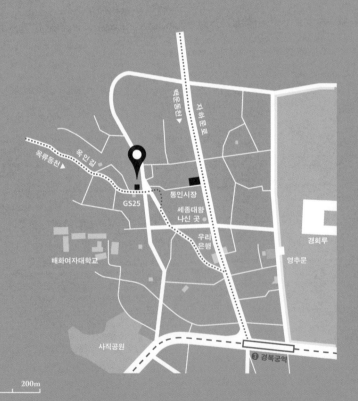

옥류동천▶
옥인길
자하문로
박노수미술관▼
GS25
통인시장
세종대왕
나신 곳▲
우리
은행
배화여자대학교
경회루
영추문
사직공원
❸ 경복궁역

↑ 0 200m

2층 한옥상가 무지개떡 지수

78

입지	16
형태	18
규모	10
보행	18
복합	16

총평   워낙 규모가 작으나 입지 조건이 좋고 역사적 가치 등을 고려   **78**/100
할 때, 당시로서는 상당한 잠재력을 지녔던 유형이라고 할 수
있다. 이런 방향으로 도시건축의 기본을 잡아 발전시켰으면 우
리는 지금 매우 다른 환경에 살고 있을 것이다.

입지   도심은 아니지만 유서 깊고 활기 있는 가로에 면해 있다.   **16**/20

규모   지하실 없는 소규모 2층 건물로서, 도시적 영향력이 작은 점이   **10**/20
아쉽다.

복합   주거와 비주거의 기능이 1 대 1로 좋은 비율을 보인다.   **16**/20

보행자   보행자가 정말 좋아할 만한 건물이다. 처마가 조금 더 깊어서   **18**/20
친화성   비를 그을 수 있고 1층의 단차를 줄여 휠체어가 들어갈 수 있으
면 더욱 좋겠다.

형태   고전적인 아름다움을 지닌 전통 건축물이며 1층의 아기자기함,   **18**/20
전체적 비례 등에 호감이 간다. 전통 건축물의 특성상 옥상을
활용할 수 없는 점이 아쉽다.

그 시작은 '가게'였다

한국 최초의 무지개떡 건축은 무엇이었을까? 이 간단한 질문에 자신 있게 대답할 수는 없다. 당장 조선 시대만 해도 기록이나 유구(遺構, 옛날 토목건축의 구조와 양식을 알 수 있는 실마리가 되는 자취)가 부족한 형편이며, 시간을 거슬러 고려나 삼국시대로 올라가면 상상력으로 채워 넣어야 하는 부분이 너무 많기 때문이다. 그러나 어느 정도 상업이 발달한 지역이라면 상점과 주거가 연결된 유형이 있었으리라는 정도는 추측할 수 있다. 즉 삶의 절실한 필요에 따라, 사는 곳이 곧 일터가 된 상황 말이다.

'가내수공업'이라는 단어에서 짐작되듯이 집 안에 생산을 위한 공간이나 간단한 시설을 두는 경우가 있다. 만든 물건을 장터에 나가 팔기도 했지만 거리에 면한 집의 한구석에서 팔기도 했는데, 이것이 가게라는 단어의 한 기원이 되었다. 이런 점에서 주거가 딸린 가게는 가히 무지개떡 건축의 시원적 사례라고 할 만하다. 사실상 이러한 '상가주택 1.0' 유형은 지금도 우리 주변에서 종종 발견된다. 특히 여러 도시의 구도심에 가면 상점이나 식당 안쪽에 주인의 가족들이 기거하는 경우를 볼 수 있다. 그만큼 역사가 길고 생명력이 질긴 유형인 셈이다. 동네가 완전히 재개발된다면 모를까, 이런 집들은 의외로 세상의 변화에도 잘 버틴다.

박지원의 『양반전』, 김주영의 『객주』 등 역사소설에 등장하는 객주의 집, 즉 객주가(客主家) 또한 이런 관점에서 볼 수 있다. 객주란 객상주인(客商主人)의 준말로 오늘날로 치면 일종의 브로커다. 매매를 주선한 수수료를 받을 뿐 아니라 상인에 대한 숙박업, 화물의 보관 및

기산 김준근, 「객주」.

운반, 심지어 기본적인 금융 서비스도 제공하는 존재였다. 따라서 객
주가란 당시의 기준으로는 가히 복합건축의 결정판이었을 것이다.
지금은 음식점으로 사용하는 인천 중구 소재 월아천이 현존하는 객
주가의 하나이며, 19세기 말 기산 김준근(箕山 金俊根)의 풍속화인 「객
주」는 당시 객주가의 모습을 생생히 전한다. 그러나 대체로 상업을 천
하게 여기는 분위기에서 객주의 영향력은 제한적이었다. 그래서 중세
유럽의 상인 주택이나 일본의 마치야(町屋 혹은 町家) 등 상업이 발달한
나라들에서 흔히 보는 본격적인 다층 상가주택은 찾아볼 수 없었다.
기원전 세워진 로마의 배후 도시인 오스티아(Ostia)의 경우 1층은 상
가고 그 위에 공동주거가 있는 대규모의 상가주택, 즉 인술라(insula)

로마 오스티아의 상가주택 유적.

가 보편적인 유형이었다. 이러한 사례에 비하면 한반도는 세계사적 관점에서 상가주택의 발전이 상당히 늦었고 그에 대한 인식도 낮다.

규모나 형태는 다르더라도 이러한 복합적인 삶의 방식이 서서히 되돌아온다는 사실은 흥미롭다. 컴퓨터나 모바일 기기 등의 보급이 이런 현상을 가속화한다. 요즘 사람들은 일터에서만 일하지 않는다. 사무실의 대안으로 카페가 등장한 지도 이미 오래다. 더불어 주거 또한 생산과 작업 공간으로서의 기능을 서서히 회복 중이다. 흔히 말하는 '소호(Small Office, Home Office)'가 그 대표적인 예다. 이렇게 일터가 아예 집으로 침투하는 것은 일터와 집의 거리를 단축하는 직주근접 개념과 구별되는 또 다른 현상으로 봐야 할 것이다. 그러나 상업 활동이 보편화되고 도시적 사고방식을 지닌 사람들이 늘면서 이런 현상은 삶의 자연스러운 한 부분으로 받아들여지는 듯하다.

본격 상가건축의 등장

서울 서촌의 옥인동. 지금은 주거와 상업이 혼재된 지역으로서 서울의 새로운 관광지가 되었지만 한때 이곳은 장동 김씨와 파평 윤씨라는, 당대 세도가들의 세거지였다. 겸재 정선이 이곳에 살면서 주변 풍광을 그렸을 정도로 도성 안에서도 유난히 아름다운 곳이었다. 옥인동이 그 남쪽의 누상동 및 누하동과 이루는 경계는 계곡을 따라 형성되었고, 당연히 이를 따라 옥류동천이라는 개울이 흐른다. 지금은 복개되어 그 존재를 알 수 없지만 서울시는 청계천처럼 언젠가 이 물길도 다시 햇빛을 보게 하겠다는 야심찬 계획을 품고 있다.

인왕산 중턱의 수성동 계곡에서 흘러내리는 이 개울이 통인시장 서쪽 입구 근처에서 동남쪽으로 방향을 선회하는 지점 근처에 작은 2층 한옥 하나가 서 있다. 자세히 보면 두 채지만 한 채는 심하게 변형되어 한옥으로 보이지 않는다. 1층에 옷과 모자 등을 파는 패션 상점들이 있고 그 오른쪽에는 작은 쪽문이 하나 있다. 궁금해서 물어보니 주인이 2층에 기거한다고 한다. 별것 아닌 이야기처럼 들리지만 여기에 흥미로운 사실 두 가지가 있다. 우선 2층 한옥의 존재 자체다. 「이층한옥상가의 유형연구」(문정기, 서울시립대학교 석사논문, 2013)에 따르면, 2층 한옥은 개화기에 등장한 새로운 유형의 한식 건물이다. 서울의 경우 20세기 초반에 주로 운종가(雲從街), 즉 현재의 종로 등 기존의 상업가로변에 세워졌다. 그러다가 서서히 대상지의 범위를 넓히면서 급기야 도심에서 비교적 떨어져 있는 옥인동 계곡에까지 2층 한옥상가가 들어서게 되었다. 이 건물의 건립 연대가 1940년대라고 하므로 이러한 과정이 수십 년에 걸쳐 이루어진 셈이다. 보문동, 삼선교, 북아현동 등 사대문 밖 지역에도 수많은 2층 한옥상가가 들어섰다. 2층 한옥상가의 출현은 관점에 따라서는 적어도 조선 시대 이후 한국 건축사 최대의 사건으로 봐도 좋다. 그 전에도 육안상 다층으로 보이는 건물들은 있었으나 주로 궁궐이나 사찰 등 일상적인 용도로 지어진 것들이 아니었다. 덕수궁 석어당과 같은 예외가 있기는 하지만 문루(門樓, 궁문이나 성문의 바깥문 위에 지은 다락집)를 제외한 내부 공간은 대부분 단층으로 구성되었다. 일부 민가 건축에 2층으로 볼 수 있는 구조가 있기는 하지만 어디까지나 일부에 한정되기에 보통 중층(重層) 구조라고 한다. 이런 상황에서 본격적인 2층 건물의 출현은 그 의미가 자못 크다.

또 다른 의미는 이것이야말로 의도적으로 계획된, 최초의 본격적인 상가건축 유형이라는 사실이다. 위에서 이야기한 주거가 딸린 가게 혹은 객주가 등은 주거건축이 일부 변형된 데 불과하다. 다만 2층 한옥의 위아래 층은 모두 상가로 사용되었고, 주거에 해당하는 살림집 부분은 그 뒤에 따로 전형적인 단층으로 딸려 있던 점이 재미있다. 다시 말해 주거와 상업이 공존하되, 수직적인 방식이 아니라 수평적인 방식이었다. 현재 이 옥인동 2층 한옥상가의 2층은 주거로 사용되고 있으나 건립 당시에는 그러지 않았다. 후대의 개보수에 따른 결과인 것이다. 그렇다면 왜 당초 2층 한옥의 2층에는 주거가 들어가지 않았던 것일까?

여기에는 기술적인 이유가 있었다. 바로 온돌 때문이었다. 주거에는 온돌이 필수적인데 당시 기술로는 축열층이 수십 센티미터에 이르는 재래식 구들을 목구조의 2층에 올려놓기 어려웠다. 이후 기술의 발달로 현재와 같은 온수 혹은 전기 코일 방식 등이 개발되면서 드

옥인동 2층 한옥상가.

디어 주거와 상업은 처음으로 수직적인 관계를 맺게 되었다. 옥인동 2층 한옥상가는 이러한 진화의 흐름을 자연스럽게 보여주는 사례다. 이는 정세권의 '건양사'가 주도한 주거용 도시형 한옥의 대량 보급과 진화에 필적하는, 한옥 근대화의 큰 흐름 중 하나다. 지금은 이런 기술이 보편화되어 은평 한옥마을 등 전국 곳곳에서 본격적인 2층 한옥의 시대가 다시 열리고 있다.

낮은 밀도의 한계

그러나 2층 한옥상가와 1층 살림집의 조합이라는 유형은 곧 그 한계에 부딪힌다. 상업의 밀도가 높아지면 2층만으로는 도저히 그 압력을 감당할 수가 없다. 그리고 무엇보다 복잡해지는 도심에서 주거와 상업이 수평적으로 공존하는 경우, 주거 공간의 질이 급격히 나빠질 수밖에 없다. 이러한 현상이 가장 두드러진 곳이 바로 인사동, 관훈동, 낙원동, 청진동 등 종로변의 구도심 지역이다.

이 일대에 있었던 수많은 2층 한옥상가는 지금은 거의 다 사라지고 없다. 예외적으로 남아 있는 것들도 외관을 알아볼 수 없을 정도로 변형되었다. 특히 한때 주거 및 상업이 혼재했던 지역이라고 믿기 어려울 정도로 상주인구가 대폭 감소한 추세다. 1990년대 말 학생들과 함께 이 지역을 조사한 경험이 있는데, 특이한 사실을 발견했다. 이발소, 상점 등 지역 거주민을 상대로 하는 생활 상업 기능이 건물의 3, 4층에 올라가 있던 것이다. 즉 이미 상주인구가 상당히 감소하고 일부만 남은 상황에서 상대적으로 임대비가 싼 상층부로 일반적인 도시

은평 한옥마을의 주거용 2층 한옥 목경헌.

기능이 옮겨 간 셈이다. 지금은 그나마도 거의 남아 있지 않다. 인사동 일대는 완전히 상업화되어 대낮의 활기와 한밤중의 적막함이 공존하는, 서울의 대표적인 도심 공동화 지역이 되었다. 그리고 한때 2층 한옥상가에 인접하여 살림집으로 사용되던 부분은 거주하던 사람들이 떠난 후 마당을 유리로 덮은 한정식집이 되었다.

이러한 현상은 2층이라는 낮은 밀도가 갖는 절대적인 한계, 그리고 주거와 상업 기능의 수평적 공존이 지니는 한계 등을 동시에 보여준다. 역사에는 가정이 없다지만, 한국에 5층 규모로 주거와 상업이 수직적으로 공존하는 건축 유형이 오래전부터 있었다면 현재 구도심의 풍경은 지금과는 사뭇 달랐을 것이다. 다시 말해 한국은 근본적으로 밀도와 복합이란 측면에서 유럽과는 완전히 다른 조건에서 본격적인 경제 성장기를 맞이했다. 이에 부응하는 새로운 건축 유형의 탄생은 전통적인 구법이나 개념으로는 도저히 기대할 수 없는 것이었다. 그것은 철과 유리 그리고 콘크리트라는 새로운 기술을 필요로 했다. 그러한 탓에 전통적 방식을 응용한 다층 상가건축 실험은 지극히 제한적인 성공만을 거두고 역사 속으로 사라졌다.

충정아파트

한 건물이 바라본
한국 근현대사

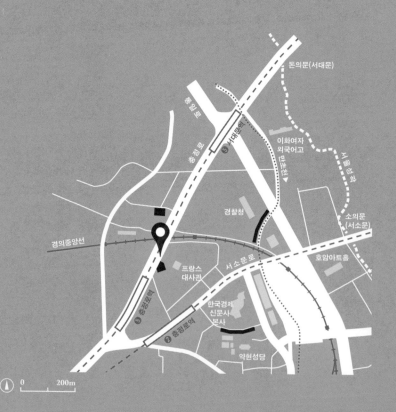

충정아파트
무지개떡 지수
84

입지
20

형태
15

규모
16

보행
15

복합
18

총평	현재 쇠락한 모습임에도 한국 최초의 아파트로서의 역사적 의미는 결코 경시할 수 없다. 최초부터 상가아파트였다는 사실이 확립된다면 그 역사적 의미는 더욱 커질 것이다.	**84**/100

입지	주요 간선도로인 충정로변에 위치해 있고 도심에서도 가깝다.	**20**/20
규모	무지개떡 건축으로서 크지도 작지도 않은 규모다. 오래된 건물이지만 지하실도 있고, 비록 일부 불법 증축에 의한 것이기는 하지만 충수도 5층에 달한다.	**16**/20
복합	건립 당시의 지하층과 1층의 상가 여부에 대해 좀 더 연구가 필요하지만 현재로서는 주거와 기타 기능 간의 균형이 적당하다.	**18**/20
보행자 친화성	상가와 주거 공히 입구가 인도에 비해 높다. 그간 무수한 변형의 결과로 보인다.	**15**/20
형태	특이한 삼각형 중정 건물이다. 워낙 변형이 심해서 원래 모습을 파악하기 어렵다. 조형적으로는 그리 매력 있는 건물로 보기 어렵다.	**15**/20

이 책에서 충정아파트를 다뤄야 하는가에 대한 고민이 있었다. 한국 도시에 지어진 '무지개떡 건축', 즉 주거와 다른 도시 기능이 복합된 건물들을 추적하는 것이 이 책의 골격이다. 그런데 과연 충정아파트가 그 기준을 충족하는가? 물론 현재의 충정아파트는 1층에 상점과 음식점 등이 들어가 있는 상가아파트다. 그런데 처음부터 그랬는지는 명확하지 않다. 보다 정확히 말하자면 처음부터 상가아파트였다는 확실한 기록을 아직 보지 못했다. 그럼에도 충정아파트를 이 책에서 다루기로 한 것은 두 가지 이유에서다. 어쨌건 현재 상가아파트로 기능하고 있다는 점, 그다음으로 한국 최초의 아파트라는 사실이다.

최초의 아파트

'최고', '최대', '최장' 등 뭐든지 1등에 민감한 사회에서 '최초'가 예외일 리 없다. 아파트가 하도 많아서 '아파트 공화국'으로 불리는 한국 사회가 아닌가. 그러니 '최초의 아파트'란 타이틀에 대해서 민감한 것 역시 자연스러운 현상이다. 여러 가지 정황으로 보아 그 타이틀을 가져갈 주인공에 대한 합의는 이제 어느 정도 이루어진 듯하다. 적어도 이에 대한 강력한 반대 의견을 아직 보지 못하였다. 다름 아닌 충정로에 위치한 충정아파트가 그 주인공이다. 을사조약(1905) 당시 분사한 충정공 민영환의 이름을 딴 거리에, 같은 이름까지 붙은 건물이다. 그러나 정작 건물을 설계하고 지은 이는 일본인 도요타 다네오(豊田種雄)였으니 역사의 아이러니다. 처음에는 그의 이름을 따라 '도요타아파트' 혹은 '풍전아파트'라고 불렸다.

충정아파트 전경. 정면은 도로 확장으로
잘려 나갔다. 오른쪽 면이 원래 모습이다.
버스 정류장이 바로 앞이다.

한국 최초의 아파트에 대해서는 여러 가지 설이 있었다. 일단 일본의 미쿠니상사가 조선 주재 일본인 직원들을 위해 지었다고 하는 회현동과 내자동의 미쿠니아파트가 있었다. 심지어 평양에 있었다는 아즈마아파트까지 이 논쟁에 등장한다. 회사 직원들을 위한 관사냐, 아니면 불특정 다수를 위한 임대용이냐 하는 등의 문제에서 논점이 갈렸다. 이 문제를 정면으로 다룬 박철수 교수의 논문(「해방 전후 우리나라 최초의 아파트에 관한 연구」, 《서울학연구》 34호, 2009)은 1930년에 건립된 충정아파트가 가장 앞서는 것으로 결론지은 바 있다.

한국 근현대사의 산증인

학문적인 논쟁과 별도로 다행스러운 것은, 비록 심하게 변형되기는 했으나 이 최초의 아파트가 21세기에도 여전히 남아 있다는 점이다. 게다가 이곳은 아직도 원래의 기능을 수행 중이다. 다만 그 과정이 보통 건물에 비해 너무나 험난하다. 실로 한 건물의 인생 역정이라 할 만하다. 그 영욕의 세월을 존중하는 의미에서 연도별로 차근차근 소개한다.

1930년 당시 일본은 1923년 관동대지진 이후의 복구 과정에서 설립된 공영주택 건설기관인 도준카이(同潤會, 동윤회)가 한창 활동하던 시기였다. 그 동윤회가 동경에 아오야마아파트를 건립한 것이 불과 4년 전인 1926년이었다. 현재 그 일부가 안도 다다오(安藤忠雄)가 설계한 오모테산도힐스(表参道ヒルズ)에 포함되어 있다. 충정아파트는 일본인 도요타에 의해 건설되었고, 당시 그의 이름을 따서 '도요타아파

트'라고 불렸다. 지하 1층, 지상 4층, 총면적 1050평 규모의 철근콘크리트 구조물이었다. 지역의 이름은 다케조에초(竹添町, 죽첨정)였다. 갑신정변 당시 일본 공사였던 다케조에 신이치로(竹添進一郎)의 이름을 딴 것이다. 이후 호텔 혹은 어묵 파는 술집이 되었다거나 동아기업으로 소유권이 넘어갔다는 등의 불분명한 내력이 전해진다. 1933년에는 같은 죽첨정3가 구역에서 일제강점기의 유명한 엽기 살인 사건이었던 금화장 문화주택지 단두유아사건◆이 발생하기도 했다.

1945년 이후 해외에서 귀국한 동포들이 이곳을 무단 점유했다는 설이 있다. 1946년 10월 1일, 이 지역의 이름은 충정로로 변경되었더랬다. 민영환은 종로구 공평동에서 순국했는데 왜 이 지역에 그의 이름이 붙었는지는 확실치 않다. 다만 충정아파트의 이웃인 합동의 프랑스대사관이 그의 별장터였다고 한다.

1950년 인민군재판소가 설치되어 지하실에서 민간인을 학살했다고 전한다. 이러한 사실은 충정아파트에 대한 자료라면 거의 빠지지 않고 나온다. 다만 그 이상의 자세한 이야기가 없다는 점도 공통적이다. 추정하자면 그 기간은 서울함락에서 수복에 이르는 6월 28일에서 9월 28일 사이의 석 달간이었을 터다. 물론 1951년의 1·4후퇴 당시인 1월 4일부터 서울을 되찾은 3월 14일 사이일 수도 있으나 여러 정황상 개전 초기였을 가능성이 높다. 정말 인민군재판소가 여기 있었을까? 그랬다면 이 건물이 위치한 장소가 당시 우익 인사들이 수용되었

◆ 1933년 5월 16일, 금화장 부근 식산은행 쓰레기 매립지에서 몸통이 잘린 아이의 머리가 발견되었다. 아이의 사체가 심하게 훼손된 엽기적인 사건이 벌어지자 경성의 민심은 크게 동요했다. 경찰은 사망한 유아들의 기록을 조사하여 사건 발생 23일 만에 범인을 검거했다. 수사 결과 간질을 앓는 아들을 둔 범인이 아이의 뇌수를 먹으면 간질이 낫는다는 미신을 믿고서 범행을 저질렀음이 밝혀졌다.

던 서대문형무소와 마포형무소(지금의 서울지방법원 서부지원)의 중간 지점이라는 사실과 관련 있지 않을까 짐작해본다. 그리고 그 학살설이 사실이라면 서울대병원학살사건 등과 더불어 인민군의 서울 점령 기간에 벌어졌던 중요한 역사적 사건이다. 다만 주변의 국내외 한국전쟁 연구자들에게 문의했으나 확인할 수 없었다. 건축사와 전쟁사가 교차하는 중요한 사례로서 심층적인 연구가 필요한 부분이라고 하겠다.

이 지역은 한국전쟁 당시 격전지였다. 서울역에서 신촌역으로 가는 경의선 충정로 터널이 인민군의 군수 창고로 쓰여 미군 전투기의 공격 대상이 되었다는 증언도 있다. 그러나 무엇보다 충정아파트가 역사의 한 페이지를 장식하게 된 것은 바로 한 장의 사진 때문이다. 현재 국내에 거주하면서 한국전쟁에 관한 비중 있는 저서를 출판한 영국인 앤드루 새먼(Andrew Salmon)에 따르면, 이 사진은 1950년 9월 28일의 서울수복 직전에 촬영된 것이다. 촬영자는 AP통신의 맥스 데스퍼 (Max Desfor) 기자다. 미 해병대가 땅속에 숨어 있던 북한 저격병을 백린 연막탄으로 공격한 장면이라고 한다.(「서울 아현고개의 6·25 전쟁 비사를 듣다」, 국방부 정책 및 정보 블로그 N.A.R.A.(mnd-nara.tistory.com/562)) 그런데 우연인지 필연인지 그 배경에 바로 당시의 충정아파트가 등장한다. 사진 속 건물의 층간 가로줄과 굴뚝이 선명하다. 옥상에는 옥탑으로 보이는 구조물과 경사지붕 등이 보인다. 이 사진은 충정아파트의 원형을 보여주는 자료이면서 동시에 한국전쟁의 주요한 기록이기도 하다.

미군은 서울수복 후 이 건물을 수용한 뒤 이곳에 '트레머호텔'이란 이름을 붙이고 유엔군을 위한 시설로 활용했다. 소설 『귀로』(유이

맥스 데스퍼 기자가 찍은
한국전쟁 당시의 충정아파트.

록, 라떼북, 2013)에는 인민군 출신으로 카투사 중위가 된 주인공 '승현'
이 바로 이 트레머호텔에서 방을 배정받는 장면이 나온다.

> 야전 생활을 했던 인민군 시절에 비하면 천국이나 다름없었다. 푹신
> 한 침대와 샤워실, 그리고 서양식 화장실은 물론 전화기와 라디오,
> 그리고 맥주와 사이다가 꽉 찬 냉장고는 눈앞에 보고도 믿기지가 않
> 았다.

아파트에서 호텔로 용도가 바뀌기는 했지만 당시 이 건물이 품고

있던 사회적 이미지를 짐작하게 하는 대목이다.

한편 한국전쟁 이후의 서울 지도를 보면 충정아파트로 추정되는 자리에 Traymore Hotel이라는 이름이 적혀 있다. 트레머호텔의 영문명으로 추정된다. 이 이름으로 검색을 해보면 흥미로운 결과가 나온다. 『한국전쟁(The Korean War)』이라는 책에 미중앙정보국(CIA)과 관련하여 "트레머호텔에 자리 잡은 서울 지부는 장교 100명 이상으로 빠르게 성장했다."◆라는 구절이 등장한다. 이 기록이 맞다면, 충정아파트는 한때 유엔군을 위한 숙박시설인 동시에 치열한 정보전이 전개된 장소였던 셈이다.

1961년 한국전쟁 당시 아들 6형제를 모두 잃었다는 김병조라는 사람이 건물을 매각해 5층을 증축하였고, 이름을 '코리아관광호텔'로 바꾸었다. 그러나 김병조는 사기꾼으로 판명돼 구속되었다. 당시 상황을 담은 뉴스 영상도 존재한다. 이후 이 건물은 국세청 등 여러 소유주를 전전했다. 전쟁 통에도 원형을 유지했던 충정아파트가 오히려 전후에 여러 번의 변형을 겪었다는 사실은 아이러니하다.

1975년 서울은행 소유가 되면서 이름이 '유림아파트'가 되었다. 이후 다시 주민들에게 소유가 넘어갔다. 다만 유림아파트라는 명칭이 사용되기 시작한 시점에 대해서는 이견이 존재한다.

1979년 충정로가 8차선으로 확장되면서 건물 전면이 잘려 나갔다. 원래 전면이 계단식 평면으로 된 특이한 건물이었다고 전하나, 이 부분이 깨끗하게 일직선으로 잘렸다. 이 과정에서 52가구 중 19가구, 270여 평이 헐렸다. 1층 전면에 자리한 상가는 어쩌면 이 과정에서 생

◆　Max Hastings, *The Korean War*(Pan Macmillan, 2012).

충정아파트 입구. 간판이 세 개다.

겼는지도 모른다.

　2015년 서울시가 미래유산으로 지정하려 했으나 주민들의 반대로 최종 등재되지는 못했다. 건축물대장 기록상으로 현재 충정아파트는 김병조에 의한 5층 불법 증축과 도로 확장으로 인한 멸실 부분을 종합하여 지하 1층, 지상 5층으로 구성된 건축물이다. 5층은 불법 증축 이후 양성화된 것으로 보인다. 총면적은 3550.41제곱미터, 즉 1074평이다. 도요타 다네오가 지었을 때보다 층은 하나가 늘었고 총면적은 24평이 늘었다. 총 세대수는 41세대다. 물론 오래된 건물들이 종종 그러하듯이, 이러한 공식 기록이 얼마나 현재 상태와 일치하는지는 정밀 실측과 조사를 않고서는 알 수 없다.

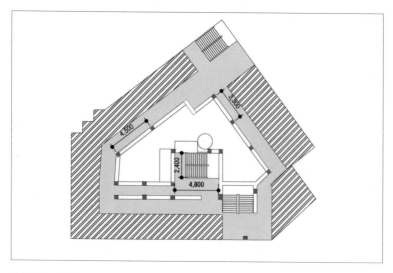

충정아파트 평면.

풀리지 않는 수수께끼들

현재의 충정아파트는 상가아파트다. 처음부터도 그랬다면 한국 최초의 아파트는 바로 상가아파트였다는 사실이 확립된다. 지금의 아파트 문화로 보면 매우 생소하게 들릴 이야기다. 주거동과 상가동이 분리된 요즘의 통상적인 아파트가 아닌, 주거와 상가가 한 몸을 이룬 소위 주상복합건물에서 한국의 아파트가 시작되었다는 뜻이기 때문이다. 다만 반복해서 이야기하지만 기록이 충분치 않아 단언할 수는 없다.

1층의 경우 현재의 건축물대장에 따르면 일부 상가를 제외하고는 아직 대부분이 아파트다. 전면이 모두 상가임을 감안하면 역시 현실과 기록이 일치하지 않음을 알 수 있다. 처음부터 이 부분이 모두 상

충정아파트 계단실과 중정.

가였다고 결론짓기는 어렵다. 지하실은 어떤가. 일단 건물이 세워지면 지하실을 새로 만들기란 거의 불가능하니 처음부터 있었으리라 짐작된다. 환기나 채광 면에서 주거가 적용되기도 어렵다. 건축물대장에 따르면 지금 이 부분은 '근린생활시설(일반음식점)'이다. 그렇다고 이 지하실의 존재야말로 한국 최초의 아파트가 상가아파트였다는 사실의 증거라고 속단하기도 어렵다. 상가가 아니라 거주민들을 위한 창고 같은 시설이었을 가능성도 있기 때문이다. 게다가 문제의 정면은 1979년에 잘린 부분이기도 하다. 충정아파트 연구는 아직도 미궁이다.

충정아파트를 찾아가면 제일 먼저 흔치 않은 녹색 외관이 눈에 띈다. 『대한민국 아파트 발굴사』에는 "두껍게 덧칠해진 초록색 페인트 아래 여든 살 넘은 타일이 숨어 있음을 누가 알겠는가."라고 적혀 있다. 지금도 유심히 보면 건물 북쪽 벽면에서 타일의 흔적이 발견된다. 특이한 색상 때문에 멀리서도 건물이 눈에 잘 들어온다. 건물 앞이 버스 정류장이라 사람들의 왕래도 활발하다. 그런데 건물과 인도가 만나는 부분이 독특하다. 1층은 모두 상가고 아파트로 들어가는 입구가 별도로 있는데, 모두 전면에 1미터 정도 높이의 계단이 설치되어 있다. 즉 건물이 일종의 기단 위에 올려진 셈이다. 물론 오래된 건물에서 흔히 보는 방식이기는 하다. 그러나 충정아파트의 경우는 그 높이가 과하다는 느낌이 든다. 특히 상가 입장에서 보면 계단을 올라와 진입하는 것은 매우 불리한 방식이다. 다만 건축물대장이 시사하는 것처럼 1층이 처음부터 상가가 아니었고 주거였다면, 1층이 상가가 된 이후에 계단이 추가되었다면, 그리고 지하실의 환기나 채광을 위해서 건물을 처음부터 올려 지었다면 이해할 수 있는 문제다. 이 역시 건물의 변화 과정을 면밀히 추적해야 풀릴 수수께끼다.

　나이가 여든이 넘었고 풍상을 하도 겪어서 그런지 건물은 매우 낡은 상태다. 그러나 막상 이렇게 써놓고서도 의문이 드는 것은 어쩔 수 없다. 건물 나이 여든은 역사적으로 보면 그리 오래된 것도 아니다. 사실 건물의 나이는 현실적으로 무한대라고 해도 과언이 아니다. 지구의 수많은 오래된 건물들이 이를 증명한다. 물론 애초에 짓기도 잘 지어야 하겠지만 관리 또한 그 이상으로 중요하다. 이 점에서 건물과 사람은 유사하다. 약골로 태어나도 철저한 자기 관리를 통해 건강하게 오래 사는 사람도 있고, 무쇠 같은 몸을 타고났지만 험하게 굴려서 망가뜨리는 사람도 있다. 한국인의 평균수명은 세계적으로 긴 축에 속하지만 건물은 오히려 그 반대라는 점이 아이러니다. '오래되었으나 낡지 않은' 건물을 찾아보기란 너무나 어렵다. 그런 점에서 충정

충정아파트와 미동아파트
(왼쪽 뒤편의 노란색 건물).

아파트 역시 안타까운 예다. 살아남았다는 것만으로도 천만다행이지
만 이제 이 건물을 제대로 돌볼 때가 되었다. 한국 근현대사의 산증인
으로 이만한 건축물도 드물다.

야마토아파트

허구와
실제 사이

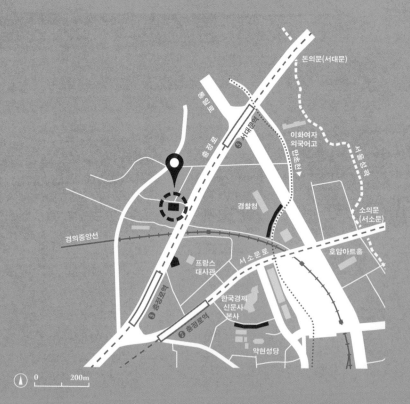

야마토아파트
무지개떡 지수
84

| | 총평 | 조선이라는 바다에 떠 있는 배와도 같은 공간으로서 야마토아파트는 당시의 상류층 지식인 사회를 그려내기 위한 문학적 장치였다. 그런 만큼 근대적인 삶에 대한 기대와 환상이 투사되어 있는 곳이다. | **84**/100 |

| | 입지 | 도성 바로 바깥 지역인 죽첨정의 안쪽에 위치해 있고 도심에서도 전차로 쉽게 연결된다. | **20**/20 |

| | 규모 | 3층이지만 가구 수가 60가구가 넘고 거주민이 120명에 달하는 상당한 규모다. | **18**/20 |

| | 복합 | 1층의 일부는 비주거 기능이다. 다만 외부인이 이용하는 시설은 아니다. | **14**/20 |

| | 보행자 친화성 | 소설로만 보면 짐작하기 어려우나 현관과 길이 바짝 붙어 있고 택시나 용달, 기타 내방객의 발걸음이 잦다. | **16**/20 |

| | 형태 | 목조라고 전해지지만 전체적인 분위기는 그 전에 지어졌던 다른 아파트들, 즉 미쿠니·충정아파트 혹은 일본의 아파트들과 어느 정도 유사했을 것이다. | **16**/20 |

한국 최초 아파트 소설의 주인공[*]

현재의 충정로 미동아파트 자리에는 1969년 그것이 지어지기 전, 1940년에 지어진 또 다른 아파트가 있었다. 건축 역사학자인 김정동 교수의 『문학 속 우리 도시 기행2』(푸른역사, 2005)에 나오는 이야기다. 그 아파트의 이름은 경성대화숙(京城大和塾, 게이조 야마토주쿠)이다. 일제강점기의 교원 및 사상범의 교화 단체로서 1941년 1월에 만들어진 또 다른 '경성대화숙'과 우연인지 필연인지 한자까지 같다. 3층 목조 아파트인 경성대화숙은 충정로의 당시 이름이던 죽첨정, 즉 다케조에초3가 8번지에 위치했다. 원래는 식산은행의 독신자 아파트였다고 한다. 그런데 월북 문학가인 김남천의 소설인 「경영」(문장, 1940)과 그 후편이라고 할 수 있는 「맥」(춘추, 1941)이 바로 이 아파트를 공간적 배경으로 삼았다. 두 작품은 아파트를 배경으로 한 한국 최초의 소설로 곧잘 언급되는 것들이다. 소설 속 이름은 '야마토아파트'다. 소설의 내용을 더듬어가며 이 건물을 '복원'해보겠다.

일제강점기의 무지개떡 건축

야마토아파트는 죽첨정에 있는 3층짜리 건물이다. 복도형 아파트이고 승강기는 없다. 임대용 아파트로, 호텔은 아니어서 "한두 달 계실 손님에겐 방을 거절하라."는 규칙이 있다. 아파트 주인은 여기

---

[*] 내용상 미동아파트 다음에 나와야 하지만 건립 순서가 빠르므로 앞에 소개한다.

에 살지 않으며 잠깐 와서 "장부나 검사해보고는" 다시 나간다. 독신자용 방이 36개, 두 칸짜리 가족용 방이 25개 있어서 총 61세대에 120~130명 정도 되는 사람들이 산다. 방세와 별도로 난방비, 전등료, 급수료 등을 받는다. "특약", 즉 장기 계약해서 쓰는 택시와 용달 서비스가 있다.

1층에는 출입구 옆에 사무실, 구내식당, 공동 목욕탕, 당구장 등이 있다. 원래 목욕탕 옆에 이발소가 있었으나 길 맞은편에 먼저부터 있던 이발소와 경쟁이 되지 않아 문을 닫았다. 사무실에는 직원인 '최무경'과 관리인인 '강 영감'의 책상이 있다. 금고가 있어서 지폐나 "소절수"(수표) 등을 보관한다. 강 영감이 수시로 "보일러 칸으로 내려가는" 것으로 보아 반지하 혹은 지하에 보일러실이 있다고 짐작된다. 구내식당에는 '산 짱'이라는 어린 소년이 주문을 받는다. 시멘트 바닥에 입식 탁자들이 놓여 있다. 라이스모논 카레, 하야시, 가케 우동, 돈부리와 차 등을 제공한다.

거주자들을 위한 폐쇄적인 시설이기는 했으나, 단순 주거 기능만이 아닌 상업 기능 또한 한 지붕 아래 있었음을 알 수 있다. 바로 이런 점에서 야마토아파트를 무지개떡 건축의 사례라고 판단했다. 심지어 최무경은 소설이 진행되면서 이 아파트에서 살기 시작한다. 직주근접의 삶이 시작된 것이다. 최무경의 방인 323호는 독신자를 위한 방으로 남향이다.(김남천도 월북한 1947년까지 323호에 묵었다고 한다.) 입구에는 신장과 천장 조명을 켜고 끄는 스위치가 있다. 방 안에는 서가, 침대와 침대 머리맡의 전기스탠드, 작은 탁자, 응접세트와 사무 탁자, 양복장, 화병과 화분 등이 있다. 물이 나오는 취사장이 있으며, 최무경은 가스를 이용해서 차를 끓인다. 냉방에 대한 언급은 없고 난방은

스팀을 이용한다. 침대와 취사장 부근은 모두 두터운 커튼을 쳐서 가려놓았다.

집이 근처인 강 영감도 점심 "벤또"를 가지러 아침에 잠깐 집에 다녀올 뿐 "대개 언제나 이 아파트에서 잠자리를 갖는다." 최무경은 이런 이유로, 퇴근 이후에도 업무를 위해 잠깐씩 사무실에 내려와야 하는 등 약간 묘한 상황에 놓이기도 한다. 밥도 구내식당에서 주로 때운다. 이처럼 여주인공의 집과 직장이 같은 건물 안에 있다는 사실에서 비롯되는 약간의 긴장감이 이 소설을 읽는 재미의 하나다.

역사와 소설 사이에서 부유하는 인간을 위한 배경

여주인공 최무경은 야마토아파트의 사무원이다. 처음에 그녀는 화동의 한옥에서 청상과부이자 독실한 크리스천인 어머니와 함께 산다. 자기 직장인 야마토아파트에도 방을 하나 구했는데, 옥살이 중인 좌파 지식인 애인 '오시형'이 조만간 보석으로 풀려날 경우를 대비해서 얻어둔 것이다. 당초 계획은 그와 결혼하는 것이었으나 양가의 반대가 있다. 다행히 자기 어머니는 겨우 설득을 했으나 평양이 고향인 오시형 쪽에서는 지역 유지 집안과의 혼사설이 돈다. 오시형은 결국 보석으로 풀려났지만 그간 사상의 변화가 생겨 전향하고는 아버지를 따라 평양으로 돌아가고 만다. 한편 최무경의 어머니는 숨겨놓았던 애인과 재혼한다. 결국 혼자가 된 무경은 앞으로는 자신을 위한 삶을 살겠다고 결심하며 얻은 야마토아파트로 입주한다. 여기까지가 「경영」의 줄거리다.

김남천.

　그 후편인 「맥」은 줄거리는 단순하지만 사상적으로는 복잡하다. 대학에서 영문학을 강의했던 '이관형'이라는 사람이 논문을 쓰겠다는 핑계로 최무경의 옆방에 들어온다. 두 사람은 일종의 지적인 대화 상대가 된다. 최무경은 헤어진 애인의 사상적 변화를 이해하려는 마음에서 철학 공부를 하던 참이었다. 자연스레 철학과 사상에 대한 대화를 이관형과 나누기 시작한다. 이 과정에서 다원론에 입각한 오시형의 천황주의와 이관형의 허무주의가 대비된다. 마지막으로 오시형의 공판장에서 새로운 여인의 출현을 목격한 최무경은 그와의 관계가 완전히 끝났음을 깨닫고 망연자실한다.

　김남천의 이 소설들은 '전향문학'의 대표적인 사례로 다루어진다. 오시형처럼 소설가 자신도 전향의 경력이 있고 그로 인한 문학 작업의 공백을 겪었다. 그가 자신의 대표작이라 할 수 있는 이 두 소설의 배경으로 아파트, 그것도 당시 기준으로 매우 현대적인 최고급 아파트를 무대로 삼은 설정은 주목할 만하다. 전향의 경험이 있으나 결국 좌파 지식인으로 남았고, 이후 월북하여 한국전쟁 당시 낙동강 전선 까지 내려왔던 작가의 소설치고는 일제강점기에 대한 묘사에 과격성이 거의 없다.

일본인의 존재가 느껴지지 않는 점도 특이하다. 그리고 작품에 등장하는 한국인들은 모두 상당한 근대적 인간형에 해당한다. 일제강점기판 무지개떡 건축인 야마토아파트는 마치 조선이라는 식민지의 바다 위에 떠 있는 별천지 같은 배라고나 할까. 그 안에서 무경이 나누는 대화들도 당시 대다수 사람들의 현실과는 동떨어져 있다. 무경은 "음악회라면 하찮은 학생들의 연주회라도 빠지지 않고 쫓아다니던" 사람이며, 그와 오시형, 허무주의자 이관형 모두에게 사상이란 삶의 체험이 아닌 관념으로서 선택되는 대상이었다. 아마도 작가는 이런 부유하는 인간들의 이야기를 역사의 무게에 짓눌린 구도심의 꼬불꼬불한 골목길을 배경으로 담을 수는 없다고 생각하지 않았을까. 그들에게는 허구과 실제 사이의 공간이 필요했고, 아파트가 바로 그 해답이었다.

충정로 일대는 한국 근현대 아파트의 실험장

허구건 실제건 충정로 일대는 한국 근현대 아파트의 실험장이었다. 그 시작은 물론 1930년의 충정아파트, 그 당시의 도요타아파트였다. 아파트는 아니지만 소위 '문화주택' 단지였던 금화장 주택지도 1920~1930년에 지금의 경기대 뒤편인 금화산 일대에 자리 잡았다. 이

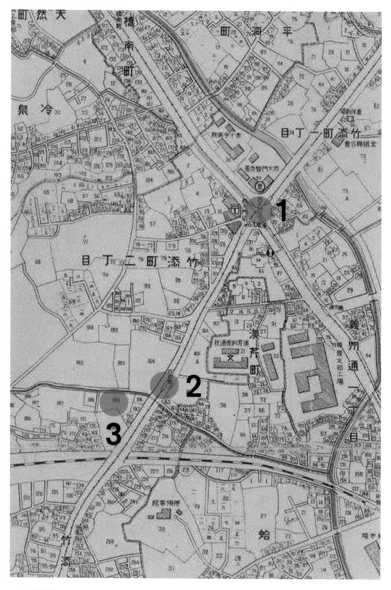

1. 서대문역.
2. 다케조에초역.
3. 야마토아파트.

후 1940년에 지금 이 글에서 다루는 경성대화숙이 들어섰고, 1959년에는 지금의 현대아파트 자리에 6층짜리 개명아파트가 자리 잡는다. 경성대화숙이 헐리고 그 자리에 미동아파트가 들어선 때가 1969년이었다. 1970년대 들어서는 약현성당 인근의 성요셉아파트(1971) 그리고 서소문아파트(1971)가 세워졌다. 이 모두가 충정아파트를 기점으로 걸어서 10분이면 갈 수 있는 반경 400미터 이내의 지역에서 생겨났다.

좁은 지역에 이렇게 많은 새로운 주택과 아파트 들이 들어선 현상을 어떻게 설명할 수 있을까? 물론 도심에서 가깝다는 지역적 특징을 이야기할 수 있을 것이다. 특히 일제강점기 때의 전차로 상징되는 편리한 교통이 그 열쇠였다. 「경영」에서 최무경은 전차를 타고 애인 오시형이 수감 중인 현저동 서대문형무소와 어머니와 사는 집이 있는 화동, 근사한 식당이 있는 본정(명동) 등 서울 시내 안팎을 부지런히 돌아다닌다. 한편 전차는 도시적 감성을 자극하는 요소로 등장하기도 한다.

맞은편 캄캄한 언덕의 주택지에는 불빛이 빤짝거린다. 하늘에도 까만 허라이즌 위에 뿌려놓은 듯한 별들. 마포로 가는 작은 전차가 레일을 째면서 언덕을 기어 올라가는 것이 굽어보인다. 산뜻한 밤공기에 낮을 쏘이면서 천천히 가슴의 동계를 세어본다.

여기 등장하는 전차는 서대문과 마포 간을 운행했다. 시발점인 서대문역은 현재 적십자병원이 있는 경교 인근이었다. 김구 선생이 머물던 경교장의 그 경교다. 경교장은 경성대화숙보다는 조금 이른 1938년 지어졌고 원래 이름은 죽첨장이었다. 죽첨정과는 죽첨, 즉 갑

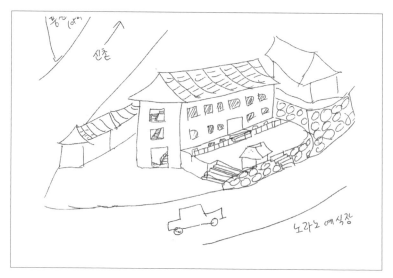

문흥만 씨가 그린 경성대화숙 스케치.
왼쪽 위편의 '풍전아파트'는 현재의 충정아파트다.

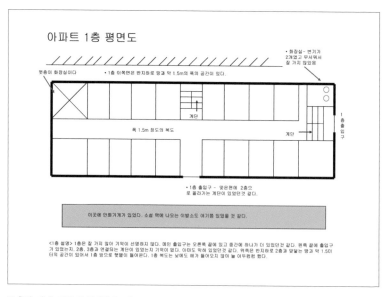

문흥만 씨가 그린 경성대화숙 1층.

신정변 당시 일본 공사 다케조에의 이름을 공유한다. 1936년에 제작된 「대경성정도(大京城精圖)」를 보면 최무경이 야마토아파트에서 나와 전차를 탔을 역 또한 죽첨정역이다. 야마토아파트에서는 걸어서 1~2분도 안 걸릴 정도로 가까운 위치였다. 그 바로 다음 역이 전차 시발점인 서대문역이다. 구도심은 아니지만 그렇다고 교외도 아닌 참으로 절묘한 위치가 지금의 충정로 인근 지역이었다.

경성대화숙을 복원하다

이런 내용을 신문 지면을 통해 소개하고 나서 반년도 더 지난 2017년 2월에 이메일 하나가 날아왔다. 안산에 살고 계시는 문흥만이라는 분에게서였다. 그분은 경성대화숙이 철거된 1968년 8월까지 그곳에서 살았다고 했다. 대단한 열정으로 직접 스케치와 도면을 그려서 보내주셨고, 그것을 받은 우리는 3D 모델링 작업을 거쳐 피드백을 주고받는 과정을 여러 차례 반복했다. 긴 시행착오 끝에 그분이 기억하는 당시 건물의 모습을 다소 근접하게 재현할 수 있었다. 신기하게도 모든 이야기를 조합하니 그 규모가 지금의 미동아파트 부지와 정확하게 일치한다. 이분의 증언 몇 가지를 소개한다.

- 분위기나 구조는 대략 도준카이의 동경 아오야마아파트(1926)와 비슷하나 지붕은 기와였다.
- 1968년 전후로 이 아파트를 배경으로 찍은 영화가 있다.
- 아직도 미동아파트에 살고 있는 당시의 거주자가 몇 분 있다.

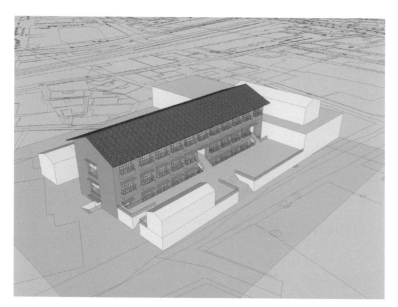

문흥만 씨의 증언을 토대로 복원한
경성대화숙 외관 및 내부.

도준카이의 아오야마아파트. 현재 그 일부가
안도 다다오의 오모테산도힐스 프로젝트에
포함되어 있다.

- 당시 이 아파트는 "거지 아파트"라 불렸다.
- 목조건물로 한쪽은 3층이고 다른 한쪽의 1층은 반지하였다.
- 방은 다다미방으로 겨울에는 연탄난로로 난방했다.
- 화장실은 공용으로 1층과 2층에 하나씩 있었다.
- 출입구는 1층에 하나, 2층 측면에 하나 있었다.
- 본인 집은 3층이었다. 53호로 기억하며, 전체적으로는 60호 정도
  가 있었다.

물론 이 결과물이 자료로서 얼마나 가치가 있을지 여부는 또 다른
객관적 검증의 대상이라고 생각한다. 문흥만 씨 자신도 본인과 주변

충정로 맞은편의 충정각.
현재는 레스토랑으로 사용되고 있다.

분들의 기억이 일치하지 않는다고 한다. 같은 시기에 지어진 다른 아파트들과의 비교 연구나, 이 건물과 관련된 사람들을 추적하는 일도 필요하다. 다만 이 에피소드 자체는 개인적이건 사회적이건 역사를 진지하게 생각하는 이가 세상에 얼마나 많은지 잘 보여주는 사례라고 생각한다. 문홍만 씨에게 다시 한 번 감사드린다.

식산은행과 충정로

경성대화숙, 즉 지금의 미동아파트에서 충정로를 건너 마포 쪽으로 조금 내려가면 충정각이라는 서양식 건물이 나온다. 지금은 레스토랑으로 쓰인다. 마침 2017년 8월 20일자 《조선비즈》에 이와 관련된 흥미로운 기사가 실렸다. 우동선 한국예술종합학교 교수의 연구에 따르면 충정각은 1900년대 초 당시 한성전기회사의 기사장이었던 R. A. 매클렐런(R. A. McLellan)이 지은 집이다. 그리고 1930년대 초에는 다카마쓰 류키치(高松竜吉)라는 일본인 소유가 된다.(허유진·우동선, 「충정로3가 360-22번지 양관에 대하여」, 한국건축역사학회, 2012) 경성대화숙은 식산은행 독신자 숙소였는데, 다카마쓰는 식산은행 비서과에서 근무했다. 이처럼 충정로 일대는 식산은행과 관련된 장소들이 많다. 식산은행은 현재 롯데호텔 자리에 있었다. 여기서부터 충정로까지는 전차를 한 번만 갈아타면 되는 편리한 위치였다.

서울역 앞
관문빌딩

최초의
주상복합?

소의문로

소의문
(서소문)

①② 시청역

서소문로

호암아트홀

통일로

민송천

숭례문

충정로역

염천교

약현성당

서울역

0   200m

서울역 앞 관문빌딩
무지개떡 지수
92

총평 복합건축의 성격을 상당 부분 상실했으나 여러 면에서 여전히 **92**/100
사사하는 점이 많은 귀중한 역사적 선례다.

입지 과도한 교통량을 제외하면 매우 좋은 입지다. **18**/20

규모 도시건축으로서 적절한 밸런스를 띨 만한 규모다. **18**/20

복합 많이 변형되었지만 당초는 상가와 주거가 복합되어 있었다. 옥 **20**/20
상정원 혹은 마당이 보다 적극적으로 계획되었다면 좋았을 것
이다.

보행자 상가와 수직 동선이 모두 전면도로와 긴밀하게 연결되어 있다. **18**/20
친화성

형태 원래 상태로 복원하면 좋겠다 싶을 정도로 당시로서 매우 파격 **18**/20
적인 디자인이다.

수도 서울의 관문에 지어진 상가주택

1953년 7월 27일, 한국전쟁이 끝났다. 이미 그 전부터 군데군데 폐허가 된 수도 서울로 사람들이 모여들고 있었다. 개전 초기에 한 번 그리고 1·4후퇴 때 한 번, 이렇게 두 번의 치욕 이후 수도를 빼앗기는 일은 또다시 일어나지 않았다. 특히 영국군이 적성과 가평에서, 그리고 국군과 미군이 화천과 용문산 일대에서 중공군의 춘계 공세를 어렵게 막아낸 1951년 이후, 전선은 주로 최전방에서의 국지전 양상으로 형성되었다. 덕분에 후방은 비교적 빨리 일상을 회복했다. 본래 서울에 살았던 사람들, 이북에서 부산, 거제 등으로 피난 왔다가 대한민국에서 정착할 곳을 구하던 사람들, 그리고 교육과 취업의 기회를 찾던 사람들이 서울로 몰려들었다. 기차가 그들을 서울역에 토해놓고 나면 아직 전쟁의 상처가 가시지 않은 도시의 살풍경이 눈앞에 펼쳐졌다. 그러던 1950년대 후반, 드넓은 역전 광장의 북쪽 길모퉁이에서 재건의 망치 소리와 함께 4층 건물 하나가 올라갔다. 훗날 관문빌딩이라 불리며 관점에 따라서는 한국 최초의 주상복합으로 평가될 수 있는 건물이었다. 일제강점기에 숭례문 앞 남지(南池)가 메꿔지지 않았다면 그 한구석에 모습이 살짝 비쳤을지도 모른다. '서울역 앞 상가주택'은 이렇듯 전쟁의 폐허 속에서 태어났다.

개발 시대의 기록문화는 참으로 어처구니없을 정도다. 도면을 구하기란 하늘의 별 따기다. 결국 직접 가서 부딪쳐야 한다. 건물 안에 식당이 있으면 뭐라도 시켜 먹으면서 슬슬 말을 붙여본다. 부동산 사무소에 가서 양해를 구하고 이런저런 질문을 던지는 것도 도움이 된다. 이 건물의 답사도 그런 과정을 거쳤다. 건물명이 관문빌딩이라는

준공 직후의 관문빌딩.

것도 이렇게 알게 되었다. 다만 현지의 증언을 절대적으로 믿는 것은 금물이다. 객관적 사실과 대조할 필요가 있다. 그런 점에서 이 건물은 당혹스러운 경우였다. 증언 중에 이 건물이 상가주택이었다는 사실을 뒷받침하는 내용이 전혀 없었기 때문이다. 오히려 그 반대였다.

- 이 건물에서 사업을 한 지 30년이 넘었는데 주거가 있었다는 이야기는 들은 적이 없다.
- 주거 공간이었다면 상층부에 화장실의 흔적이 남아 있어야 하는데 그렇지 않다.

- 이 건물은 일본인이 지었다고 알고 있다.
- 작년에 서울시에서 지주들을 모아 재건축을 결정했다. 조만간 새로 지어질 것이다.

이런 이야기만 들으면 완전히 헛다리를 짚은 것 같다. 그러나 여러 자료를 종합해보면 이 내용 역시 선뜻 받아들이기 어렵다. 게다가 30년 전에 입주했다고 해도, 그 당시 이 건물은 이미 서른 살 가까운 나이였다. 그러니 지금의 입주자들이 건물의 본모습을 정확히 알기란 어렵다. 결론적으로 위의 증언과는 달리 이 건물이 상가주택으로 (그것도 아주 큰 시계획의 일부로서) 지어졌다는 객관적 증거는 나름 충분히 존재한다.

대강의 경과는 이렇다. 전후 복구 과정에서 당시 이승만 대통령의 지시로 남대문 일대를 우선적으로 재건했다. 수도 서울의 관문이라는 이유였다. 관문빌딩이라는 이름 역시 예사롭지 않다. 지금이야 이 일대를 수도의 관문으로 생각하는 경우가 없지만, 철도 의존도가 높았던 시대였으니 넉넉히 이해가 된다. 한반도의 통일이나 이에 준하는 상황이 되면 다시 한 번 서울역과 함께 이 일대의 위상도 달라질 것이다. 당시 각료들이 제시한 방안이 남대문 일대를 포함한 서울 시내 열세 곳 간선도로변에 소위 '상가주택'을 짓는 것이었다. 대통령이 현장을 돌아보는 사진도 전해진다. 총력을 다해 사업을 진행한 결과, 1964년이 되자 이미 서울에 아흔세 동의 신축 상가주택이 들어섰다. 그중 아직도 남아 있는 것 중 하나가 바로 이 서울역 앞 상가주택, 일명 '남대문로5가 역전 시범상가주택'이다. 도대체 수도의 관문에 상가주택을 짓겠다는 발상은 누구에게서 온 것일까. 당시 보기 드문 국제파로 미국과 유럽 모두를 경험한 이승만의 이력이 그 배경에 있는 것일까.

시대를 앞선 개념

서울시립대학교 박철수 교수의 블로그인 '살구나무 아랫집 (salgustory.tistory.com)'에 당시의 상황이 자세히 기록되어 있다. 특이하게도 정부는 「상가주택 건설요강」을 지킨다는 전제 아래 이 방대한 프로젝트의 건축비에 대한 융자를 제공했다. 그 요강은 지금도 참고할 만하다. 기술적인 내용이 많으나 그중 몇 가지를 특기한다.

- 철근콘크리트 구조의 4층 건물
- 1, 2층은 점포이며 3, 4층은 주택
- 벽체는 벽돌이나 콘크리트 혹은 블록
- 바닥과 지붕은 콘크리트 혹은 PSC(프리스트레스트콘크리트) 들보
- 도로변은 타일 이상의 외장재, 다른 방향은 모르타르 뿜기
- 3, 4층은 양면 캔틸레버, 즉 외팔보(한쪽에 기둥 없이 벽에서 튀어나온 보)
- 변소는 수세식
- 옥상에 난간 설치

주거와 일반 도시 기능을 한 건물에 수직적으로 갖춘다는 무지개떡 건축의 기본적인 조건 대부분이 이 안에 들어가 있다. 특히 흥미

1962년 미군 머리 드레이크(Murray Drake)가
찍은 관문빌딩.

로운 것은 3, 4층의 양면 캔틸레버 규정이다. 1, 2층의 점포 위로 주택
을 튀어나오게 하라는 뜻인데, 이렇게 하면 비나 눈이 올 때도 별다
른 불편 없이 점포 앞을 걸어 다닐 수 있다. 저층부의 후퇴한 부분에
간판이 달릴 터이므로 건물 전면이 혼잡스러워지는 것도 막을 수 있
다. 주택으로 전달되는 점포의 소음을 어느 정도 방지하는 부수적 효
과 또한 기대할 만하다. 간단한 규정인 것 같지만 도시건축의 여러 문
제들을 동시에 해결하는 탁월한 방식이다. 싱가포르를 비롯한 동남
아시아 여러 도시의 구도심 지역에 가면 이러한 기본 원칙에 따라 조

성된 아케이드를 볼 수 있다. 소위 말하는 오척가로(five-foot way)다. 1층 전면을 5척, 즉 1.5미터 정도 후퇴시켜 통로를 둔다는 개념이다.

안타깝지만 건물 저층부의 문제를 자발적으로 해결하는 경우는 요즘도 별로 없다. 심의에서 강제로 지적을 해야 마지못해 따르는 경우가 다수다. 그 결과 건물 입구에 비와 햇살을 막기 위한 차양 등이 덕지덕지 붙으면서 건물의 외관은 물론, 전체 도시 경관을 망치는 일이 흔하다. 그런데 지금으로부터 무려 50년도 이전에, 게다가 전쟁 복구 기간 중에, 이런 참신한 내용을 정부가 공표하고 이에 따라 사업이 진행되었다니? 희열과 아쉬움을 동시에 느끼게 하는 대목이다. 건물과 거리의 관계를 중시하는 무지개떡 건축의 기본 개념이 이처럼 구체적인 문자 기록으로 남아 있다는 점이 희열이라면, 그 영향력이 도시 전체로 충분히 확산되지 못했다는 점은 아쉬움이다. 법과 제도를 만들기 이전에 양질의 도시 환경이란 어떤 것인가에 대한 근본적인 성찰이 우선되어야 한다고 생각한다.

기록 이야기는 이 정도로 하고, 현재의 모습을 좀 더 충실히 들여다보기로 한다. 건물의 위치야 당시 그대로일 수밖에 없지만, 외관은 알아볼 수 없을 정도로 변했다. 건립 당시의 모습을 담은 사진이 없었다면 같은 건물로 단정하기도 어려웠을 정도다. 건물 양 끝부분에 원래의 외벽이 노출되어 있는데 자세히 보면 당초의 재료가 타일이었음을 알 수 있다. 가운데 부분은 알루미늄 복합 패널로 덮여 있을 뿐 아니라 대형 입간판이 들어차서 완전히 원래 모습을 잃어버렸다. 계단실은 모두 여섯 개다. 그중 지하로만 내려가는 것이 네 개, 2층으로만 올라가는 것이 하나, 지하와 상층부를 모두 연결하는 것이 두 개다. 결국 3, 4층까지 연결되는 계단은 단 두 개다. 후면에 편복도가 있

관문빌딩의 현재 모습.
외벽에 타일이 사용된 것을 알 수 있다.

지 않고서는 주거가 한 층당 겨우 네 채만 들어갈 수 있는 구조다. 그렇다면 전체 건물 규모로 보아 주거 한 채의 규모가 상당했을 텐데 그 사실 여부는 안타깝지만 원도면을 구하기 전까지는 알 수 없다. 당시 사진을 자세히 보면 2, 3, 4층의 대형 유리창 뒤에 서 있는 일종의 가벽이 보이는데 그 일부가 현재 상태에서도 발견된다. 남쪽에서 쏟아지는 햇살 혹은 거리의 소음을 막기 위한 조치인지 다른 목적이었는지는 알기 어렵다. 단열되지 않는 창호 틀에 복층이 아닌 단판 유리가 끼워져 있었을 테니 방음이나 냉난방 면에서 당시의 거주 환경이 그리 좋지는 않았을 것이다. 다만 햇살이 밝게 들어오는 커다란 창문 안의 풍경은 상당히 근대적이지 않았을까. 유감스럽게도 당시의 실내 사진은 아직 구하지 못했다.

현재 저층부에는 식당, 카페, 직업소개소, 마사지 업소 등이 있고 지하에는 맥줏집, 식당, 노래방 등이 있다. 특이한 것은 상층부다. 여기에는 부동산, 문서 감정원 등과 함께 고시원과 원룸텔 등이 자리한다. 사람이 잠을 자는 곳이라는 점에서 준주거라고나 할 이 시설들이 원래 주거의 존재를 암시하는지는 확실치 않다. 도심이라는 위치적 장점, 그리고 1인 가구가 느는 현재의 사회적 상황이 맞물려 일어나는 현상일 수도 있는 까닭이다. 건물 안에 들어가보면 일단 계단실이 아주 좁다. 게다가 계단이 돌아가는 방향이 제각각이다. 전체적으로 보면 건물의 가운데 부분이 곡선이고 양쪽 부분은 직선인데 그 연결 부위에 계단실이 있기 때문에 묘한 각을 이루는 공간들이 만들어진다. 그리고 공용 화장실이 있다.(세대별 화장실은 사실상 그리 오래되지 않은 개념이다.) 건물은 네 개 층인데 입구의 안내판을 보면 5층이 있다. 숨어 있는 층이 하나 더 있는 것은 아니다. 많은 건물에 4층이 없는 것과 같은

관문빌딩의 내부 계단.

이유다. 불길하게 여겨 4층을 생략하고 5층으로 건너뛴 것이다.

자유로운 입면을 살린 참신한 디자인

건립 당시의 사진은 지금 보아도 상당히 참신하다. 특히 2, 3, 4층의 창문을 서로 엇갈리게 배치한 디자인이 파격적이다. 교통량이 많은 대로변 모서리에 위치한 건물이므로 역동적 움직임을 표현한 결과가 아닐까라는 즐거운 상상을 하게 한다. 좀 더 전문적으로 이야기하자면 이처럼 창이 엇갈리는 디자인은 이 외벽이 건물의 하중을 받는 내력벽이 아니기 때문에 가능하다. 즉 하중을 받는 것은 창 뒤로 살짝 보이는 기둥이다. 근대건축의 선구자인 르코르뷔지에(Le Corbusier)가 말한 소위 "자유로운 입면"의 개념을 보여주는 예다.

옥상은 어떤 용도로 사용되었는지 알 수 없으나, 계단실과 연결된 옥탑이나 그 주변에 설치된 난간으로 보아 위에서 언급한 건설 요강을 충실히 따른 결과라 짐작된다. 다만 외관상 상가가 1층에만 있었다고 보이는 점은 요강과 다른 부분이다. 요강을 지키지 않은 또 다른 부분은 바로 주거 부분을 돌출시키라는 캔틸레버에 대한 규정이다. 1층과 나머지 층이 거의 같은 면으로 연속되어 있다 보니 햇살을 막고 비를 긋기 위해 1층 부분에는 거의 예외 없이 차양을 설치해두었다. 작은 디테일 하나가 얼마나 큰 차이를 가져오는지 알 수 있는 부분이다.

1950년대 말이면 서울역 앞에 고층 빌딩이라고는 하나도 없이, 탁 트인 풍경 너머로 저 멀리 관악산까지 시원하게 보였을 것이다. 남쪽을 향해 시원하게 뚫린 저 커다란 창문 안에는 어떤 이들이 살았으며, 또 어떤 삶의 풍경이 펼쳐졌을까. 주거로서의 만족도는 어떠했고, 이 건물에 대해서 당시 사람들은 어떻게 생각했을까. 당시의 실내 사진이나 기록을 언젠가 접하게 되기를 간절히 기대한다. 조만간 재건축된다는 것이 주민들의 증언이지만 이 귀중한 도시건축의 한 선례를 잘 복원하여 상가주택으로 다시 활용하면 어떨까 상상해본다.

미동아파트

거리형 아파트의
전형

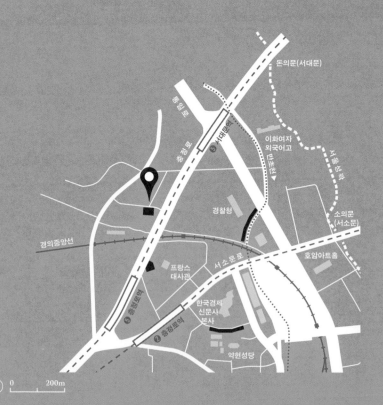

돈의문(서대문)

동인로

충정로

서대문역

이화여자
외국어고

만초천 ▶

서울성곽

경찰청

소의문
(서소문)

경의중앙선

호암아트홀

프랑스
대사관

서소문로

충정로역

충정로

충정로역

한국경제
신문사
본사

약현성당

0 200m

미동아파트
무지개떡 지수
86

입지
20

형태
16

규모
18

보행
16

복합
16

20

10

0

총평	상당한 규모에 비하면 기능적 다양성은 조금 떨어진다. 보다 적극적인 채광이나 환기를 위한 고려가 아쉽다. 하지만 존재감 있는 거리형 아파트의 좋은 사례다.	86/100

입지	중요한 간선도로인 충정로 안쪽에 위치해 있고 도심에서도 가깝다.	20/20

규모	무지개떡 건축으로서 매우 장대한 규모다. 상당히 큰 지하상가가 있고 지상층도 무려 여덟 개 층이다. 전면 가로에 비해 건물이 다소 큰 느낌을 준다.	18/20

복합	지상 8층의 높은 건물이지만 지하 전체와 1층 전면이 상가이므로 복합 지수는 낮지 않다. 다만 이 정도 규모라면 2, 3층 정도에 사무실 기능이 들어가도 좋았을 것이다. 옥상에는 별다른 기능이 없어 보인다.	16/20

보행자 친화성	두 개의 출입구 모두 길에 바로 면해 있다. 단 전면도로의 완만한 경사로 한쪽으로 가면 단차가 심해진다.	16/20

형태	외관이 비교적 잘 유지되고 있다. 상가와 그 윗부분의 주거 사이를 조형적으로 좀 더 분리해도 좋았을 것이다. 전면과 후면의 조형이 완전히 다르다.	16/20

'나 홀로' 아닌 '거리형'

오래된 아파트 중에서도 세운상가, 낙원상가, 서소문아파트, 충정 아파트 등 소위 '스타급'들은 자료가 넘쳐난다. 하지만 다른 대다수 아파트들은 그렇지 않다. 미동아파트는 상대적으로 자료가 적은 편에 속한다. 부동산 정보나 간단한 언급 정도다. 나 자신이 그 존재를 알게 된 것도 불과 얼마 전이다. 충정아파트 답사에 건축 사진작가 김용관 선생이 동행했는데, 이 근처에 또 다른 오래된 아파트가 있다고 해서 가본 곳이 여기다.

이 책에서 소개하는 아파트들은 대부분 지금 기준으로 보면 단지형이 아닌 '나 홀로' 아파트다. 일반적으로 나 홀로 아파트는 소위 '주촉법(주택공급촉진법)' 등에서 요구하는 각종 제약을 회피하기 위한 일종의 꼼수 전략으로 알려져 사회적 인식이 좋지 않다. 그러나 오래전에 지어진 나 홀로 아파트를 바라보는 관점은 좀 다를 필요가 있다. 특히 건물과 도시가 만나는 방식으로 볼 때 그러해야 한다. 따라서 이들에 대해서는 오해의 소지가 있는 '나 홀로'보다는 '단지형'과 반대되는 개념으로 '거리형' 아파트라는 명칭을 적용하기를 제안한다. 단지형이 널찍한 땅에 건물들이 섬처럼 놓여 있는 유형이라면, 거리형은 건물과 거리가 밀착되어 있는 유형이다. 미동아파트는 거리형의 대표적인 사례다.

단지형 아파트의 경우 내부 환경은 좋을지 몰라도 거리에 대해서는 배타적이다. 결국 도시를 수많은 빗장 공동체(gated community)로 쪼갠다. 도시적 발칸화(balkanization)인 셈이다. 거리형 아파트는 물론 장단점이 이와 반대다. 길에 면하여 지어지다 보니 자연스럽게 저층부

미동아파트 전경.

가 상가가 되고 결과적으로 가로의 활력에 기여한다. 물론 안팎으로 조경이 잘된 단지형 아파트 역시 거리를 좋게 만들지 않느냐고 반문할 수 있다. 그러나 상업가로의 중요성은 도시에서 결코 무시할 수 없는 항목이다. 무엇보다 거리형 아파트는 고립되지 않은 도시의 일원으로 작동한다. 상가에서 일하는 사람이 바로 위에 거주함으로써 직주근접의 삶을 실현할 가능성을 높인다는 점 또한 중요하다. 가장 큰 문제가 되는 것은 주거의 질이다. 거리와 상가의 소음, 냄새, 채광, 환기, 안전 등 삶의 기본적인 문제들을 어떻게 해결할 것인가? 단지형에 수많은 사회적 단점이 있음에도 바로 이런 이유에서 엄청난 파급효과를 누려왔을 것이다. 한편 거리형이 전 세계적으로 비교적 보편적인 유형이라는 점도 부정하기 어렵다. 그야말로 팽팽한 대결이다.

이를 극복하려는 시도가 있었다. 동부이촌동 한강맨션이나 반포동 반포주공 1단지 등 대규모 단지형 아파트는 물론이고, 제기동의 홍파아파트, 홍제동의 고은아파트, 연희동의 연화아파트 등의 소규모 단지형 아파트도 거리와 만나는 부분은 상가아파트로 설계했다. 그러나 아파트 단지는 점점 더 도시라는 바다에 떠 있는 섬과 같은 개념으로 변해갔다. 최근 경향을 보면, 거리와의 관계는 다시 중요한 이슈가 되고 있다. 얼마 전 접한 한 아파트 계획안은 대단지이면서도 거리형 상가아파트를 높은 비중으로 설치하고자 했다. 결국 이 책은 한국 아파트의 역사를 통해 단지형과 거리형이라는 상반된 구도 속에서 벌어진 다양한 시도를 들여다보려는 노력이기도 하다.

1969년, 아파트 역사의 한 기점

이런 관점에서 미동아파트는 흥미로운 사례다. 일단 건물의 규모가 상당하다. 지상 8층, 지하 1층에 건물 길이가 37미터에 달한다. 지하 전체와 1층의 길에 면한 부분이 상가로 구성되어 있다. 나머지 일곱 개 층은 모두 아파트인데, 그러다 보니 아파트에 대한 상가의 비율이 7 대 2로 비교적 높은 편이다. 다행히 엘리베이터가 있다. 총 세대수가 97세대로, 한 개 동으로 구성된 거리형 아파트로서는 엄청난 규모다. 이를 넘어서는 사례로는 서소문아파트(129세대)와 숭인상가아파트(246세대) 등이 있다. 아파트 앞길이 그리 넓지 않아서 건물이 더욱 크게 느껴진다. 정면에서 보면 질서 정연하게 배열된 돌출 창이 아파트라기보다는 사무실 건물 같은 느낌을 준다. 그런데 건물의 후면은 완전히 다른 디자인이라는 점이 독특하다. 한편 이 당시의 아파트

측면에서 본 미동아파트.

들은 전부라고 해도 과언이 아닐 정도로 대부분이 연노란색 페인트로 도색되어 있는데, 미동아파트 또한 예외가 아니다. 동부 유럽을 연상케 하는 이 놀라운 색채적 통일성은 과연 어디에서 온 것일까?

미동아파트는 회심기업이 지었고 1970년 12월에 입주를 시작했다. 그런데 건축물대장상의 완공, 즉 사용승인일은 1969년 6월 13일이다. 기록만으로 따지면 완공 후 무려 1년 반 후에 입주했다는 것인데 정확한 실상은 알지 못한다. 1969년은 1970년, 1971년과 더불어 주요한 상가아파트가 많이 지어졌던 해다. 효자아파트가 그렇고, 지금은 일부만 남은 청계천변 삼일아파트가 또 그렇다. 상가아파트는 아니지만 현재 완전히 철거되어 운동주언덕이 된 청운아파트도 같은 해에 지어졌다. 한국 아파트 역사에서 음으로 양으로 빼놓을 수 없는 중요한 사례들이 이렇게 1969년 한 해에 대거 등장했다.

유람선 같은 평면

미동아파트에는 갑작스레 가게 된 터라 현장에서 스마트폰으로 이런저런 정보를 찾았다. 그런데 이해되지 않는 부분이 있었다. 아파트 평면의 깊이가 무려 25미터에 달한다는 점이었다. 통상적으로 공동주거에서 이 정도 깊이가 되면 환기와 채광을 위한 중정이 있어야만 한다. 그런데 항공사진으로 살펴본 건물의 옥상은 그냥 매끈했다. 그렇다면 가능성은 세 가지다. 우선 중정이 있되 그 위에 평지붕을 덮은 경우다. 다만 그랬다면 중정의 환기와 채광을 위해 건축 측면에라도 커다란 창을 냈어야 할 텐데 창이 보이지 않았다. 다음으로는 중복

경의중앙선 쪽에서 본 미동아파트 후면.
정면과는 완전히 다른 디자인이다.

미동아파트 저층 상가.
쉽게 들락날락할 수 있는 것 같은 분위기다.

도가 하나 있고 양쪽의 단위세대 평면이 비정상적으로 깊은 경우다. 마지막으로는 복도가 두 개고 그 가운데에 외기(外氣)에 면하지 않은 공간이 한 줄 더 있는 것이다.

양해를 구해 건물 내부를 답사해보니 세 번째 경우에 해당했다. 곧 가운데 부분의 거주 환경이 어떨까 궁금해졌다. 현장에서 들은 바로는 여름에 조금 더 덥고 답답한 정도라고 했다. 그리고 가운데 부분 전체가 주거는 아니고 일부는 다른 용도로 사용되고 있다. 계단이 워낙 넓어서 층간 통풍에 기여하는 듯했다. 이와 유사한 경우는 낙원빌딩에서도 본 적이 있다. 낙원빌딩은 6층부터 아파트가 시작되고 그 유명한 수직 중정은 9층부터 있다. 그러다 보니 중정 아래층에는 한 줄의 공간이 더 생겼다. 이 부분에 주거가 아닌 관리 사무소, 창고 등이 들어가 있다. 좌원상가아파트도 이와 유사하다.

비슷한 상황을 이전에 경험해본 적이 있다. 스웨덴 스톡홀름에 출장을 갔을 때 일이다. 중앙역 근처의 비즈니스호텔을 알아보니 뜻밖에도 외기에 면하지 않은 방이 있었다. 체험 삼아 하루 묵어보기로 했다. 원래 사무실 용도로 지어진 건물이었으나 임대가 잘 안 나가서 호텔 체인이 몇 개 층을 빌려 개조한 곳이었다. 넓은 건물 폭이 문제였는데, 결국 복도를 두 개 두고 그 사이에 방들을 배치해놓았다. 프런트 직원은 씩 웃으며 "막상 가서 보면 그리 나쁘지 않을 것"이라고 했다. 그러면서 "유람선 같은 평면"이라고 했다. 인터넷에서 유람선을 찾아보니 실제로 그렇다. 건물이건 배건 폭이 넓다 보면 생기는 문제다. 막상 방에 들어가보니 프런트 직원의 말이 그리 틀리지는 않았다. 복도로 난 창도 모르고 보면 그냥 일반 창에 가리개를 내린 것 같은 느낌이었다. 음식점 등에서도 종종 쓰는 디테일이다. 전반적인 설계

91

미동아파트 옥상. 아무 일도 일어나지 않을 것 같은 텅 빈
공간이다. 건물의 폭이 이 정도인데 천창이 없으니 복도가
두 개인 '유람선식 평면'이 불가피하다.

가 세심해서 나름 분위기가 쾌적했다. 어차피 밤늦게까지 구경 다니
다가 잠만 자러 들어갔던 터라 별다른 느낌도 없었다. 외기에 면하지
않은 숙소에서의 하룻밤은 그렇게 지나갔다. 그런데 몇 년 후 같은 배
치의 공간을 서울에서 만난 것이다.

　지금으로서는 이런 설계를 상상하기 어렵다. 중복도형, 심지어 편
복도형조차도 공동주거 건축에서 잘 시도되지 않는다. 소위 계단실
형이 거의 천하 통일을 한 상황이다. 그만큼 생활수준이 향상된 덕이
니 다행스럽기는 하다. 그러나 주거건축의 다양성이 이에 반비례해
서 현저히 줄어든 것도 사실이다. 만약 미동아파트를 본격적으로 리
모델링한다면 가운데 부분을 덜어내고 유리 천창이 있는 수직의 중
정을 만드는 방식도 가능할 것이다.

맞은편의 골든브릿지빌딩 상부는 피어리스아파트다.
일반 사무실 같은 외관이 여기서 멀지 않은 새문안로의
피어선아파트나 미동아파트를 연상시킨다.

한편으로는 이 건물들이 지어지던 당시 도시 밀도의 압박이 어느 정도였는지 가늠해보게 된다. 미동아파트가 완공된 이듬해인 1970년의 신생아 수는 100만 7000명으로 역사상 가장 많았다. 이 무렵 태어난 세대를 다룬 드라마가 바로 「응답하라 1988」이다. 그뿐 아니라 서울 인구는 1960년 244만 명에서 1970년 543만 명으로 평균 1년에 30만 명씩 늘어나는 추세였다. 당시 대전 인구가 약 30만 명이어서 "1년마다 대전, 대전." 하는 말이 있을 정도였다. 이 아파트들은 그런 초고속 성장 시대의 산물임을 명심할 필요가 있다. 지금 마주한 이 건물들에서, 밀도의 압박이 실로 대단했던 도시와 상응하는 주거 형태를 고민하고 고안했던 과정을 읽어낼 수 있다.

원효아파트와
금성아파트

도시의 활력을 위한
실마리

원효아파트

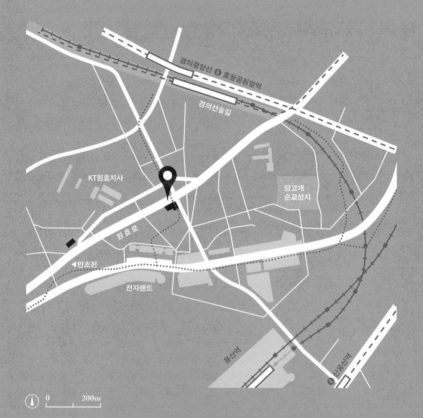

경의중앙선 ⓘ 효창공원앞역

경의선숲길

KT원효지사

당고개
순교성지

원효로

만초천

전자랜드

용산역

신용산역

0   200m

원효아파트
무지개떡 지수

84

입지
20

20

형태
12

10

0

규모
20

보행
14

복합
18

총평 위치나 규모, 복합성 등이 모두 훌륭하지만 저층부에서 코너의   **84**/100
장점을 별로 살리지 못한 점, 그리고 조형이 단조로운 점 등이
안타깝다.

입지 구용산 지역의 주요 사거리인 원효로2가 사거리의 남쪽 코너   **20**/20
에 자리 잡고 있다.

규모 작은 도시 블록 하나를 다 채운다. 건물의 규모는 주변 거리의   **20**/20
스케일과 조화를 이룬다.

복합 1층은 물론이고 지하층의 일부와 2층에까지 상가가 들어서 있   **18**/20
어 복합적 성격이 매우 높다.

보행자 코너 건물로서의 장점을 별로 살리지 못하고 있다. 특히 개방   **14**/20
친화성 시간대가 제한된 금융기관이 코너에 위치해 있는 것은 거리의
활력이라는 입장에서 제약 조건이다.

형태 상가와 공동주거의 결합이 조형적으로 처리되지 못한 것이 아   **12**/20
쉽다. 7층의 발코니를 모두 막아버린 것도 단점이다.

금성아파트

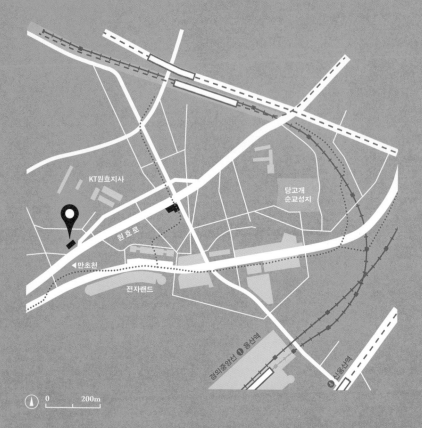

KT원효지사

당고개
순교성지

원효로

◀만초천

전자랜드

경의중앙선 ① 용산역

신용산역

0   200m

금성아파트의
무지개떡 지수는?

90

총평	전반적으로는 특별한 것이 없는 건물이지만 옥상마당의 존재 때문에 주목하게 되었다. 전면과 나머지 면들의 조형적 대비가 매우 극단적이다.	**90**/100

입지	원효대교의 북단 근처에 위치한다. 통과 교통이 많은 곳이라 상가 아파트로서 좋은 입지라고 보기는 어렵다. 다만 건립 당시에는 원효대교가 없었다.	**16**/20
규모	지하 1층, 지상 6층에 총 53세대로서 소규모 상가아파트로 볼 수 있다.	**18**/20
복합	전체 일곱 개 층에 공장으로 사용 중인 지하를 포함하여 상가가 두 개 층이다. 옥상마당이 있는 드문 상가아파트로서 이 덕분에 복합적 성격이 강화되었다.	**20**/20
보행자 친화성	전면이 노상 주차장이라 보행자에게 쾌적한 환경이라고 보기는 어렵다. 다만 상가와의 접근성은 좋은 편이다. 상가는 관통형으로 뒷골목으로도 열려 있다. 다만 상가 주방 입구 등으로 사용되어 보행자를 위한 입구는 아니다.	**18**/20
형태	특별한 조형적인 재미가 없는 다소 평범한 외관이지만 피난 계단이 있는 동측의 계단이나 상당히 불규칙한 북측의 입면 등은 단조로운 정면과는 매우 대조적이다.	**18**/20

용산은 어디에 있을까

한 지역으로서의 용산(龍山)은 보통 남산에서 한강 사이를 말한다. 그 대부분은 미군 부대를 위시한 군사시설이거나 철거민의 비애를 뒤로한 채 고층 건물이 계속 들어서는 신개발지다. 넓은 벌판처럼 보이지만 엄연히 그 안에 능선과 계곡이 있다. 그렇다면 구체적인 지형으로서의 용산은 본래 어디일까? 미군 부대 안이나 남산 자락 혹은 이태원 어디쯤에서 그 단서를 찾으려는 시도는 부질없는 노력이다. 이보다 훨씬 서쪽으로 가야 한다. 삼각지에서 한강으로 나가는 길인 한강로를 지나, 경부선과 경의중앙선 철도까지 건너서, 용산구 서쪽 경계까지 거의 다 가서야 본래의 용산을 찾을 수 있다. 서울역 서쪽에서 시작되는 만리재길을 따라, 효창공원을 지나 용산신학교와 원효로성당을 거쳐, 마포대교 북단 어귀에서 한강과 만나는 총연장 3킬로미터 남짓한 능선의 흐름이 바로 용산이다. 그 능선 꼭대기까지 아파트가 들어서서 더 이상 산이라고 부르기도 어려울 지경이다. 용처럼 구불거리며 한강으로 흘러든다고 해서 용산이라는 이름이 붙었다지만 우리가 일반적으로 생각하는 나무로 덮인 산은 더 이상 아니다. 이처럼 원래의 용산이 서쪽으로 치우친 까닭에 현재 우리가 보통 용산이라 여기는 지역은 정확히는 신용산이라고 불러야 옳다. 한강대로변 지하철 4호선 역의 이름이 신용산인 것도 그런 연유다.

산이 있으면 물이 있고 그 물이 모여 흘러가는 골짜기 주변에는 사람이 모여 살기 마련이다. 용산의 남쪽 사면을 타고 내리는 물은 용산전자상가 아래의 만초천과 합쳐져 한강으로 흘러간다. 그 용산의 능선과 만초천 사이 지역이 현재의 원효로 일대다. 원효로는 일제강

용산의 흐름. 만초천과 맞물려 흐르는
능선이라고 보면 된다.

점기에 원정(元町, 모토마치)이라 불리던 곳인데 해방 이후에 같은 '원'
자가 들어가는 원효대사의 법명을 따서 개칭되었다. 남영역에서 갈
라져 나온 별도의 전차 노선이 깔려 있던 길이기도 하다. 1981년 그
남단에 원효대교가 준공되면서 이곳은 서울 구도심과 여의도를 잇는
중요한 지역이 되었다. 이처럼 구용산 혹은 '오리지널' 용산의 중심가
로라고 할 원효로를 따라 흥미로운 상가아파트가 두 개 놓여 있다. 원

효로2가 교차로에 있는 원효아파트, 그리고 원효대교 초입인 원효로 3가의 금성아파트가 바로 그것이다. 원효아파트는 1970년 12월 24일에, 금성아파트는 1971년 12월 18일에 사용승인을 받았으니 1년 간격으로 세상에 나왔다. 1960년대 후반에서 1970년대 초반에 해당하는 불과 몇 년 사이, 숨 가쁘게 전개된 한국 상가아파트 역사의 절정기에 함께 등장한 셈이다.

코너 건물의 역할

원효아파트는 지하 1층, 지상 7층에 89세대가 있는 중규모의 상가아파트다. 전체 여덟 개 층 중에서 상가가 들어가 있는 것은 지하 1층과 지상 1, 2층이다. 거리에 면한 1층은 색상이나 조형 등이 그 윗부분과 확연히 구별된다. 다만 2층은 같은 상가라도 수평으로 긴 창이 다를 뿐, 나머지는 상층부의 주거와 별다른 차이 없이 처리된 점이 흥미롭다. 원효아파트가 위치한 원효로2가 교차로는 인근의 용문 교차로와 더불어 이 지역의 주요한 거점이기 때문에 원효아파트의 저층 상가는 그 역할이 상당히 중요하다. 다시 말해 전형적인 상업가로 위 코너형 건물로서의 역할을 충실히 수행할 것을 요구받는 것이다. 원효아파트는 그 요구에 어떻게 부응하고 있을까?

오늘날 이런 건물을 설계하면 아마도 이 코너 부분의 처리가 사뭇 달라질 것이다. 조경, 주차 등 다양한 조건을 충족해야 하기 때문이다. 건물의 규모가 커지면 공개 공지를 설치해야 하거나 도시설계에 해당하는 지구단위계획에서 별도의 조건을 달기도 한다. 물론 이

원효아파트 전경. 코너를 꽉 채우고 들어선 건물이지만
정작 코너를 그리 잘 활용하고 있지는 못하다.
7층에는 원래 연속된 발코니가 있었던 듯하다.

모든 것은 보행 환경을 개선하고 도시 속 삶의 질을 높이기 위한 노력의 일환이다. 그러나 그 결과로 만들어진 건물 중에는 의문을 자아내는 것들이 있다. 특히 코너 부분을 녹지로 처리하거나 아예 개방해버리는 경우, 상업가로의 자연스러운 흐름이 끊어질 뿐 아니라 도시 블록의 연속성이 완전히 와해되는 경우가 발생한다. 서울 종로 신신백화점 철거 전후의 상황을 비교해보면 그 차이를 확연히 알 수 있다. 개인적으로는 적어도 가로의 코너 부분은 녹지가 아니라 건물로 채우는 것이 맞다고 생각한다. 그런데 요즘은 이런 경우가 별로 없다. 그만큼 코너의 논리에 충실한 건물을 보기 힘들어졌다는 말이다.

원효아파트는 그런 점에서 좋은 연구 대상이다. 일단 코너 건물로서의 기본적 유형은 충실하게 구현했다. 그러나 길과 만나는 부분의 디테일 측면에서는 아쉬움이 많다. 특히 정작 가장 중요한 코너 부분의 처리에 문제가 많다. 이 면으로는 아예 출입구 자체가 없다. 요컨대 길과 건물이 서로 연결될 여지가 완전히 없어지고 말았다. 게다가 허리 높이까지 벽이 서 있고 상가의 규모가 갑자기 달라지면서 가로가 활력을 잃어버렸다. 같은 부분의 2층도 창문이 완전히 막혀서 위치적인 장점이 전혀 살지 못했다. 내부에 어떤 사정이 있는지 잘 모르지만 탁 트인 사거리의 풍경을 막을 만큼의 명분이란 무엇일까? 코너 저층부에 대한 처리만 조금 바꿔도 이 건물의 매력은 비약적으로 상승하리라. 이렇듯 건물의 성격은 큰 몸짓 못지않게 작은 디테일이 모여 결정된다.

원효아파트는 전형적인 중복도형이다. 건물의 가장 두꺼운 부분이 18미터인데, 이 정도면 중정이 있기에는 좁고 편복도형이나 계단실형으로 처리하기에는 넓다. 계단은 두 군데가 있다. 하나는 건물 동

원효아파트 옥상. 남산 일대를 포함한 주변이 잘 보인다.
옥상은 특별한 용도 없이 방치되어 있다.

쪽의 새창로에, 또 다른 하나는 건물 북쪽의 원효로에 면한다. 계단이
건물의 양 끝이 아니라 복도 중간에 있다 보니 막다른 복도가 생겼다.
예나 지금이나 막다른 복도에 대한 별다른 규정이 없어서 이런 일이
생기지만, 실상 화재에 매우 취약한 구조라 볼 수 있다. 공동주거에서
피난과 관련된 이런 규정들은 대폭 강화될 필요가 있다. 참고로 미국
의 경우 20피트, 즉 6미터가 넘는 막다른 복도는 건축법으로 엄격하
게 규제된다. 상가아파트가 도시건축의 유형으로서 큰 장점을 지님
에도, 사회적 이미지가 별로 좋지 않았던 이유 중 하나가 바로 화재
시 안전에 취약하다는 점이었다. 실제로 그로 인한 사고가 자주 발생
했다. 문제는 요즘 지어지는 새 건물에서도 과도하게 긴 막다른 복도
가 등장한다는 사실이다. 법과 제도로써 근본적인 예방이 필요한 부

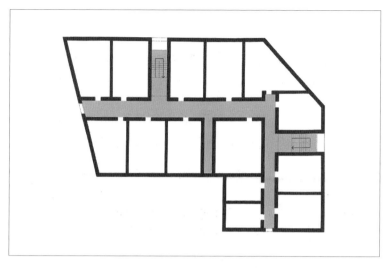

원효아파트 평면.

분이다.

원효아파트의 외관에서는 별다른 특징이 느껴지지 않는다. 주거층의 창문은 특별한 조형 의지 없이 그저 실용적으로 배치한 듯하다. 6층은 아예 전혀 다른 방식으로 창문을 배열했고 7층에는 원래 연속된 발코니가 있었던 것 같지만 지금은 모두 막아 쓴다. 이 발코니가 원형대로 있었다면 적어도 조형적으로는 훨씬 좋았을 것이다. 옥상에 오르면 구용산 일대가 한눈에 들어온다. 특히 용산구에 그 이름을 부여한 용산의 흐름이 건물 북쪽에 병풍처럼 펼쳐진다. 눈을 서쪽으로 돌리면 원효대교 북단이 보인다. 그리고 그 어귀에 또 다른 상가아파트가 있다. 바로 금성아파트다.

금성아파트 전경. 평범하고 단조로운 외관이다.
가로에 면한 전면은 노상 주차장이다.
건물 뒤 아파트로 뒤덮인 능선이 바로 원래의 용산이다.

옥상을 마당 삼은 아파트

금성아파트는 원효아파트에서 원효로를 따라 서쪽으로 약 370미터 지난 지점에 있다. 여기서 조금만 더 남서쪽으로 가면 원효대교 북단 진입 램프가 시작된다. 원효대교는 금성아파트가 지어지고 약 10년 뒤에 세워졌으니 금성아파트 완공 후에도 한참 동안 이 일대는 막다른 길이었던 셈이다. 지금도 금성아파트 주변은 어딘가 종점다방 같은 것이 있음 직한 분위기다. 금성아파트는 지하 1층, 지상 6층, 총 53세대의 상가아파트다. 비교적 소규모 아파트에 해당한다. 처음에 이 아파트의 존재를 마주했을 때 지극히 평범해 보이는 외관하며 공

금성아파트 동 측면. 전면과는 사뭇 다른, 매우 역동적인 모습이다.
6층이 다른 층보다 작기 때문에 옥상마당이 생길 수 있다.
왼쪽 도로는 원효대교로 향한다.

동주거로서는 다소 생뚱맞은 위치 때문에 굳이 가볼 필요가 있을까 고민했다. 그러나 결과적으로 애타게 찾던 존재가 드디어 나타난 경우임을 알게 되었다. 바로 이 아파트의 '옥상마당' 때문이다.

무지개떡 건축론에서는 옥상을 매우 중요하게 다룬다. 도시를 위해 필요한 밀도와 복합이라는 주제를 충실히 구현하면서도, 마당 있는 집에 살고 싶어 하는 사람들의 기본 욕구에 부응하는 것이 바로 옥상마당이다. 굳이 그냥 옥상, 혹은 옥상정원이라 하지 않고 '옥상마당'이라 하는 데에는 이유가 있다. 마당 자체는 물리적으로 외부 공간이지만 인접한 실내 공간의 존재를 암시한다. 같은 외부 공간이라도 실내 공간과 바로 연계되어야 그 활용도가 비약적으로 상승하기

금성아파트 6층의 옥상마당. 주민들이
마음만 먹으면 매우 근사한 공간으로 만들 여지가 충분하다.
이 사진을 찍은 직후 왼쪽에 보이는 개가 달려들었다.

마련이다. 한옥의 마당을 연상하면 쉽게 이해할 수 있다. 그러나 막상
상가아파트에서 그런 예를 찾아보기는 힘들다. 그나마 옥상을 아파
트 주민을 위한 텃밭으로 적극적으로 활용하는 사례는 지금까지 안
산맨숀이 유일했다. 하지만 그것도 어디까지나 옥상정원이지 옥상마
당은 아니었다.

그런데 원효대교 초입의 다소 어정쩡한 구용산 지역에서 외형상
별다른 특징도 찾아보기 어려운 작은 상가아파트가 그런 아쉬움을
단번에 해소해주었다. 6층이 그 아래층보다 작아지면서 전면에 상당
히 여유로운 옥외 공간이 조성되었다. 건물 꼭대기라서 그렇지 마당
있는 단독주택에 사는 것과 무엇이 다른가. 게다가 그 경치가 일품이

다. 저 멀리 남산, 원효로 맞은편의 고층 건물들, 그리고 유장하게 흘러가는 한강까지! 뒤로는 서울역에서 만리재를 거쳐 효창원을 지나 새창고개를 넘어 달려온 용산의 흐름이 한눈에 들어온다. 이 옥상마당의 일부에 공공적인 기능, 즉 주변 지역 주민들을 위한 도서관 같은 시설을 넣는 것도 고려해봄직하다. 게다가 이 옥상마당에는 진짜 마당처럼 집 지키는 개도 있었다! 그 개가 짖으며 달려드는 바람에 급하게 내려가야 했지만.

물론 현 주민들이 저 옥상마당을 이용하는 모습은 어디나 그렇듯이 다소 무심한 분위기였다. 옥상마당의 가치를 인정하고 적극적으로 활용하려는 의지는 지금으로서는 잘 보이지 않는다. 다만 앞으로는 다를 것이다. 도시경관의 중요성을 이해하고 이를 적극적으로 받아들인 지도 사실 얼마 되지 않는다. 어떤 의미에서 도시 그 자체를 좋아하고 여기에서 새로운 삶의 방식과 정서를 만들어내는 차원의 진정한 도시적 삶은 이제 시작인지도 모른다. 금성아파트의 옥상마당은 우리 도시의 미래가 어떤 곳에서 시작될지를 보여주는 작지만 소중한 사례다. 그런 의미에서 이미 1970년대 초기에 옥상마당의 가치를 예견하고 그것을 상가아파트 위에 구현한 이 건물의 설계자, 이름을 알 수 없는 선배 건축가에게 경의를 표한다.◆

◆ 원효로에서 가까운 효창동에 또 다른 상가아파트인 효창맨션아파트가 있다. 11층의 고층 아파트로서 1969년 7월 29일에 완공되어 역사도 상당하지만 상가의 비중이 낮아 이 책에서 다루지는 않는다.

서소문아파트

물길 따라 휘어진
선형 아파트

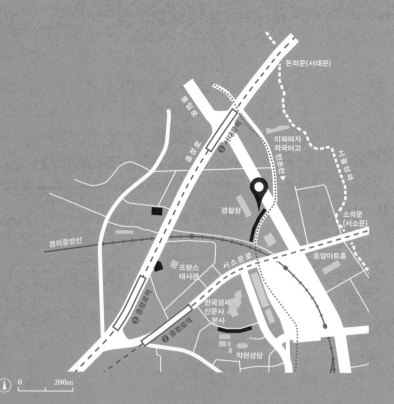

돈의문(서대문)

행촌로

충정로

서대문역

이화여자
외국어고
미동초등

소의문
(서소문)

경찰청

경의중앙선

호암아트홀

프랑스
대사관

서소문로

충정로역

한국경제
신문사
본사

충정로역

약현성당

0   200m

서소문아파트
무지개떡 지수

92

입지
18

형태
18

규모
18

보행
20

복합
18

20

19

18

17

총평   조성 과정이 매우 특이하지만 도시건축의 기본 미덕을 충실히   **92**/100
구현한다. 특히 단지형 아파트에 비해 서소문아파트가 지닌 도
시적 장점은 진지한 연구 대상이다.

입지   도심에 가깝고 대로와 철도 사이의 물길 위에 위치하여 매우   **18**/20
독특하다.

규모   도시건축으로서 상당한 존재감이 있는 규모다. 상가의 경우 층   **18**/20
높이에도 여유가 있어 중층을 걸 수 있을 정도다. 주거 부분의
층높이는 그리 여유롭지 않다.

복합   섬세한 설계로 인근 지역 가로의 연속성에 크게 기여하고 있   **18**/20
다. 주거와 상가는 철저하게 분리되어 있다. 리모델링한다면 옥
상의 적극적 활용을 고려해볼 만하다.

보행자   상가와 수직 동선이 모두 전면도로와 긴밀하게 연결되어 있다.   **20**/20
친화성

형태   하천 부지라서 재건축이 되지 않는다면, 이 시대의 지혜를 모   **18**/20
아 원래의 기본 형태를 유지하면서 적극적으로 리모델링할 필
요가 있겠다.

시야에서 사라진 만초천을 따라서

'만초천'은 생소한 이름이다. 어지간히 서울 지리를 잘 아는 사람도 이 이름을 들어본 적은 별로 없을 것이다. 봉준호 감독의 영화 「괴물」에서 그 괴물이 사는 곳이 바로 만초천이다. 워낙 콘크리트 기둥이 빽빽하게 들어선 곳으로 묘사되어 하수구로 보이지만, 엄연히 원효대교 북단에서 한강으로 흘러들어가는 자연 하천의 끝부분이다. 일제강점기에 욱천(旭川)이라는 이름이 붙어 지금도 혼용되며, 또 다른 이름 무악천과 덩쿨내도 있다.

이 만초천은 인왕산과 안산 사이의 무악재 인근에서 발원한다. 대규모 아파트 단지가 들어선 돈의문 뉴타운을 지나, 서울역을 거쳐 용산전자상가로 전진해서 결국 한강과 만난다. 전체 길이는 7.7킬로미터 정도다. 삼각지와 용산역 사이의 일부 구간을 제외하고는 전부 복개되어 그 자취를 알기 어렵다. 1962년부터 1977년까지 복개 작업이 이루어졌다고 하므로 청계천 복개 기간과 일부 겹친다는 점을 알 수 있다. 이렇게 시야에서 사라진 탓에 우리의 의식에 별로 남아 있지 않다. 남영역에서 용산전자상가로 가는 길에 놓인 고가도로에 '욱천'이라는 이름만이 남았을 뿐이다.

영화에서 음습하게 표현되었지만 만초천의 물은 워낙 맑기로 유명했다. 이곳에서 불을 밝히고 게를 잡는 광경이 고려 말에 목은 이색의 「용산팔경」 하나로 등장할 정도였다. 아직도 일부에서는 게가 사는 흔적이 발견된다고 한다. 유일하게 복개되지 않은 삼각지 일대의 짧은 구간에서는 비가 오면 여전히 많은 물이 흐르는 것이 보인다. 그 상류인 서소문아파트 아래도 마찬가지로, 지금도 1층 상가의 맨홀을

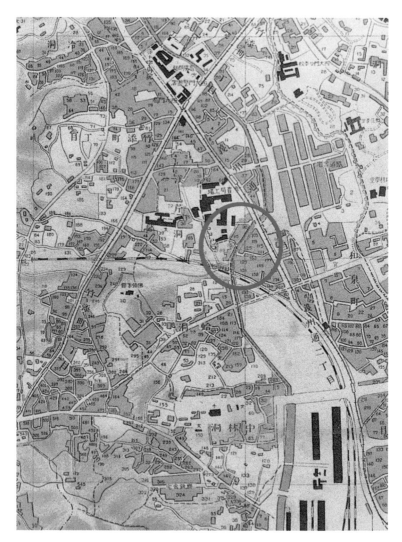

만초천의 흐름 위에 걸터앉은 서소문아파트.

열면 그 모습을 볼 수 있다. 만초천은 서울 도성 밖 서부 지역의 중요한 하천이다. 성내에 청계천이 있다면 성 외에는 만초천이 있다. 용산 구민들을 중심으로 '욱천살리기모임'도 있다.

시야에서 사라졌을 뿐 만초천의 흐름은 여전히 지상에서 감지된다. 서대문 인근의 서울적십자병원 건물과 주차장 사이를 비집고 달리는 도로, 그리고 이화여자고등학교 후문과 바비엥 등 고층 빌딩 사이의 완만하게 휘어진 도로가 그것이다. 이 도로는 서서히 남쪽으로 방향을 틀며 독립문에서 서울역으로 이어지는 통일로를 가로지른다. 물의 흐름이 다시 바뀌어 서울역을 향해 활처럼 휘어지는 바로 그 자리에 세워진 건물이 미근동 서소문아파트다. 이 건물의 건축물대장 주소에 등장하는 "하천복개지역"의 하천이 만초천인 것이다.

재개발 불가능으로 인한 보존 가능성

낙원상가 및 아파트가 도로 위에 세워져 도로 점용료를 내고 있다면, 서소문아파트는 이처럼 하천 위에 세워져 하천 점용료를 낸다. 토지 위에 지어진 건물이 재산세 토지분을 내는 데 비하면 두 건물 모두 매우 독특한 면모를 지닌 셈이다. 당시 개발의 압력이 얼마나 심각했는지를 보여주는 단서다. 토지 확보가 쉽지 않으니 도로나 하천 위에까지 건물을 짓게 된 것이다. 홍제천 위에 올라앉은 유진상가 또한 그런 경우다. 이런 건물들에는 건물의 가치는 없는 것으로 보고, 오직 토지 지분의 가치 상승에 대한 기대감으로 진행되는 통상적인 재건축 공식이 먹히지 않는다. 그 결과 재건축 논의 자체가 마땅치 않아

115

서소문아파트 전경. 길이가 115미터에 이르는
장대한 건물이다. 곡선이 아닌 직선의 조합이다.

경의중앙선 철도의 곡선과 서소문아파트가
만나는 지점.

서 오히려 보존의 가능성이 높아지는 역설이 성립한다. 그러나 그와 동시에 서소문아파트는 낡을 대로 낡아버렸다. 이 건물은 전체 주택 시장에서 아파트의 비중이 불과 2퍼센트도 안 되던 1971년 1월 23일에 사용승인을 받았다. 오진건설이라는 회사가 지었고 설계자의 이름은 전해지지 않는다. 2017년 현재 기준 47세에 불과한 이 '젊은 중년' 건물은 안타깝게도 물리적인 나이보다도 훨씬 늙어 보인다. 힘들게 버티고 있지만 그 역사적 의미는 결코 작지 않다. 아파트 연구자들 사이에서도 가장 인기 있는 건물의 하나다. '서울 속 미래유산' 중 한 곳으로 지정될 뻔했으나 주민들의 반대로 최종 명단에서는 빠졌다. 그야말로 '웃픈' 삶을 사는 산전수전의 노장인 셈이다.

하지만 현재의 모습이 초라하다고 이 건물의 역사를 무시하는 것은 금물이다. 지금도 서소문아파트는 서울에서 어지간히 오래 산 사람들 사이에서 한때 방송인들이 많이 살고 이에 따라 연예인들도 많이 들락거리던 장안의 명소로 기억된다. 그 유명세 덕에 이윤기 감독의 영화 「멋진 하루」에 등장하기도 했다. 그리고 1층과 주변 상가에는 미식가들이 즐겨 찾는 꽤 유명한 맛집이 있기도 하다. 벙커시유를 이용한 중앙난방 덕분에 온수도 잘 나오고 수세식 화장실도 있는, 당시로서는 가장 앞선 시설을 자랑하는 아파트였다. 그 흔적으로 아파트 후면에 지금도 굴뚝이 남아 있다. 화려한 일화나 하천 위에 세워졌다는 신기함, 낡은 모습에서 오는 처연한 감성도 아니고, 오직 하나의 건축물, 그것도 선형 상가아파트라는 독특한 유형으로서 서소문아파트는 과연 어떤 존재일까? 결국 모든 사전 지식을 다 지우고 다시, 지금 있는 그대로의 건물을 차근차근 들여다볼 수밖에 없다.

서소문아파트 읽기

일단 건물의 길이가 115미터에 달한다. 지금도 서울 시내에 단일 건물로서 이 정도 길이를 자랑하는 예는 흔치 않다. 게다가 상가 한 개 층, 아파트 여섯 개 층, 총 7층에 달하는 높이라 그 규모가 상당하다. 지금은 앞뒤로 고층 건물이 있어서 그렇지 이 일대에 이 건물 혼자 우뚝 섰을 때는 실로 대단한 위용이었을 듯하다. 건축물대장에 따르면 1층에는 주로 식당과 카페, 기타 미장원, 편의점 등으로 구성된 18여 개의 점포들이 있고, 그 위는 2층에서 7층까지 36제곱미터에서 56제곱미터에 달하는 129세대의 아파트가 있다. 건물은 한 동이지만 총 아홉 개의 계단실마다 동 번호가 붙어 있다. 지상 일곱 개 층 건물이지만 좁은 계단실을 따라 오르다 보면 꼭대기 층이 의외로 7층이 아닌 8층이다. 많은 건물에서 그러하듯이 불길하다는 이유로 4층을 누락한 결과다.

동 번호는 북쪽부터 시작되는데 전면도로가 완만하게 남쪽을 향해 경사진 것과 유관해 보인다. 이 경사를 받아주기 위해서 통일로변의 한 동이 다른 동에 비해 살짝 높다. 전면인도의 재질이 연질임을 보아 보행자를 위한 배려가 나름 잘되어 있다. 밤이 되면 이 인도 위에 상가 식당의 의자, 탁자 등이 나와 자못 활기 띤 분위기가 만들어진다. 전면도로가 왕복 2차선으로 교통량이 많지 않기 때문에 전체적으로 그리 혼잡한 분위기는 아니다.

통상 둥글게 휘어진 건물로 알려졌지만 실제로는 그렇지 않다. 3동과 4동 사이에서 한 번, 6동과 7동 사이에서 한 번, 이렇게 두 번에 걸쳐 방향을 트는 세 직선 구간의 조합이다. 전체가 완만하게 휘어진 곡

통일로변의 입면. 도로와 각을 맞추고
측면에는 창을 냈다.

1층 상가는 건물의 개구부를 통해 후면 골목으로
연결된다.

1층 상가는 통일로를 향해 코너를 돌아간다.

면 건물이었다면 가구 배치 등에서 상당한 제약을 받았을 것이다. 총 7층이나 되는 건물이지만 안타깝게도 승강기가 없다. 이제는 원칙적으로 하천 부지에 건물을 짓는 것이 허락되지 않는다. 특단의 조치가 없다면 이 건물이 유지될 방법은 결국 재건축이 아닌 구조변경뿐이다. 그렇다면 승강기 문제를 어떻게 해결해야 할까. 게다가 복도식이 아닌 계단실형이기에, 어려움이 이만저만이 아닐 것이다.

토지 지분이 없어 재건축에 의한 자산가치의 증가를 기대하기 어렵기 때문인지 매매는 드무나 입지 조건 등이 좋아 월세 거래는 활발하다. 집의 가치에 대한 한국 사회의 생각이 읽히는 부분이다. 고도성장기가 끝나면서 짓고 부수고 하는 악순환이 서서히 사라지면 자산가치에만 관심을 두고 사용가치를 인정하지 않으려는 풍토도 점차 바뀔 것이다. '피터팬의 좋은 방 구하기(peterpanz.com)'라는 부동산 사이트에 2017년 7월 올라온 소개 글이 눈에 띄었다. 지하철역이 가깝고, 주변에 공원도 많으며, 재래시장과 마트가 멀지 않아 장보기도 편하고, 심지어 경찰청 바로 옆이라 안전하다는 내용이었다. 내용으로 짐작건대 젊은 세대가 올린 글이다. 첨부된 사진을 보면 내부를 깨끗하게 고쳐서 편리하게 사는 모습이다. 도심의 상가아파트가 어떤 점에서 매력적인지 잘 드러난다.

옥상에 오르면 이 일대의 경관이 넓게 펼쳐진다. 화분, 빨래, 각종 전선 등 통상적인 것들 말고 눈에 띄는 요소는 통일로변에 설치된 엄청난 개수의 전자 장비다. 아마도 이동통신과 관계된 기기들인 듯하다. 전체적으로 휘어진 건물이기 때문에 그 흐름이 어디로 연결되는지 궁금해진다. 건물 방향은 정확하게 현재 공사 중인 서소문공원과 그 뒤를 병풍처럼 둘러선 우리 시대의 거대 주상복합 브라운스톤, 그

단 두 번 휘어진 직선의 조합이지만
곡면으로 느껴진다.

리고 그 너머의 서울역 뒷길을 가리킨다. 그 도로 아래 만초천이 흐른다는 것은 두말할 나위도 없다.

가로의 연속성과 도시적 예의범절

서소문아파트의 장대한 규모, 그리고 다소 거칠어 보이는 외관에도 불구하고 자세히 들여다보면 상당한 섬세함을 발견할 수 있다. 특히 주변 지역을 대하는 이 건물의 태도에서 그것이 잘 드러난다. 1층의 상가는 이 건물에서 끝나지 않고 주변 도로와 연결된다. 다시 말해 가로의 연속성이 매우 잘 처리되어 있다. 그런데 같은 목적을 위해 건물의 양끝이 취하는 태도가 사뭇 흥미롭다. 통일로 반대편, 즉 경의중앙선 쪽을 보면 상가는 건물의 전면에서 코너를 돌아 그 옆 건물로 계속 이어진다. 다만 이 부분은 철도변으로서 도로의 성격이 약하다고 판단했는지 상층부 아파트의 측면은 모두 벽으로 막혀 있다. 철도의 소음을 차단하기 위해서도 필요한 조치였으리라. 만약 여기서 이 1층 코너 상가의 측면을 막았다면 충정로까지 연결되는 철도변 상가의 흐름은 끊어지고 말았을 것이다.

통일로변 또한 끝부분의 코너 상가는 두 면을 모두 개방하는 구조로 되어 있다. 그뿐 아니라 건물과 도로가 직각이 아닌 예각으로 만난다는 점을 인지하여 이 부분의 평면을 다르게 처리했다. 그 결과 측면은 정확히 도로와 평행을 이룬다. 게다가 상층부 아파트의 통일로변 측면 전체를 유리창으로 처리했다. 비록 지금은 이 부분에 불투명 시트가 발라져 있으나 그 의도는 명백하다. 즉 서소문아파트는 서울의

옥상에서 본 경의중앙선 철도.   옥상에서 본 인근 지역.
만초천의 흐름이 느껴진다.

주요 간선도로인 통일로변의 건물이기도 하다는 의미다. 한 건물이
제자리에서 마땅히 해주어야 할 도시적 역할을 기꺼이 수행하는 셈
이다. 안타깝게도 서소문아파트 이후에 통일로변에 들어선 인근 건
물들에서는 그러한 배려가 거의 느껴지지 않는다. 바로 이웃인 경찰
청은 담을 치고 들어선 전형적인 권위적 건물이고, 인근 고층 사무실
건물의 저층부도 길에 대해 무뚝뚝하기는 마찬가지다. 이렇게 가로
의 연속성이 깨졌고 서소문아파트도 상대적으로 왜소해 보이게 되었
지만, 주변 지역에 대한 명확한 해석은 여전히 큰 의미로 다가온다.

서소문아파트가 도시를 대하는 섬세한 태도가 가장 돋보이는 부
분은 7동과 8동 사이다. 여기에는 개구부가 하나 있다. 이 부분의 상

가 하나를 희생하고 건물 후면 골목으로 연결되는 통로를 개설한 것이다. 그 결과 상가의 흐름은 통일로에서 시작되어 서소문아파트 뒷골목으로, 또 경의선 철도변으로 끊어지지 않고 연결된다. 이것은 담장을 두르고 주변 지역과의 차단을 꾀하는 요즘의 단지형 아파트가 도저히 따라올 수 없는 서소문아파트 특유의 미덕이다. 낡았다고 무시할 일이 아니다. 요즘 건물들은 이렇게 도시를 읽고 해석하고 그를 몸소 실천하는 저 시대의 기본적 태도, 즉 도시적 예의범절을 배워야 한다. 이것이 개발 시대의 실험작, 서소문아파트가 여전히 소중한 이유다.

삼각아파트

중규모 상가아파트의
전형

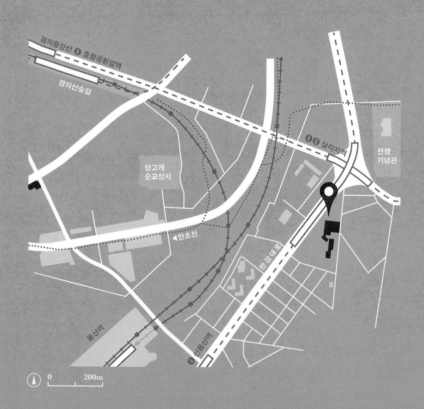

삼각아파트 C동
무지개떡 지수
95

입지
19

형태
19

규모
20

보행
17

복합
20

20
19
18
17
16
15

총평 C동만을 떼어놓고 봤을 때 중규모 중정형 상가아파트의 매우 **95**/100
전형적인 모습이다. 조형, 동선, 배치 등에서 깊이 고민한 흔적
이 느껴진다.

입지 교통 요지인 삼각지, 그중에서도 대로변이 아니라 그 이면도로 **19**/20
에 접하는 곳이라 입지 면에서 매우 바람직하다. 인근 지역에
는 주거와 상업이 섞여 있다.

규모 지하 1층, 지상 6층에 총 46세대(C동의 경우)로 작은 마을 하나 **20**/20
를 수직적으로 재구성했다고 볼 수 있다.

복합 지하를 포함 전체 일곱 개 층에 상가가 세 개 층에 달하여 복합 **20**/20
지수가 높다. 외부적으로는 동선을 분리하고 내부적으로는 그
것을 연결한 수법이 돋보인다.

보행자 전면 부분은 좋지만 주거로 들어가는 주 출입구는 다소 답답하 **17**/20
친화성 다. 나머지 동선들은 시각적 인지도나 접근성이 그리 좋지 않
다. 전면 부분이 좀 더 길에 개방적이라면 건물의 분위기가 한
결 다를 것이다.

형태 매우 전형적인 중정형 상가아파트로서 평면도 정방형에 가깝 **19**/20
다. 저층부의 상가와 상층부의 주거를 조형적으로 명확히 분리
한 것이 주목할 만하다.

돌아가는 삼각지

삼각지 로타리에 궂은비는 오는데
잃어버린 그 사랑을 아쉬워하며
비에 젖어 한숨짓는 외로운 사나이가
서글피 찾아왔다 울고 가는 삼각지
삼각지 로타리를 헤매 도는 이 발길
떠나버린 그 사랑을 그리워하며
눈물 젖어 불러보는 외로운 사나이가
남몰래 찾아왔다 돌아가는 삼각지
　　　　　　─「돌아가는 삼각지」

　요절한 천재가수 배호가 이 노래를 불렀던 때가 1967년이었다. 우연인지 모르지만 지금은 철거되고 없는 저 유명한 삼각지 입체교차로 역시 같은 해에 건설되었다. 그해 초 교차로 공사가 끝난 직후에 취입한 노래라고 한다. 원래 이 자리에는 일제강점기인 1930년대 말에 조성된 로터리가 있었다. 가사도 막 완성된 입체교차로가 아닌, 원래 그 자리에 있었던 로터리를 염두에 둔 것이다. 용산 미군기지의 옛 사진에 그 로터리의 모습이 나온다.

　안타깝게도 배호는 인기가 절정이던 1971년 11월 7일 지병인 신장염으로 세상을 떠났다. 사진상으로는 두꺼운 뿔테 안경을 고집하여 나이가 좀 들어 보이지만 당시 불과 29세였다. 인근 지하철 4호선 삼각지역에는 앉아서 기타를 치는 그를 본뜬 동상이 있다. 아직도 그를 기리고 그의 노래를 찾는 사람들이 많다는 증거이리라. 아마도 최초

삼각지 로터리가 나온 용산 일대의 옛 사진.

의 국민 아이돌 중 하나였을 그가 죽기 약 넉 달 전인 1971년 7월 6일, 그의 노래로 유명해진 삼각지 인근에서도 유난히 삼각진 대지에 한 아파트 단지가 들어섰다. 그 이름 역시 삼각아파트. 주택사업으로 이름을 날린 삼익주택이라는 회사가 지었다. 전체적으로는 단지형이지만 그 일부이자 가장 규모가 큰 C동은 전형적인 거리형 상가아파트다. 나머지 A, B동과는 아예 지번도 다르고 건축물대장도 분리되어 있으니 별도의 건물로 봐도 틀리지 않을 것이다.

일한와사회사에서 한전까지

이 삼각형 부지의 근대사는 20세기 초로 거슬러 올라간다. 일제

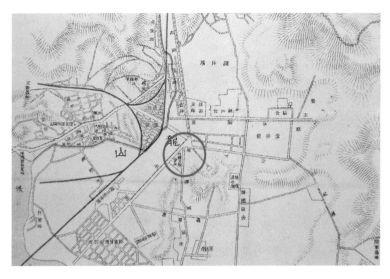

일제강점기의 삼각지 인근 지역.
현 삼각아파트 부지에 일한와사회사라는 이름이 적혀 있다.
삼각지는 예나 지금이나 삼거리가 아니다.

강점기가 시작된 직후인 1913년 일본제국철도국이 발행한 영문판 「KEIJO」, 즉 경성 지도를 보면 이 자리에 "Gas Co."라고 적혀 있다. 이어 1923년에 발행된 「경성급용산도」에는 "日韓瓦斯會社"(일한와사회사)라고 되어 있다. '와사'는 가스의 일본식 표기다. 모더니스트 시인 김광균의 대표작인 「와사등」(1939)의 그 와사다. 이 일한와사회사는 한국 근대 에너지 공급의 역사에서 중요한 자리를 차지한다. 간단히 정리하자면, 고종이 단독 출자한 한성전기회사가 1904년 미국인 H. 콜브런과 H. R. 보스트윅에게 인수되어 한미전기회사가 되었고, 1909년 일한와사회사가 이를 인수하면서 명칭은 또다시 경성전기주식회사로 바뀌었다. 경성전기주식회사는 현 한국전력공사(KEPCO)의

삼각아파트 C동 전경.
저층부의 상가와 상층부의 주거가
깊은 띠로 분절되어 있다.

전면도로가 좁아 건물 전경을 보기 어렵다.

모태이므로, 이 부지의 역사적 의미는 현재까지 이어지는 셈이다. 삼각아파트 바로 옆에 있는 대규모 나대지(裸垈地)가 아직 한전 변전소 부지인 데는 바로 이러한 배경이 있다.

한편 몇 년 전 구원파와 관련하여 이 삼각아파트가 갑자기 관심의 대상으로 떠오른 적이 있다. 대지 및 건물의 삼각 형태와 교리를 연결하는 이야기도 등장했다. 다만 이 글에서는 주상복합건물로서의 삼각아파트, 그중에서도 상가아파트인 C동의 건축적 특징에 초점을 맞추고자 한다. 이 일대의 재건축과 관련된 이야기들 역시 같은 이유로 생략한다.

상가와 주거의 명쾌한 분리

그야말로 자동차가 빙글빙글 돌아가던 삼각지 입체교차로가 철거된 1994년 이후에는 이 일대에서 특별히 '돌아가는 삼각지'의 분위기를 느낄 수 없다. 또한 '삼각지'라는 이름만 들으면 왠지 삼거리일 것 같지만 실제로는 그렇지 않다. 일제강점기 지도를 봐도 삼거리였던 적은 없다. 현재 상황으로 보면 오거리라고 하는 편이 맞다. 이 일대의 랜드마크는 단연 우리은행 용산지점이다. 독립기념관(1987)을 설계하는 등 한 시대를 풍미했던 삼정건축의 고 김기웅이 설계한 건물로, 당시에는 상업은행이었다. 저층부에는 붉은색, 타워에는 회색, 이렇게 두 가지 타일을 사용해서 투톤으로 처리한 조형미가 돋보인다.

우리은행 용산지점을 바라봤을 때 그 왼쪽으로 난 길은 '한강대로 62길'이라는 매우 기억하기 어려운 이름을 지녔다. 여기에는 평양집,

삼각아파트 C동 중정 동쪽. 왼쪽의 북쪽 세대는
중정을 향해 발코니가 나 있다. 3층 주거는 중정
바닥보다 좀 더 높은 곳에서 시작된다.

삼각아파트 C동 중정 서쪽.

전주콩나물국밥, 사리원국수 등 남북한의 지명이 골고루 등장하는 맛집들이 모여 있다. 이른바 '삼각지 대구탕골목'으로 알려진 곳이다. 여기서 조금만 더 남쪽으로 걸어가면 길 오른쪽에 예의 누런색 페인트로 도색된 전형적인 1970년대 분위기의 아파트가 하나 나온다. 이곳이 바로 삼각아파트다. 한강대로와의 사이에 건물이 한 켜 있기 때문에 밖에서는 그 존재가 별로 느껴지지 않지만 막상 가서 보면 상당히 웅장하다. 지하 1층, 지상 6층으로 가로세로 폭이 32×47미터, 건축면적은 1500제곱미터에 달한다. 특히 전면도로가 좁기 때문에 그 앞에 서면 시야가 꽉 차는 느낌을 받는다. 일반적인 카메라의 화각으로는 정면을 모두 담을 수조차 없다.

특이점은 저층부의 처리다. 지하 1층과 1, 2층이 상가인데 그 윗부분의 주거와 조형적으로 확연히 분리했다. 눈짐작으로도 1미터가 넘는 두꺼운 띠가 안으로 움푹 패었고 에어컨 실외기가 여러 개 올라가 있다. 상가와 주거는 당연히 창문을 내는 방식도 다르기 마련인데, 거기에 더해서 이런 띠가 있기 때문에 한눈에도 위아래 기능이 다른 복합건물임을 알 수 있다. 다른 상가아파트에서 찾아볼 수 없는 매우 적극적인 조형이다. 심지어 상가 부분은 외벽 색상도 다르다. 이 당시 건물치고는 주상복합건물의 정체성을 상당히 강조한 경우라고 할 수 있다. 여기서 나아가 아예 2층 전면에 발코니를 두었다면 상가와 주거의 조형적 분리가 좀 더 명쾌했겠다.

1층은 생필품을 파는 슈퍼, 그리고 역시 "돌아가는 삼각지"라는 이름의 식당이 있다. 2층은 교회다. 언론에 꽤 등장했던 그 교회인데 상가건물에 들어가 있으니만큼 천장이 낮은 편이다. 한 층을 거의 다 쓰고 있어 내부 공간이 상당히 넓다. 건물 정면에 나 있는 계단은 상

삼각아파트 C동 중정.
광각으로 인한 왜곡 효과로
건물이 휘어져 보인다.
동서로 긴 중정이라 남향
세대가 많다.

삼각아파트 후면과 소위 한전 부지 일대의 전경.

가 2층까지만 연결된다. 아파트로 들어가는 주된 입구는 C동의 남쪽, 즉 A동 및 B동과 공유하는 진입 마당 쪽으로 나 있다. 주차장으로 쓰이는 이 마당 쪽에서 보면 ㅅ자로 배치된 B동의 특이한 형태가 잘 보인다. 이름만 삼각아파트가 아니라 실제 건물 배치도 삼각형을 이룬셈인데, 특별한 의도라기보다는 대지 형상에 맞춘 결과로 보인다. 건축물대장상 정식 명칭은 "삼각아파트"이지만 B동 측벽에는 "삼각맨숀"이라고 쓰여 있어 그 당시 '아파트'와 '맨숀'이라는 두 단어 사이에 존재했던 긴장감을 다시 한 번 확인할 수 있다.

이 마당 쪽 입구와 연결된 C동의 계단은 위의 아파트뿐 아니라 저층부의 상가와도 측면에서 연결된다. 즉 상가와 주거의 동선을 엄연히 분리하면서도 내부적으로는 서로 연결한 탁월한 설계다. 복도형이 아닌 계단실형 아파트라서 계단은 여기 말고도 건물 여러 곳에 있

다. 항공사진상으로는 아홉 개라고 짐작된다. 심지어 C동은 건축물대장에까지도 상가와 주거가 원칙적으로 분리되어 있음이 기록되어 있다. 즉 지하 1층과 1, 2층은 '상가아파트'로, 1층부터 6층까지는 '삼각아파트'로 구분된다. 역시 건축물대장에 따르면 C동의 전체 세대수는 46세대다. 이 정도 규모면 주민들끼리 거의 다 알고 지낼 만하다는 점에서 가히 작은 마을 하나를 수직적으로 재구성한 경우로 볼 수 있다.

낡은 건물이 간직한 도시 주거의 해법

공동주거용 건물의 폭과 깊이가 32×47미터 정도가 된다는 것은 특별한 사정이 없는 한 중정의 존재를 암시한다. 역시 이 예상은 틀리지 않아서 삼각아파트 C동에도 중정이 있다. 2층까지가 상가이므로 3층 바닥 레벨에 중정이 있고 이를 둘러싼 건물은 네 개 층이 된다. 중정이 동서로 긴 덕분에 좀 더 많은 세대가 남향을 바라볼 수 있다. 폭과 높이의 비가 적절할 뿐 아니라 분위기는 고요하다 못해 적막하다. 심지어 관리 상태도 외부에 비해 훨씬 좋다. 중정형 아파트를 답사할 때마다 느끼지만, 주변이 혼잡하면 혼잡할수록 중정의 차분함이 상대적으로 부각된다. 역시 남향에 대한 선호가 우선하여 중정 남북쪽의 입면이 서로 다르다. 즉 중정 북쪽 세대는 중정을 향해서 발코니를 냈다. 동서향 세대 역시 그 방향으로 발코니를 냈다. 이곳 설계자는 매우 치밀한 건축가였던 것 같다. 건물의 바닥 레벨을 잘 조절하여 중정 주변의 세대들이 중정 바닥에서 조금 올라와 있도록 계획했는데, 그 이유가 무엇인지는 자명하다. 중정에서 집 안이 들여다보이는 것을 막아 주거 공간의 프라이버시를 보호하는 것이다.

외부에서 보면 건물 여기저기에 간 균열을 보수한 흔적이 많이 보인다. 전반적인 건물의 관리 상태는 썩 좋지 않다. 아마도 오랜 기간 동안 재건축 논의가 진행되면서 유지 관리에 대한 노력이 소홀해진 결과가 아닌가 추측한다. 그러나 건물이 낡았다고 해서 마땅히 평가해야 할 부분을 지나치는 것은 좋은 태도가 아니다. 건축적 의미는 건물의 현재 상태와는 무관하다. 그렇기에 심지어 폐허에서도 가치를 읽어낼 수 있는 것이다. 삼각아파트 C동은 여전히 도시 공동주거의 한 유형으로서 주목할 만한 많은 미덕을 간직하고 있다. 상가와 주거 간의 높은 복합도도 그렇고, 거의 정방형에 가까운 평면을 효과적으로 다루어 차분한 중정형 아파트로 풀어낸 솜씨도 그러하다. 남향 선호를 고려하면서도 중정 내부나 건물 외부를 어색하지 않게 정리한 부분도 인상적이다. 특히 주거와 상가를 단순히 수직으로 쌓은 것이 아니라 조형적으로는 분리하되 내부 동선으로는 연결하는 수법은 상당히 참고할 만한 사례다. 이런 건물들이 줄지어 서 있는 도시가 있다면 그 삶의 풍경은 지금 우리가 보는 것과는 사뭇 다를 것이다.

피어선아파트

최고급 도심형
주상복합건축의 원조

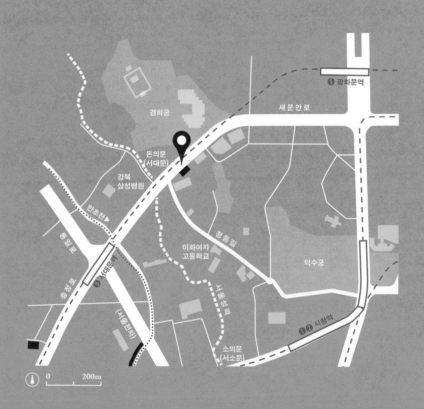

경희궁

새문안로

⑤ 광화문역

돈의문
(서대문)

강북
삼성병원

민조천

정동길

이화여자
고등학교

덕수궁

서울역사

⑤ 서대문역

(서울전차)

❶❷ 시청역

소의문
(서소문)

0   200m

피어선아파트
무지개떡 지수
92

	구분	점수
총평	도심형 주상복합건물로서 일반 사무실 건물과 큰 차이가 없는 외관은 장기적인 관점에서 오히려 긍정적으로 평가한다. 다만 외관과 내부 평면이 보이는 불일치와 건립 당시부터 남쪽의 채광과 경관이 좋지 않았을 것을 감안하면 장소의 특성을 잘 반영하지는 못했다.	**92**/100
입지	서울 구도심의 주요 간선도로변이면서 역사와 문화의 두께가 상당한 위치에 자리 잡고 있다. 정동길이 바로 지척이다. 북향 건물로 남쪽은 지형과 인근 건물에 거의 가려진다.	**18**/20
규모	지하 1층(실제로는 지하 2층이 존재), 지상 10층의 비교적 고층 건물로서 세대수가 79세대에 달한다. 단독 주상복합건물로서 적절한 규모다.	**20**/20
복합	지금은 주거 기능이 거의 사라졌다. 그러나 상황이 변하면 다시 회복될 가능성도 있다. 당초 계획에 의하면 저층부 상가 세 개 층에 주거 여덟 개 층으로 복합 비율도 적절하다.	**20**/20
보행자 친화성	가로변 상가의 접근성은 매우 뛰어나지만 전면도로의 경사 탓에 의외로 단차가 심하다. 도로에서 잘 인지되지 않는 주 출입구는 동선 분리를 위한 조치일 테지만 아쉬움을 남긴다.	**16**/20
형태	지형 차이를 이용해 저층부 상가와 주차장을 해결한 것은 현명한 판단이다. 그런데 내부 평면의 구성이 외관과 잘 맞지 않는다. 정면은 반듯한 좌우대칭이지만 후면은 내부 평면이 그대로 반영되면서 전혀 다른 질서를 보여준다.	**18**/20

사무실 같은 아파트

구도심의 유서 깊은 중심 상업가로인 종로는 세종대로 사거리를 건너면서 새문안로로 이름이 바뀐다. 이전에는 신문로(新門路)라 불렸고, 아직도 두 이름이 혼용된다. 조선 초기에 서대문, 즉 돈의문이 폐쇄되었다가 대대적인 수리 끝에 재사용되는 과정에서 생겨난 '새문'이라는 이름이 그 유래다. 한양 도성의 동서 방향 중심은 지금의 탑골공원 부근이지만, 지형적인 이유로 실제 중심인 세종대로는 이보다 훨씬 서쪽에 치우쳐 있다. 그 결과 새문안로의 도성 내 구간은 770미터 정도로 그리 길지 않다. 그러나 이 구간에는 흥국생명, 포시즌스호텔, 대우건설, 금호아시아나그룹 등 한국의 중요한 대기업과 국제적 호텔 등이 밀집해 있다. 게다가 길의 북쪽에 경희궁과 서울시립역사박물관 등이 자리 잡고 있으니 공공적인 성격 또한 매우 강하다고 할수 있다. 한마디로 매우 인지도가 높은 길이다. 지금은 없어진 새문, 즉 돈의문 조금 못 미친 곳의 새문안로 남쪽에 눈에 잘 띄지 않는 콘크리트 건물이 하나 보인다. 콘크리트에 시멘트 미장을 하고 거기에 페인트를 바른, 사실상 이보다 저렴할 수 없는 외부 마감 덕분에 존재감이 없어 보인다. 하지만 '피어선아파트'라는 건물의 이름을 대면 이야기가 달라진다. 피어선이란 어떤 의미이며, 사무실처럼 생긴 건물이 아파트라니 사실일까?

아서 태편 피어슨(Arthur Tappan Pierson)은 근대 복음주의 선교운동의 이론가로서 미국 장로교의 매우 중요한 인물이었다. 연희전문학교와 새문안교회를 세운 호러스 그랜트 언더우드(Horace Grant Underwood) 박사와의 인연으로 병약한 중에도 1910년 12월 조선에 입

145

피어선아파트 정면. 새문안로에 면한 북향이다.
단순한 입면 같지만 자세히 보면 의외로 읽을 것이 많다.
정면에서는 주 출입구의 존재가 느껴지지 않는다.

국했고, 이후 선교사들을 대상으로 성경 공부를 가르쳤다. 그러나 불과 6주 만인 1911년 1월 다시 조선을 떠나 미국으로 돌아갔고, 같은 해 6월 3일에 세상을 떠났다. 조선에 성경학교를 세우라는 유언을 남겨 이듬해인 1912년에 현재 평택대학교의 전신인 피어선기념성경학원이 설립되었다. 이후 1968년 피어선기념성서신학교로 개명한 후 재단의 자금 마련을 위해 진행한 사업이 바로 피어선아파트다. 중림동 천주교 약현성당이 성요셉아파트(1971)를 지은 일과 비교할 때, 사업의 목적이나 시기 면에서 매우 유사하다. 건축물대장에 따르면 피어선아파트는 1971년 11월 10일에 사용승인을 받았다. 경희궁 터에 있던 서울고등학교가 아직 서초동으로 이전하기 전이었다. 그 당시 교정을 드나들던 학생들에게 길 건너편의 최신식 주상복합건물은 매우 색다른 풍경이었을 것이다.

핵심적이고 상징적인 입지

애초에 위치부터가 독보적이었다. 일단 사대문 안, 그것도 궁궐과 명문 고등학교 바로 맞은편이라는 입지 조건은 서대문 너머의 충정로, 무악재 너머의 홍제동 등 신개발지와는 그 무게감이 다르다. 같은 사대문 안이지만 도로를 신설하는 과정에서 세워진 낙원상가나 태평양전쟁 후반기에 폭격을 대비한 소개공지대(疏開空地帶)에 들어선 세운상가 등과도 비교할 수 없다. 그야말로 구도심의 가장 핵심적이고 상징적인 위치에 자리 잡은 건축물이다. 미국계 유력 종교재단의 파워가 느껴지는 대목이다. 이 시기의 다른 여러 아파트들이 다 그러했

피어선아파트 후면이자 남쪽 면.
4층부터 11층까지 남아 있는
발코니와 옥외 주차장이 보인다.

듯이 피어선아파트도 건립 당시 장안의 화제였다. 심지어 익명을 요구한 한 지인의 아버지처럼 "서울에도 선진국 도시와 같이 도심에 주상복합건축이 들어섰으니 한번 살아봐야겠다."라는 이유로 입주한 경우도 있었다. 1974년 7월 9일자 《매일경제신문》의 기사는 도심의 업무지구가 확대되고 한강변에 맨션아파트가 계속 들어서는 와중에, 도심 업무지구를 중심으로 "비원 근처의 가든타워아파트, 신문로의 피어선아파트, 삼익건설이 지은 사직아파트, 남산에 솟은 외국인 전용 아파트 등 초고급 아파트" 등이 들어섰음을 알린다. 이렇게 피어선아파트는 그 당시 가장 앞선 아파트의 하나로 인식되었다.

　지금의 피어선아파트는 과거의 영화와는 거리가 멀다. 심지어 더 이상 아파트도 아니다. 건축물대장을 보면 분명히 대다수 층에 아직

아파트라는 용도가 적혀 있고, 심지어 건물 1층에 "피어선아파트"라는 명패가 남아 있지만 주거로서의 기능은 상실했다고 봐도 과언이 아니다. 이러한 건물 성격의 변화를 잘 알려주는 자료가 하나 있다. 1990년 9월 14일자 대법원 판결문이다. 다름 아닌 상수도 사용료 부과 처분에 대한 내용이다.

> 지하 1층에서 지상 3층까지는 점포 및 사무실로, 4층부터는 11층까지는 79세대의 아파트로 건축되어 개인에게 분양된 복합건물인데, 그 후 각 세대별 아파트의 소유자 및 그로부터 임차한 사람들이 개인 사무실로 사용하기 시작하여 최근에 이르러서는 79세대 중 75세대가 주거용 아파트가 아닌 회사 사무실, 건축사 또는 법률 사무소, 치과 병원 등 개인 사무실 및 영업 장소로 사용되고 있는 사실 [……]

이어지는 내용을 정리하면, 이렇게 건물의 용도가 당초와 완전히 달라졌으므로 상수도 요금 산정을 위한 요율 또한 다르게 적용해야 마땅하다는 것이다. 현재 대다수가 이 건물을 피어선아파트가 아닌 '피어선빌딩'이라 부르고 심지어 건물 내에서도 두 가지 이름이 혼재하는 데는 이런 배경이 있다. 오히려 이 건물은 위치적 장점에 비해 상대적으로 낮은 임대료 덕분에 각종 시민단체들이 대거 둥지를 튼, 이른바 'NGO의 메카'로 더 잘 알려졌다. 1층 입구에 붙어 있는 안내판을 보면 원조 시민단체의 하나인 "소비자시민의모임"을 비롯해서 "한국투명성기구", "에너지시민연대" 등의 이름이 보인다.

피어선아파트 옥상에서 바라본 경희궁과
서울시립역사박물관 그리고 인왕산.
서울의 중요한 요지에 자리 잡은 건물임을
알 수 있다.

하드웨어로서 건축이 지닌 끈기

새문안로 맞은편에서 바라본 피어선아파트는 좌우대칭을 이루는 반듯한 건물이다. 정면 네 칸에 양쪽에 좁은 칸이 하나씩 더 붙어 있다. 대충 나누어 그린 입면 같지만 자세히 보면 흥미로운 요소들이 적지 않다. 일단 정면 네 칸의 간격이 다르다. 가운데 두 칸이 넓고 양쪽 두 칸은 다소 좁다. 그래서 건물 가운데가 조금 튀어나온 듯한 착시 현상이 생긴다. 굳이 이유를 찾아보자면 평형을 다양화하기 위한 조치가 아니었을까 싶다. 분명히 정면에서 보면 11층 건물인데 건축물대장에는 지하 1층, 지상 10층이라고 나온다. 즉 육안상 1층으로 보이는 가로에 면한 부분이 알고 보면 법적으로 지하 1층이다.

그 이유는 건물 뒤로 돌아가보면 알 수 있다. 뒷부분이 땅에 묻힌 것이다. 건축법상 지하층 산정 기준에 따른 결과다. 위에서 언급한 대법원 판결문 또한 법적인 층수가 아닌 육안상의 층수를 사용한 것임을 알 수 있다. 이 글에서는 혼동을 피하기 위해 육안상 층수를 기준으로 한다. 양쪽 측면의 좁은 칸에는 역시 콘크리트로 만든 차양 같은 것이 3층 이하를 제외한 4층 이상부터 꼭대기 층까지 붙어 있다. 앞서 인용한 대법원 판결문에 나오는 것처럼 저층부 세 개 층의 사무실과 그 위의 아파트가 나뉘는 부분을 정확하게 따르고 있음을 알 수 있다. 자세히 보면 두 부분은 층높이도 서로 다르다. 이렇게 건물을 '읽으면' 그 연혁과 성격을 어느 정도 파악할 수 있다. 건축 답사가 주는 즐거움이다.

지하 1층, 즉 가로에 면한 층에는 좌측부터 볼링장, 맥도날드, 하나은행 현금 코너 등이 입주해 있고 차량 통로를 지나면 작은 꽃집이 하나 있다. 볼링장은 한 층 아래로 내려가는데 그렇다면 법적 지하 2층이 되는 셈이지만 건축물대장에 언급이 없는 점이 특이하다. 그 좌측에는 마치 달아 낸 것처럼 아주 작은 김밥집이 있다. 김밥도 맛있고 주인이 재미있는 분이어서 꽤 알려진 집인데 평일에는 11시부터 손님들이 길게 줄을 선다. 건물 정면에 로비 등이 보이지 않는 것도 또 다른 특징이다. 하나은행 현금 코너를 통해 내부로 들어갈 수는 있으나 정작 주 출입구는 차량 통로의 중앙에 측면으로 나 있다. 가로변 상가와 건물의 출입 동선을 분리하려는 의도였을 것이다. 평소에는 이상할지 모르지만 비가 올 때나 차에서 내리거나 올라탈 때 편리하겠다. 이 역시 자동차를 중시하는 미국식 사고의 영향으로 짐작한다. 뒤로 돌아가면 꽤 널찍한 주차장이 있어, 당시 건물치고는 자동차에 대한 신경을 많이 썼음을 짐작할 수 있다. 건축물대장에는 주차 대수가 0으로 나와 있는데 주차장법 제정 이전에 지어져서 그런 듯하다. 주차장은 나중에 추가되었을 가능성이 있다. 한편 피어선아파트에 대한 자료를 찾다 보면 엘리베이터가 2층부터 있다는 기록이 나온다. 이전에는 어땠는지 모르지만 적어도 지금은 1층까지 연결되어 있다. 기록이 맞다면 역시 당초 1층 상가에 출입하는 동선과 그 위 입주자들의 동선을 완전히 분리하려는 의도였을 가능성이 높다.

새문안로가 북쪽에 있으므로 피어선아파트는 북향 건물이다. 그런데 주차장 쪽으로 가서 남쪽을 보면 드디어 이 건물의 원래 정체가 드러난다. 주거 기능은 상실했지만 아직도 발코니가 그대로 남아 있다. 주거 세대의 용도가 다른 것으로 변했음에도 당시 구조가 그대로 남은 것을 보면, 하드웨어로서 건축이 지닌 끈기가 느껴진다. 이 대목에서 흥미로운 상상을 해본다. 피어선아파트가 공동주거로서의 본 기능을 되찾으면 어떨까? 어떤 이유인지 모르지만 아직도 건축물대

피어선아파트 입구.
자동차 위주의
사고방식이 느껴진다.

내부의 정갈한
테라초 바닥.

피어선아파트
명패. 주거 기능이
상실되었으나 당시의
명패가 아직 남아 있다.
주거 기능을 다시
회복하는 것도 무리한
상상이 아닐 것이다.

장에 "아파트"로 명기되어 있고 저렇게 발코니까지 남아 있다. 필요하다면 그리고 원하는 사람이 있다면, 다시 그리되는 데에 큰 무리는 없어 보인다. 서울은 지금 지나치게 외곽으로 팽창했다. 그러나 고도성장기가 끝난 이제, 교외는 다시 축소되고 인구는 구도심으로 회귀할 것이다. 노령화 역시 의료, 문화 등의 이유로 교외보다는 도심을 선호하는 경향을 부추길 것이다. 그렇다면 구도심의 주거 기능이 갈수록 중요해질 가능성이 높다. 피어선아파트 같은 건물이 다시 각광받을 시대가 점차로 돌아오고 있다.

정동은 지형의 고저차가 심한 곳이다. 그런 이유로 1927년 2월 16일 경성방송국이 "서울이 한눈에 내려다보이는 곳"인 정동 1번지에서 첫 방송을 시작하기도 했다. 피어선아파트의 남쪽도 지형의 높이차가 심한 데다가 높은 건물이 많아 남쪽으로의 채광과 경관은 기대하기 어렵다. 피어선아파트 바로 남쪽의 현 경향신문사 사옥은 과거 문화방송 사옥으로 김수근이 설계하여 1967년에 완공한 건축이다. 전면부와 후면부 모두 상당히 고층인 데다가 피어선아파트 건립 당시에 이미 그 자리에 존재했으므로 피어선아파트 입장에서는 처음부터 남쪽이 매우 답답했을 것이다.

비록 현재로서는 공동주거의 기능을 잃었지만 당시 최고급 도심형 주상복합건축으로서 피어선아파트의 선구적인 역할은 주목할 만하다. 정작 그 자신은 공동주거 기능을 상실했지만 길 건너 광화문 일대, 특히 세종문화회관 주변 지역이 그 역할을 이어받았다. 대단지형 주상복합인 경희궁의아침, 스페이스본 등은 물론이고 거리에 면한 단독 건물 중에서도 주상복합이 많다. 세종아파트, 신문로주상복합, 세종로대우아파트, 미도파아파트 등이 그것들이다. 이 건물들은

광화문 일대의 '사무실형'
주상복합건물들. 피어선아파트의
유전자를 물려받았다.

모두 겉에서 보면 일반 사무용 건물인지 아파트인지 구별하기 어려운 모습이다. 이렇게 일반 건물과 주거가 별다른 외형적 구별 없이 섞여 있는 유형이 주거가 도심에 존재하는 가장 보편적인 방식이라고 생각한다. 피어선아파트가 남긴 도시적 유전자가 아닐까. 그중에서도 세종로대우아파트는 특이하게도 중정형인데, 청년 시절 첫 직장에서 참여했던 프로젝트라서 개인적으로 특별한 의미가 있다. 한동안 사라졌던 중정형 상가아파트가 1990년대 초 다시 돌아오고 있었음을 보여주는 사례다. 혼잡한 도심에서 채광과 프라이버시, 방음에 유리한 중정형 건축은 여전히 매력적인 대안이다.

안산맨숀

수직의 마을

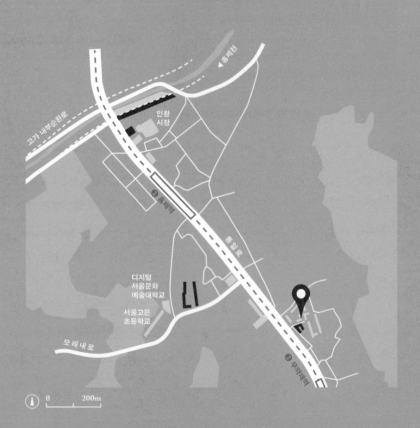

안산맨숀
무지개떡 지수
96

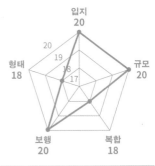

입지
20

형태
18

규모
20

보행
20

복합
18

20
19
18
17

| 총평 | 짜임새 있는 정면의 디자인, 옥상의 활용도, 매력적인 중정, 편리한 입지 등에서 많은 장점을 지닌 건물이다. 옥상에 텃밭 말고도 주민들을 위한 공공시설이 좀 더 적극적으로 들어가면 좋겠다. | 96/100 |

| 입지 | 서울 서북부 지역의 한 거점에 위치한다. 지하철 3호선 홍제역에서 약 8분 거리. 기타 대중교통도 편리하다. 전면에 한 켜의 건물이 있어 대로의 소음과 매연을 어느 정도 막아준다. | 20/20 |

| 규모 | 지하 1층, 지상 6층이지만 건물의 규모는 그리 크지 않다. 무지개떡 건축으로서는 알맞은 크기다. 48세대로 작은 마을 하나 정도의 크기다. | 20/20 |

| 복합 | 원래 주거 전용 건물이었으나 이후 상가가 들어왔다. 결과적으로 복합성이 비교적 높아졌다. 옥상이 텃밭으로 매우 활발하게 사용되고 있다. | 18/20 |

| 보행자 친화성 | 보행자의 접근이 용이하며 도로와 건물의 단차도 거의 없다. | 20/20 |

| 형태 | 다소 엄격한 근대건축의 디자인이다. 사무실 같은 느낌을 주기도 한다. 그러나 비정형 대지에 중정형 아파트라는 유형을 집어넣으면서 이 건물 특유의 인간적인 느낌들이 만들어졌다. | 18/20 |

경관의 중요성을 강조하는 이름

독립문에서 통일로를 따라 무악재를 넘어 홍제천 쪽으로 가다 보면 길 오른편, 즉 인왕산 쪽으로 단정한 외관의 아파트가 하나 나온다. 통일로에서 한 켜 안쪽에 위치한 탓에 전면 건물에 가려져 일부분만 보인다. 콘크리트로 된 수평 띠 사이마다 창문과 회색 벽돌을 교대로 채워 넣어 입면을 만든 솜씨가 눈길을 끈다. 전형적인 근대주의 디자인이라, 언뜻 보면 공동주거가 아니라 사무실 같다. 이 건물이 바로 안산맨숀이다. 아파트를 연구하는 사람들 사이에서 '연예인 아파트'로 불릴 만큼 한때 유명 연예인들이 많이 살았다고 한다. 물론 그 당시 아파트치고 그러지 않았던 예가 별로 없다. 일부 시민아파트를 제외하면 당시 아파트는 상대적으로 고급 주거의 성격이 강했기 때문이다. 다만 지금은 그 시절만큼의 영화를 누리지 못한다는 것 또한 그 시대 아파트들의 공통점이다.

흥미로운 것은 이름이다. 인왕산 기슭인 이 일대에는 '인왕'이라는 이름이 붙은 건물들이 유독 많다. 그런데 이 건물만 길 건너편 안산의 이름을 따왔다. 바로 인접한 '인왕아파트'나 '인왕궁아파트' 사이에서 홀로 돋보이는 작명이다. 어떤 오기 같은 것이 느껴져서 미소를 자아낸다. 위치보다는 경관을 염두에 둔 이름이 아닌가 싶다. 도시에서 경관의 중요성을 인식한 지가 그리 오래되지 않았다는 점을 감안하면 상당히 시대를 앞선 발상이라고 하겠다. 인왕산 기슭에 놓여 있으나 '안산을 바라보는 건물'이라는 생각이다.

세 번의 놀라움

이 건물에 직접 가보고 세 번 놀랐다. 처음은 앞서 말한 아주 잘 짜인 정면의 구성에서였다. 지금은 건물이 오래되어서 그렇지 아마도 건립 당시에는 어디에 내놓아도 손색이 없을 정도로 수준 높은 디자인이었으리라. 다만 이것을 건축가가 아닌 일반인들도 충분히 좋아할 것인가는 좀 다른 문제다. 안산맨숀 정면이 구현하는 종류의 근대주의적 미감을 받아들이려면 어느 정도의 훈련이 필요하다. 그런 점에서 다소 엘리트적인 디자인이라고 할 수 있다. 건축가의 이름은 알 길이 없으나 참으로 궁금하다.

두 번째는 이 건물이 중정식이라는 이유 때문이었다. 이미 사전 조사에서 접한 사실이기는 했다. 그런데 미리 알고 봐도 여전히 신선하고 놀라웠다. 저런 엄격한 인상의 정면을 지닌 건물이 그 안에 아기자기한 중정을 품고 있다니! 비밀은 대지의 형상에 있다. 안산맨숀의 대지는 사다리꼴이다. 대지 경계선을 따라 건물이 배치되다 보니 자연스럽게 안쪽에 남는 공간이 생겼고 이 공간이 그대로 중정이 되었다. 대지가 네모반듯하지 않아서 중정도 사다리꼴이다. 그런데 이것이 묘한 안정감과 생동감을 동시에 준다. 이 정도 수준의 건물이라면 설계 당시 분명히 모형을 만들어 중정의 크기와 비례 등을 연구했을 것이다. 천창이 없는 개방형 중정이라 외기의 변화를 그대로 느낄 수 있다. 비와 눈을 그대로 맞는다.

세 번째 놀라움은 옥상에서였다. 무지개떡 건축 이론에 따르면 도시건축에서 옥상의 활용은 매우 중요하다. 특히 생활공간과 수평적으로 연결되는 옥상은 한옥의 '마당'에 비유할 수 있다. 이렇게 외기

2층의 중정. 동네 혹은 마을의 중심이다. 수돗가가 보인다.

안산맨숀 전경. 통일로에서 한 켜 안으로
들어가 있다. 매우 전형적이며 수준 높은
근대주의적 디자인이다.

에 면하고 하늘을 향해 열려 있는 외부 공간을 잘 활용하는 것은 복잡한 도심에서 매우 중요하다. 굳이 먼 곳까지 가지 않아도 자신의 일상 속에서 자연을 느끼고 경험할 가능성을 주기 때문이다. 이 책에서 소개하는 상가아파트들은 거의 예외 없이 평지붕 건물로서 당연히 옥상을 보유하고 있다. 그런데 많은 경우 그냥 텅 비워두거나 물건을 쌓아놓는 용도 정도로 쓴다. 생활공간과 인접한 마당으로 계획하거나 활용하는 경우는 거의 없었다. 안산맨숀도 그러리라 생각했다. 이러한 내용은 항공사진으로도 확인이 어렵고 직접 가봐야만 알 수 있다. 그런데 막상 올라가보니 안산맨숀은 옥상 전체가 경작지나 다름없었다! 한쪽은 인왕산, 또 다른 한쪽은 안산으로 둘러싸인 공중정원, 아니 공중텃밭이 거기 있었다. 아마도 안산맨숀 주민들은 서울에서 가장 멋진 경작지를 소유했는지도 모른다. 텃밭을 가꾸려고 주말마다 교외를 오가며 길바닥에서 시간을 다 보내는 데 비하면 이 얼마나 도시적이고 친환경적인 해결인가. 여기에 마을 주민을 위한 공동 쉼터나 독서실 같은 실내 공간이 인접해 있으면 더 좋겠지만 이것만으로도 이미 근사하다. 실로 예기치 못했던 발견이었다.

맨숀/맨션과 아파트의 차이

통일로에서 걸어 들어가본다. 안산맨숀의 정면을 바라보았을 때 왼쪽으로 난 길을 따라가면 또 다른 아파트가 나온다. 다름 아닌 인왕아파트다. 단지형 아파트이고 상가가 거의 없이 건물 대부분이 공동주거이기 때문에 이 책에서 다루지는 않는다. 그러나 사용승인일이

1층의 상가. 일상적인 기능들이 들어가 있다.

1968년 11월 11일로 역사가 상당히 오래되고, 제법 사람들 입에도 오르내리는 공간이다. 같은 길로 계속 들어가면 또 다른 단지형 아파트인 인왕궁아파트의 입구가 나온다. 자료를 보면 안산맨숀도 원래 순수한 주거용이었다. 그러다가 1층에 상가가 들어가면서 지금과 같은 상가아파트가 되었다고 한다. 그렇다면 건물 2층에 중정이 있는 현재 상황은 어떻게 설명할 수 있을까. 중정 바닥을 한 층 올리는 대대적인 공사가 이루어진 것이 아니라면 원래 1층에 있던 주거는 환경이 별로 좋지 않았을 것이다. 정밀한 실측 조사를 통해서만 파악할 수 있는 문제다.

건축물대장에 따르면 안산맨숀은 1972년 2월 18일에 사용승인을 받았다. 다른 상가아파트들에 비해 다소 건립 연대가 늦은 셈이다. 지하층도 "아파트"로 되어 있는데 사람이 사는 공간이 아니라 주민들을 위한 창고, 혹은 대피소로 짐작된다. 기록상 1층에 아파트와 1, 2종 근린생활시설이 혼재되어 있다는 점이 흥미롭다. 아니나 다를까, 변동 내용란을 보면 2005년 이후 1층의 아파트가 근린생활시설로 용도변경된 내력이 단계별로 기록돼 있다. 원래 주거 전용 건물이었다는 소문은 사실이었다. 현재 1층에는 복덕방, 목욕탕, 미용실, 식당 등 주민을 위한 일상적인 기능들과 장애인 보장구 수리센터 같은 다소 특수한 기능이 입주해 있다. 특이하게도 작은 유료 주차장이 있는데 건축물대장에 나와 있지는 않다.

건물 북서쪽 코너의 좁은 벽면에는 "안산맨숀"이라는 이름이 붙어 있다. 요즘 식으로 하면 '안산맨션'이겠지만 당시 시대상을 존중하는 의미에서 이 글에서는 원이름을 그대로 쓴다. 그런데 거리에서 아파트로 들어가는 입구에는 "안산맨숀아파트"라는 이름의 간판이 달려 있다. 맨숀/맨션과 아파트의 차이는 무엇이었을까? 일단 규모가 크면 아파트, 상대적으로 작으면 맨션이라 생각할 수 있다. 실제 여러 자료를 보면 그 차이에 구체적인 의미를 부여하는 경우도 있다. 그러나 같은 홍제동에 위치한 '유진맨숀'과 '원일아파트'의 경우를 보면 꼭 그렇지도 않다. 유진맨숀이 오히려 훨씬 큰 건물이기 때문이다. 최선의 추정은, 맨숀이 아파트보다 좀 더 근사해 보이는 이름이었으리

중정에서 올려다본 하늘.
중정은 대지 형상과 같이 변형된 사다리꼴이다.

라는 것이다. 그러니까 '안산맨숀아파트'는 '아파트는 아파트인데, 보통의 아파트가 아니라 근사한 맨숀아파트'라는 자부심이 배어 있는 이름이다.

지금도 그런 현상은 계속된다. 다세대, 다가구, 연립주택, 아파트라는 이름보다는 빌라, 하이츠, 맨션, 테라스 같은 욕망 투사형 이름이 널리 쓰인다. 전자는 엄연히 법적 용어지만 후자는 그렇지 않다. 여기에 심지어 캐슬(성), 팰리스(궁) 같은 봉건적인 이름까지 등장했다. 민주공화국에 사는 시민들이 죄 귀족이나 왕족이라도 된 것인가. 반면 서구에서 저층 주거 단지에 흔하게 사용하는 코트(court)는 한국에서는 잘 사용하지 않는다. 가든(garden)은 각종 고기집이 거의 독점한 듯하다. 일부 단지형 아파트에는 어느 때부턴가 '마을'이라는 한글 단어가 사용되기 시작했다. "이제는 돌아와 거울 앞에 선 내 누님" 같은 느낌이랄까.

옥상은 교외의 대안

건물 북서쪽 구석에 계단이 있다. 역시 당시 유행했던 테라초, 즉 '도기다시' 마감이다. 거리에서 입구에 들어서면 경비실, 우편함 등이 보이고 여기서 한 층을 오르면 중정이 나온다. 중정 반대편에는 또 다른 외부 계단이 있어서 비상시 대피에는 문제가 없어 보인다. 중정은 그야말로 안산맨숀이라는, 마흔여덟 세대가 사는 한 마을의 중심이라는 느낌을 준다. 화분과 장독이 많고 수돗가까지 보인다. 높이에 비해서 폭이 좁은 듯하지만 햇살과 바람이 충분히 들어온다. 눈을 들어

옥상의 경작지.
옥상은 교외의 대안이다.

위를 보니 그날따라 유달리 화사한, 초여름 늦은 오후의 하늘이 흘러가고 있었다.

중정에서 다섯 개 층을 더 오르면 옥상이다. 지상 6층의 건물이지만 역시 승강기는 없다. 중정이 이미 2층에 있고 계단실이 답답하지 않아서 그런지 옥상이 멀게 느껴지지는 않는다. 다만 노약자는 불편을 느낄 수 있는 구조이므로 리모델링을 하게 되면 중정에 작은 승강기를 하나 설치하는 것이 좋겠다. 솜씨 있는 건축가의 손을 빌리면 건물에 큰 영향을 주지 않으면서 충분히 가능할 것이다. 엘리베이터를 1층까지 내려서 길에서도 쉽게 이용할 수 있도록 하고, 위로는 옥상까지 연결하면 더욱 좋겠다.

옥상에 오르니 늦은 오후의 햇살 속에 주변 풍광이 한눈에 들어온다. 한쪽은 인왕산, 반대쪽은 안산이지만 주변에 건물이 많이 들어서서 썩 잘 보이지는 않는다. 아마 이 건물이 세워졌을 때는 주변이 훨씬 열려 있었으리라. 텃밭을 가꾸는 주민들은 완연한 도시 농부의 모습이었다. 마침 저녁을 준비할 시간이라 다들 한 바구니씩 푸성귀를 따서 계단실 아래로 내려갔다. 바로 이런 것이 많은 사람이 꿈꾸는 부엌정원(kitchen garden) 아닌가. 이렇게 자기가 사는 곳의 옥상을 잘 활용하면 될 것을 굳이 마당 있는 집을 찾아 교외로 나갈 필요가 있을까. 그것도 엄청난 이동 시간을 감수하면서.

안산맨숀의 옥상을 바라보면서 옥상이 교외의 대안이라는 생각을 다시 한 번 했다. 바람직한 무지개떡 건축은 한 개 건축물이라기보다는 수직으로 재구성한 마을 혹은 동네와도 같은 공간이다. 그 안에는 사람들이 자연스럽게 모이는 곳을 두고 자연을 접하는 곳도 두어야 한다. 전형적인 근대건축의 엄격한 외관을 지니면서도 아기자기

한 중정과 활발하게 사용되는 옥상텃밭을 품은 건물. 수직 마을의 가능성을 그 어디보다 잘 보여주는 곳이 바로 무악재 너머 홍제동의 안산맨숀이다.

한양가든테라스

나의 길을
가련다

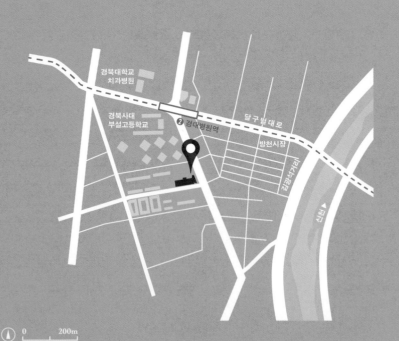

경북대학교
치과병원

경북사대
부설고등학교

Ⓩ 경대병원역

달구벌대로

방천시장

녹지공원로

신천 ▲

Ⓝ 0   200m

한양가든테라스
무지개떡 지수
100

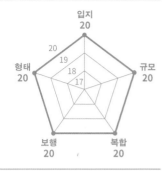

총평	드물게도 당대의 건축가가 설계한 상가아파트로서 공동주거에 대한 명확한 철학과 인식을 바탕으로 설계된 수작이다.	**100**/100

공동주거와 건축가

근대건축의 거장들은 하나같이 공동주거의 중요성을 역설했다. 미스 반데어로에(Mies van der Rohe)는 이미 1922년 슈투트가르트의 바이센호프 전시에서 철골 아파트를 선보였다. 미국으로 건너간 후, 1951년에 '860-880 레이크쇼어드라이브 아파트(Lake Shore Drive Apartments)'를 시카고에서 완성했다. 또 다른 거장 르코르뷔지에의 위니테다비타시옹(Unité d'Habitation)이 1959년 프랑스 마르세유에서 뒤를 이었다. 이보다 훨씬 앞선 안토니오 가우디(Antonio Gaudi)의 카사밀라(Casa Milá, 1912)는 파격적인 조형으로 유명하지만 알고 보면 무려 40여 세대가 거주하는 유럽형 상가아파트다. 시기와 지역, 스타일은 완전히 다르지만 네 건물 모두 세계 건축계의 명작들이다.

한국 공동주거의 연보에는 건축가의 이름이 잘 보이지 않는다. 더 정확히 말하자면 이름난 건축가의 작업 중에 공동주거, 특히 아파트가 별로 없다. 안병의의 힐탑아파트(1968), 조성룡의 아시아선수촌아파트(1986), 우규승·황일인의 올림픽선수기자촌아파트(1988) 등이 손꼽을 정도다. 물론 그 목록의 제일 앞에는 다수의 건축가가 참여했던 마포아파트(1962), 그리고 김수근과 그 후예들의 세운상가(1967)가 있다. 공동주거는 건축계에서 그리 인기 있는 분야가 아니다. 작업 조건이 좋지 않고 무엇보다 건축가의 의지를 구현하기 어렵기 때문이다. 자존심이 강한 소위 작가형 건축가들에게는 그리 달갑지 않은 주제다. 그러나 공동주거가 사회적으로 매우 중요한 건축 유형임은 부인할 수 없다. 한 나라의 대표적인 건축가들이 관심을 두고 노력할 필요와 명분이 충분하다. 이렇게 보면 한국의 상황은 예외적이다. 국가

가든테라스 전경.
가로형 아파트로서 탁월한 사례다.

주도로 이루어진 고도성장기에 건축가들이 주체적으로 자기의 사상과 철학을 펼치기도 쉽지 않았겠지만, 근본적으로 농경문화의 소산일 '땅'의 문화에 익숙한 한국 건축계가 도시라는 개념을 전제로 삼는 공동주거를 받아들이는 데 심리적 저항이 있었던 탓이기도 하다. 결과적으로 공동주거는 거대 조직에서 일하는 익명의 건축가가 맡아 하는 작업으로 굳어졌다. 시민들로서는 충분한 다양성을 경험할 기회를 얻지 못했고 자연히 대규모 단지가 지배적 유형으로 자리 잡았다.

예외적인 상황에는 꼭 예외적인 인물이 있다. 아파트, 특히 그중에서도 상가아파트를 설계한 건축가로서 존재를 알린 경우는 매우 드물다. 그 희귀한 사례가 2016년에 작고한 김석철이다. 예술의전당(1988), 베니스비엔날레 한국관을 설계한 바로 그 건축가다. 그는 국가적 프로젝트를 다수 맡았고 거대 담론을 담은 저서를 여럿 출판했다. 그런 김석철의 작품 연보에 상가아파트가 두 개나 존재한다. 그 하나가 대구 명륜로의 한양가든테라스이고, 또 다른 하나는 서울 강동구 성내동의 올림픽파크타워(현 삼성파크타워아파트)다. 사용승인일이 각각 1982년 12월 30일과 1995년 8월 28일이다. 상가아파트의 연보에서 이 시기는 독특한 의미를 띤다. 1960년대 말에서 1970년대에 불었던 상가아파트 열풍과 1990년대 후반부터 2000년대에 들어 시작된 주상복합 열풍 사이에 절묘하게 낀 시기인 것이다. 즉 김석철은 상가아파트는 한물가고 단지형 아파트가 이미 대세를 이루던 시기이자 본격적인 주상복합 열풍이 불어오기 전에 이 두 건물을 설계했다. 우연일까. 이 두 건물에 대한 건축가 본인의 글이 마침 남아 있다. 좀 길지만 음미해볼 만하다고 판단되어 인용한다.

입구에서 밖을 바라본 풍경.

지하로 내려가는 매우 넓은 에스컬레이터.

이제 단독주택에 살기는 어렵게 되었다. 땅도 부족하고, 유지 관리도 힘들고, 좋은 주변 여건을 갖기도 어렵다. 집이라면 단독주택만 한 것이 없지만 집합주택에는 단독주택이 못 가진 많은 장점도 있다. 집합주택의 긍정적인 면과 단독주택의 좋은 점을 합한 새로운 주거의 모델을 추구해야 한다. 이웃이 있고, 마을이 있으면서 집집마다의 독자성과 가변성이 확보되는 그런 공동주택을 모색할 때가 되었다. 모여 사는 즐거움과 편안함과 안전을 가지면서 단독주택이 지닌 특유의 세계를 하나의 주거 속에 시도해본 것이 성내동의 올림픽파크타워다. [……] 올림픽파크타워는 열아홉 세대의 조그만 세계를 최초의 철골구조 속에 하늘 위의 대지라는 이름으로 이루어본 것이다. 예술의전당 국제현상 직전 대구 시내 한가운데에 시도하였던 각 집이 자신의 마당을 갖는 열아홉 세대의 마을인 가든테라스 이후 12년 만에 다시 시도해본 이웃과 마을이 있는 단독주택 같은 집합주택이다.(「올림픽 가든타워 작품설명」, 건축도시정책정보센터 아우름(aurum.re.kr))

가로의 맥락을 받아들인 작업

김석철이 당시 기준으로는 유행이 한참 지난 상가아파트를 설계한 상황이 여전히 궁금증의 대상이다. 김석철이 사망한 지 얼마 되지 않았고, 그에 대한 연구가 본격적으로 이루어지지 않은 상황에서 할 수 있는 일은 하나, 직접 가서 보는 것이다. 답은 항상 현장에 있다. 그래서 오직 이 건물 하나를 보겠다는 목적으로 대구에 내려갔다. 무더위가 유난했던 2016년 여름 중에서도 가장 덥다는 날이었다. 그런

재건축을 앞두고 다소 가라앉은 분위기이지만
'무지개떡 거리'의 면모를 잘 보여주는 명륜로.
잘 보이지 않지만 길 왼쪽 끝에 가든테라스가 있다.

데 동대구역에서 택시를 타고 가면서 내 눈을 의심했다. 사방에 오래
된 상가아파트들이 보였기 때문이다. 특히 동대구역 바로 옆에는 '동
대구맨션'이 자리했다. 아주 반듯한 중정형 상가아파트였다. 나중에
알아보니 1979년 5월에 사용승인을 받은 곳이었다. 연대가 비교적 늦
은 셈이다. 이것 말고도 눈에 띄는 건물이 많았다. 상가아파트 연구에
서 대구가 중요한 도시라는 사실을 깨달았다.

김석철의 가든테라스는 대구 중구 명륜로에 있다. 동대구역에서
3.5킬로미터 정도 떨어진 곳이다. 가로명이 명륜로인 것을 보면 근처
에 향교가 있다는 뜻이고, 그렇다면 아주 오랜 구도심의 동네다. 상
가아파트가 도심 유형이라는 것은 서울이나 대구나 마찬가지임을 보

여준다. 실물로 접한 건물은 사진에서 보던 것과 크게 다르지 않았다. 관리 상태도 비교적 양호해 보였다. 다만 지하와 지상 1층에 자리 잡은 상가에는 별로 활기가 없었다. 지하로 내려가는 엄청나게 넓은 에스컬레이터는 운행을 멈춘 지 오래인 듯했다. 그리고 그 가라앉은 분위기는 명륜로의 인접 구간에서도 느껴졌다. 나중에 알았지만 이 일대에 곧 재건축이 진행될 예정이라고 했다. 안타깝지만 김석철의 가든테라스도 그 대상이었다. 이 글이 그 건물에 관한 마지막 기록이 아니기를 바란다.

그럼에도 명륜로는 인상적이었다. 아니 그 정도가 아니라 '바로 이거다!' 하는 탄성을 자아냈다. 280미터에 달하는 한 블록의 거리 양쪽이 일부만 제외하고 모두 상가아파트였던 것이다! 구체적으로는 길 북쪽의 가든테라스를 비롯하여 대봉맨션 A, B동(1973), 송정맨숀(1980)이, 길 남쪽에는 대구맨션 A, B, C동(1971)이 포진하여 이 일대를 무지개떡 가로로 만들었다. 분당 정자동이나 판교 일부를 제외하고는 아직까지 한국 어디서도 이런 가로를 본 적이 없다. 게다가 이 건물들은 모두 건축 연대가 상당히 이르다. 서울과 비교해도 그렇다. 즉 가든테라스가 들어서기 이전에도 이곳은 상가아파트 지역이었다. 그러니 김석철과 그의 의뢰인은 지역의 특성을 그대로 인정한 것이리라. 당시 김석철의 나이는 30대 후반이었다.

시대착오인가 작가 정신인가

가든테라스는 지하 1층, 지상 8층의 건물이다. 지하 1층에서 지상

명륜로의 대구맨션 중정에서 바라본 대봉맨션,
청구맨션아파트(가려짐) 그리고 경남센트로팰리스.
한국 아파트의 역사를 한눈에 보는 듯하다.

2층까지의 저층부는 상가와 사무실이고, 그 위는 주거다. 일부 주거에 상당히 널찍한 옥상마당이 있어서 가든테라스라는 이름을 붙인 듯하다. 실체와 이름이 썩 어울린다. 주차장은 건물 뒤쪽 옥외에 있다. 전체 열아홉 세대가 있으니 공동주거로서 그리 큰 규모는 아니지만 개별 세대의 면적이 200제곱미터를 훌쩍 넘을 정도로 넓고 상가의 비중이 높기 때문에 전체적으로는 상당한 존재감을 뽐는다. 이 '19세대'란 공동주거에서는 상당히 의미심장한 숫자다. 20세대가 넘어가면 당시 주택건설촉진법상 사업계획 승인 대상으로 각종 규제가 심했기 때문에 바로 그 아래 숫자를 택한 경우가 많다. 이미 1977년에 주택건설촉진법, 1979년에 주차장법이 제정되면서 이전의 상가아파트와는 완연히 다른 방식의 설계가 필요해진 시점이었다.

여기까지 왔으니 내부를 안 들어가볼 수 없다. 제일 좋은 방법은 주민을 만나 말을 붙이는 것이지만 유난히 더운 날이라 그런지 아무도 드나들지 않았다. 결국 안면에 철판을 깔고 경비실 문을 열었다. 두 분이 계셨다. 이럴 때는 솔직한 것이 최고다. 학창 시절에 이 건물에 대해 알게 되었고, 실물을 보려고 서울에서 왔으며, 설계하신 분이 안타깝게도 얼마 전에 돌아가셨다고 설명드리니 두 분 모두 표정이 풀렸다. 게다가 그중 한 분이 마침 주민이었다! 결과적으로 건물 안팎을 자세히 볼 수 있었다. 그 과정에서 2018년으로 임박한 재건축 이야기, 엘리베이터가 2층에서 시작해서 불편하다는 이야기, 살아보니 고층 주상복합보다는 이런 상가아파트가 최고라는 이야기 등등이 나왔다. 마침 3층에 빈집이 있대서 올라가보니 꽤 여유 있는 마당이 나왔다. 비어 있는 탓에 가꾸지 않아서 그렇지 입지와 환경 면에서 매우 양호한 상황이었다. 단 내부 평면에서는 그다지 특이한 점을 발견할

수직 타워형의 올림픽파크타워.

수 없었다. 외부 복도가 유난히 넓고 쾌적했던 것만이 기억에 남는다. 전용면적률에 집착하는 요즘 같으면 꿈도 못 꿀 일이다.

이 건물 이후에 김석철은 예술의전당으로 일약 세간에 이름을 날렸고 그만의 독특한 행보를 이어나간다. 그러다 무려 12년이나 지난 후에 올림픽파크타워를 설계했다. 가든테라스가 비교적 옆으로 긴 유형이라면 올림픽파크타워는 13층 높이로 엄연한 수직형이다. 역시 주택건설촉진법의 규제를 피하기 위해 불과 열아홉 세대만 있을 뿐

올림픽공원에서 본 올림픽파크타워. 상업가로의
연속성이 눈에 띈다.

이다. 그러나 이런 유형은 점차 '나 홀로 아파트'라는 비난을 받게 되었다. 결국 공동주거 시장은 대규모 단지형 아파트가 아니면 상업 지역에 고밀도로 지어지는 고층 주상복합으로 서서히 양분되던 중이었다. 그리고 이 과정에서 1960년대 후반과 1970년 초중반을 관통했던 상가아파트의 유형은 완전히 사라졌다. 그런데 바로 이런 상황에서, 김수근 이후 또 다른 시대의 풍운아라 할 만한 김석철이 자신만의 해법으로 두 개의 공동주거 프로젝트를 세상에 선보인 것이다. 우리는 이것을 시대착오라고 할 것인가, 아니면 독창성에 기반을 둔 작가 정신이라고 할 것인가. 1950년대 후반의 상가주택에서 1960~1970년대의 상가아파트, 현재의 주상복합에 이르는 한국의 도시 복합건축의 계보에서 이것은 여전히 유효한 질문이다.

다행스럽게도 요즘의 한국 건축가들은 공동주거에 매우 진지하게 접근하며, 그 결과물들이 하나씩 등장하고 있다. 이민아(협동원)가 설계한 강남 보금자리주택 4단지(2015)는 개별 주호에서 주변 경관까지 이어지는 공간의 조직이 탁월하다는 평가를 받는다. 아직 미약하지만 상가아파트도 서서히 복권의 길을 걷는 듯이 보인다. 유종수·김빈·정다은의 코어건축은 2016년에 영등포 양남시장을 시장과 아파트가 결합한 형태로 재건축하는 현상공모에 당선되어 현재 프로젝트를 진행 중이다. 어느 방향이건 공동주거가 좀 더 다양하고 깊이 있게 발전하는 것은 사회를 위해서 매우 중요하다. 김석철의 독자적 행보는 헛되지 않은 셈이다.

중곡동 주거복합

동네에 뿌리내린
열린 건물

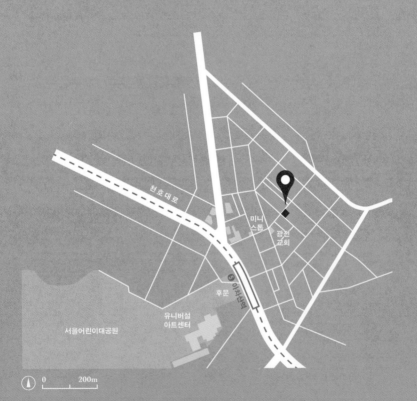

천호대로

미니
스톱

광천
교회

아차산역

후문

유니버설
아트센터

서울어린이대공원

0　　　200m

중곡동 주거복합
무지개떡 지수

98

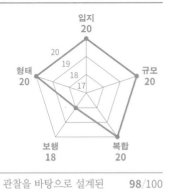

입지
20

형태
20

규모
20

보행
18

복합
20

20
19
18
17

총평 한국의 도시와 건축에 대한 깊이 있는 관찰을 바탕으로 설계된   **98**/100
새로운 도시 소규모 복합건축의 유형으로서 유의미하다.

입지 다세대, 다가구가 밀집된 전형적인 주거 지역으로 지역의 밀도   **20**/20
도 충분히 높다.

규모 소규모 무지개떡으로 상가주택의 범위에 해당한다. 지역의 스   **20**/20
케일과 조화를 이룬다.

복합 주거와 상가의 비율이 적절하며 건물 전체에 걸쳐 특히 옥외   **20**/20
공간의 활용도가 높다.

보행자 외부 계단 덕분에 지하층이나 2층으로의 심리적 접근성이 높   **18**/20
친화성 다. 엘리베이터는 내부인 위주로 배치되어 있다.

형태 복도가 외부에 놓여 수평성이 강조되었다. 6층이지만 위압적이   **20**/20
지 않다.

용도를 알 수 없는 집

부티크호텔, 회사 사옥, 다단계 본부, 주차장……. 서울 광진구 중곡동의 주택가에서 공사 중이던 한 건물을 보고 동네 주민들이 추정한 건물의 용도다. 그들의 예상은 일부는 맞고 일부는 틀렸다. 완성된 건물은 단일 용도를 위한 것이 아니었다. 상자를 열면 온갖 과자와 사탕이 들어 있는 종합선물세트 같은 건물이었다. 지하 1층, 지상 6층 중에서 꼭대기 세 개 층은 단층형과 복층형으로 나뉜 다가구주택이다. 그 아래는 사무소, 레스토랑, 외부로 노출된 커피 로스팅실 등으로, 지하는 커피 전문 체인점인 시드누아 중곡점으로 차곡차곡 채워졌다. 이 책의 관점으로 보면 아주 전형적인 무지개떡 건축이라고 하겠지만, 이 건물을 설계한 엔이이디(N.E.E.D.)건축의 김성우 소장은 "주거복합"이라 부른다.

중곡동에 대해서 아는 바가 없었다. 서울 동쪽 어딘가에 있다는 정도의 사전 지식뿐이었다. 지도를 보면 서쪽으로는 중랑천이 흐르고 동쪽에는 용마산, 그리고 그 너머에 아차산이 있다. 산에 가까워질수록 경사지가 나오지만 나머지는 널찍한 평지다. 전체적으로 남북이 아니라 동서로 놓여 있지만 전형적인 배산임수 지형이다. '작은 강북'이랄 만하다. 터가 좋아서 그랬는지 일찍부터 서울 동부 지역의 부촌으로 소문이 난 곳이다.

반듯하게 구획 정리된 이 동네의 모퉁이 땅에 단독주택을 지었던 부부가 있다. 뜰에 나무를 심었고, 자녀들을 키웠다. 세월이 흐르자 자녀들은 집을 떠났고 이 지역에도 변화의 물결이 밀려왔다. 서울이 성장하면서 지역의 밀도가 높아지기 시작한 것이다. 단독주택으로는

난간 벽의 허공 띠와 다양한 재료에 의해 건물이
분절되어 실제보다 작게 느껴진다.

감당할 수 없는 밀도였다. 다세대, 다가구주택이 들어서기 시작하면서 고급 주택지로서의 면모는 사라지고 범죄율이 올라가는 등 치안에도 문제가 생겼다. 동네를 동네답게 가꾸는 별다른 시설도 없이 오직 잠만 자고 나가는 베드타운이 되었다. 이 변화에 미처 대응하지 못한 모퉁이 집은 사방으로부터 포위되었다. 어떤 운명이 이 집을 기다릴 것인가? 여기까지는 별로 특별한 것이 없는 이야기다. 하지만 그 다음부터는 달라진다.

이런 경우의 대응 방식에 대해서 대한민국은 이미 공인 및 검증이 된 해답을 갖고 있다. 가능한 높은 가격에 땅을 팔고 정든 동네를 떠나 근사한 다른 곳으로 이사 가는 방법이다. 물론 여유가 있으면 그 자리에 남들처럼 다세대나 다가구를 짓고 세를 놓는 방법도 있다. 부동산을 소유하고 있으니 동네를 완전히 '떠난' 것은 아니다. 하지만 그 동네에서 살지도 않고, 그 동네 학교에 자녀들을 보내지도 않으며, 선거철 지역구 투표에 참여하지도 않는다. 즉 부재지주(不在地主)가 된다. 가깝게 살지 않으니 세입자가 어떤 사람인지, 어떻게 지내는지 알 필요도 없다. 동네가 어떻게 변하는지도 관심의 대상이 아니다. 그냥 월세만 꼬박꼬박 나오면 된다. 이것이 보통 사람들이 꿈꾸는 흔한 부동산 성공 신화다.

이 모퉁이 집의 가족들은 좀 다른 결정을 내렸다. 새로 건물을 지어서 다시 이 동네로 돌아오기로 했다. 높아진 동네의 밀도에 부응해서 아래층에는 이런저런 도시 기능을 넣었다. 그리고 마당 있는 집에서의 삶의 풍경을 건물 윗부분에서 만들어나갔다. 원래 이 자리에 있었던 나무 한 그루도 이 건물의 옥상마당으로 되옮겨왔다. 사람과 나무 모두 원래 살던 곳으로 다시 모였다.

건물 주변의 외부 복도를 통해 보는 주변의 풍경.

창작의 출발은 관찰과 연구

이 책에 등장하는 건물 대부분은 설계자의 존재를 알 수 없거나 설계자가 이미 세상을 떠난 경우다. 그러나 이 건물의 경우 설계자가 명확히 알려져 있다. 게다가 지금 한창 일선에서 활동하는 현역이다. 직접 만나 대화를 나눌 좋은 기회가 가능하다. 엔이이디건축은 두 파트너에 의해 뉴욕과 서울에서 동시에 시작되었고, 서울 사무실의 김성우 소장 또한 네덜란드에서 공부한 유학파다. 매우 국제적인 배경을 지닌 설계 집단인 것이다. 한가한 토요일 오후 강남의 한 주택가에 있는 그의 사무실을 찾았다. 대화를 나눈 한 시간 반 동안 우리는 해외 건축과 관계된 내용은 거의 언급하지 않았다. 김성우 소장은 한국

지하의 커피 전문점. 외부 계단으로 연결된다.

예술종합대학교에서 강의할 당시 고 이종호, 김태형 등과 함께 여러 해에 걸쳐 서울 연구를 진행한 적이 있으며, 그중 1년을 주거 연구에 할애했다. 우리는 다세대, 다가구주택의 외부 계단이 이동하는 사람의 모습이 밖으로 드러나는 일종의 도시적 무대라는 등의 소소한 이야기를 나눴다. 주거 안정화를 위해 필요한 조건과 주거의 소유 방식 사이의 연관성도 따져보았다. 중곡동의 역사와 지역적 특성이 이 건물에 미친 영향 또한 빼놓을 수 없는 주제였다.

'주거복합'이라는 용어에 대해, 김성우 소장은 주거 자체가 이미 매우 다양하게 분화되는 상황에서 주상복합이라는 일반적 단어의 한계를 느꼈고, 그리하여 단어를 만들어 사용하게 되었노라고 했다. 그러니까 오랜 기간에 걸친 관찰과 연구 그리고 경험이 만들어낸 생각의 흐름인 셈이다. 그리고 이 모든 것이 중곡동 주거복합을 낳은 모태가 되었다. 이것은 한국 상황에 대한 이해와 성찰을 통해 얼마든지 새로운 개념의 건축이 등장할 수 있음을 보여주는 본보기다. 꼭 바깥세상에서 답을 구해 와야 한다는 이전의 강박관념은 적어도 한국 건축계의 최전선에서는 점차 사라지고 있다. 건축가들의 생각이 자유롭게 안팎을 넘나들면서 이제 한국 건축이 어떤 반환점을 도는 중이라는 인식을 준다. 순간의 영감이나 감각 혹은 유사 인문학적 태도보다는 꾸준한 연구와 관찰을 창작의 무기로 삼는 건축가들이 더 많이 등장하는 시기다.

새로운 개념, 세심한 조율

그 결과물인 중곡동 주거복합은 한마디로 '유형적 언어로 정의할 수 없는 건축'이다. 공사 기간 중에 인근 주민들이 건물의 용도를 당최 알 수 없다고 이야기했던 것은 이러한 성격에서 비롯된다. 하지만 그 이면에는 오히려 한국 도시에서 일어나는 여러 현상들에 대한 치밀한 관찰에 근거한 비평적 성찰이 존재한다. 처음에 주소를 들고 이 건물을 찾아가면 아마 그 바로 앞에서도 건물이 어디 있나 찾게 될 가능성이 높다. 주변에 비해 절대 작은 건물이 아닌데도, 묘하게 존재감이 드러나지 않기 때문이다. 우선 건물의 외관에서 벽면이 거의 인식되지 않는다. 이 건물은 외벽을 따라 외기에 면한 복도가 설치되어 있어서 주로 눈에 들어오는 것은 복도의 난간 벽이지 건물의 외벽이 아니다. 눈에 들어오는 외벽이랄 만한 것은 보행자의 시선보다 한참

재료와 색상을 동네에서 샘플링한 듯한 느낌이다.

위에 올라가 있는 4층 이상부터다. 이러한 적층 조형을 설계자는 "테이블 구조"라 불렀다. 각 탁자를 연결하는 계단 역시 외부 복도와 맞물려 건물 주변을 따라 설치되었다. 이 계단을 오르며 건물의 프레임 너머로 전개되는 주변의 풍광을 바라보는 것은 이 건물이 주는 독특한 즐거움이다. 이렇게 생활공간의 주변에 외부 공간을 적극 배치함으로써 건축 안팎으로 삶의 풍경을 만들어내는 아이디어는, 설계자가 오랫동안 다세대, 다가구주택의 외부 계단에 대한 관심의 끈을 놓지 않았기에 탄생할 수 있었을 것이다.

여기서 한 걸음 나아가 이 건물은 층별로 서로 다른 재료를 썼다. 즉 차곡차곡 포개진 탁자는 조형적으로 비교적 단순하지만 재료적으로는 다양성을 담고 있다. 각각의 재료는 벽돌, 고흥석, 노출 콘크리트 등 아주 일상적인 것들이다. 비유해서 말하자면 동네를 대상으로 재료를 샘플링해서 건물을 만들었다고나 할까. 난간 벽이 만들어내는 허공 띠로써 분절된 건물의 외관은 이렇게 다양한 재료의 물성으로 다시 한 번 분절된다. 결과적으로 건물은 실제보다 가볍고 작고 접근하기 쉽게 느껴진다. 건물만 따로 놓고 보면 규모에 비해 재료의 종류가 너무 다양하지 않은가 싶지만 동네와 함께 생각하면 훨씬 설득력이 있다.

지하의 커피 전문점인 시드누아는 건축주가 직접 운영한다. 그 자신이 위층에 거주하기도 하니 직주근접의 삶을 누리는 셈이다. 주변에 비해 상당히 고급스러운 매장이지만 주인이 어렸을 때부터 동네 원주민의 한 사람이었음을 염두에 두면 시간이 흘러가면서 동네와 자연스럽게 어우러져가리라 기대할 수 있다. 1층의 중심 공간을 차지한 것은 대형 커피 로스팅기다. 상당한 크기로 만만치 않은 존재감을

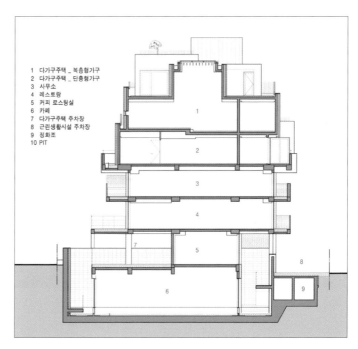

1 다가구주택 _ 복층형가구
2 다가구주택 _ 단층형가구
3 사무소
4 레스토랑
5 커피 로스팅실
6 카페
7 다가구주택 주차장
8 근린생활시설 주차장
9 정화조
10 PIT

하나의 마을을 이룬 중곡동 주거복합의 단면.

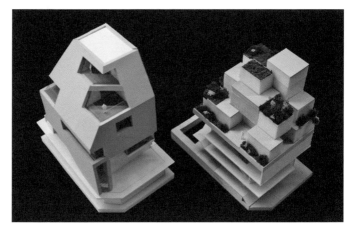

개념의 변화를 보여주는 두 개 모형.

다시 돌아온 나무.

과시하는 이 기계는 마치 어린 시절 어느 동네에나 있던 방앗간이나 양조장의 투박한 생산 도구들을 환기한다. 이렇게 다양한 생산 기능을 회복하는 일은 한국 도시의 미래를 가늠할 때 빼놓을 수 없는 것이다.

　김성우 소장은 통상적인 방식으로 설계를 진행하다가 벽에 부딪혔던 순간을 생생하게 들려주었다. 더 이상 나아갈 수 없다는 절망적인 생각에 사무실을 잠시 닫고 직원들과 여러 동네를 답사 다녔다. 그러다가 종전의 개념을 확 바꿔서 밖으로 열린 현재의 구성을 생각해냈고 하루 만에 모형을 다시 만들었다. 두 개의 모형을 비교해보면 그 놀라운 변화의 순간이 역으로 읽힌다. 초기의 안이 주어진 제반 조건을 충실히 받아들이고 그 안에서 차분하게 해결해나간 결과라면, 두 번째 안은 제약을 오히려 과감하게 역이용하여 종래에 없었던 새로운 개념을 담은 것이었다. 새로운 시도이므로 형태적인 이질감이 생길 수 있으나 그는 그간의 경험을 바탕으로 재료와 규모, 세부 사항 등을 세심하게 조율하여 참신하면서도 동네 친화적인 건물을 만들어 냈다.

저층부와 중층부의 외부 공간이 복도의 형태로서 비교적 연속적인 선형이라면, 상층부 주거의 외부 공간은 훨씬 분절적이다. 기본적으로는 방 하나에 마당 하나라는 생각을 품었다고 한다. 혼자 쓰는 마당도 있고 가족이 모이는 마당도 있다. 나중에 가족의 상황이 바뀌면 셰어하우스로 점진적인 변화를 줄 수 있는 구조다. 위로 갈수록 건물을 후퇴시키면서 용적률을 조절했다. 그 결과 주변 건물보다 다소 높게 설계할 수 있었기에 이 옥상마당에서는 용호산, 아차산은 물론 동네 일대의 탁 트인 조망을 즐길 수 있다. 옥상이 품은 도시적 잠재력을 감안하면 앞으로 주변 건물들의 옥상이 서서히 녹색으로 변해가는 모습을 지켜보는 즐거움이 있으리라. 도시를 떠나지 않고도 마당 있는 집에서 사는 꿈을 이룰 수 있다는 것이 바로 이런 건물이 지닌 큰 장점이다. 그것을 주거복합으로 부르건, 무지개떡으로 부르건 한국 도시의 미래는 이런 복합 유형이 품은 가능성을 확대해나가는 데 달려 있다. 평범한 다세대, 다가구 밀집 지역인 중곡동은 그 흥미로운 변화가 일어나는 진원지의 하나가 되고 있다.

인천 구월동
앤하우스

작은 집
큰 공간

인천문화
예술회관

인천 ● 인천터미널역

인하로

구월
아시아드
선수촌
근린공원

인천종합
터미널

구월농산물
도매시장

인천
남동경찰서

0   200m

앤하우스
무지개떡 지수
96

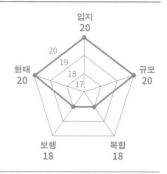

입지
20

형태
20

규모
20

보행
18

복합
18

20

19

18

17

총평 삶의 현실적 측면과 도시적 이슈를 잘 조합한, 도시 소규모 복 **96**/100
합건축의 의미 있는 사례다.

입지 상가주택이 밀집한 신개발지로 주거와 상업이 계획 단계에서 **20**/20
부터 공존하는 흥미로운 지역이다.

규모 소규모 무지개떡으로 상가주택의 범위에 해당한다. 지역의 스 **20**/20
케일과 조화를 이룬다.

복합 주거와 상가의 비율이 적절하며 규모에 비해 다양한 외부 공간 **18**/20
을 구성했다. 다만 상호 연관성은 약하다.

보행자 1층은 보행자에게 열려 있으나 계단실이 완전히 내부에 위치해 **18**/20
친화성 상층부 주거에 대해서는 심리적 거리가 있다.

형태 '공극의 풍경'이라고 할 만한, 절제되어 있으면서도 풍성한 외 **20**/20
관이다.

오래된, 그러나 새로운 지역

　서울 홍제천의 또 다른 이름은 모래내이고 그 이름을 딴 모래내시장도 있다. 그런데 인천에도 같은 이름의 물길과 시장이 있다. 바닥이 모래여서 물이 맑고 깨끗하다는 의미로 붙었을 이름이지만, 인천 모래내는 복개되어 그 물길을 직접 볼 수 없다는 차이점이 있다. 인천 모래내시장은 인근 만수시장과 더불어 인천 남동구의 대표적인 전통시장이다. 이 모래내시장이 자리 잡은 곳은 구월동이다. 그 안에 인천시청, 구월농산물도매시장, 롯데백화점, 가천대길병원 등이 자리하고 있으니 가히 인천의 중심 지역이라 할 만하다. 이렇게 이야기하면 구월동 전체가 아주 오래된 지역일 것 같지만 실제에는 항상 틈새가 있기 마련이다. 구월동에도 신개발지가 있다. 이름하여 인천 구월 보금자리주택지구다. 구월아시아드선수촌 근린공원의 서쪽 지역이다. 바로 이곳에 근린생활시설이자 다가구주택인 앤하우스(Anne House)가 있다.

　이 건물을 설계한 서가건축의 박혜선 소장이 건네준 사진에는 1년 전이라고는 믿을 수 없을 정도로 황량한 풍경이 담겨 있었다. 경제 성장이 둔화되고 인구가 줄어들리라고 걱정이 태산인 대한민국이지만 여전히 어떤 지역은 새로 생겨나고 건물이 빠르게 들어선다. 앤하우스는 4층 건물로, 지하실은 없다. 1층은 근린생활시설이고 2, 3, 4층은 모두 다섯 세대씩 있는 다가구주택이다. 이 일대는 모두 매립 지역으로 지하수위가 높아 비용 대비 효과라는 측면에서 지하층은 처음부터 고려되지 않았다. 이 건물뿐 아니라 주변 지역 전체에 그런 의견이 형성되었다. 파일(pile)을 박아 지반을 강화해야 했을 정도다. 네 개

앤하우스 전경. 외벽 마감은 저렴한 시멘트
벽돌이다. 중성적인 색 때문에 오히려 다양한
표정의 연출이 가능하다.

층 이하, 다섯 가구 이하라는 규제도 이미 지구단위계획에 명문화되
어 있었다. 거리에 바로 면한 건물이니 1층에는 당연히 상가가 들어
가야 했다.

　여기까지는 모두 외부 조건에 따라 결정된 사실이지만 그다음부
터는 선택지가 늘어난다. 서가건축의 설계 당시 자료를 보면 모퉁이
땅을 건물이 어떻게 점유해야 할 것인가에 대한 여러 대안이 등장한
다. 역시 변수는 주차다. 총 여섯 대를 어떻게 배치하느냐에 따라 다
양한 방식의 조합이 나올 수 있다. 그중에서 건물이 전면도로에 가장
많이 접하도록 하는 안이 최종적으로 선택되었다. 전면도로가 동서
방향이기 때문에 이렇게 하면 건물의 남쪽 표면적이 한층 넓어질 수

주변 건물과도 무리 없이 잘 어울린다.

있다. 상가는 물론이고 상층부의 주거로서도 가장 유리한 조건이 만들어지는 셈이다.

　여기까지는 아마도 누구라도 그리했을 매우 상식적이고 합리적인 과정이다. 요리로 치면 기본 식재료가 확보된 상황이라고 하겠다. 이 제부터는 주어진 재료를 가지고 어떤 요리를 만드느냐 하는, 진정한 게임이 시작된다. 셰프, 즉 건축가의 역량과 생각이 본격적으로 드러나는 지점이다. 물론 그냥 이 상태에서 적당한 패키지 디자인, 즉 포장 정도로 설계가 마감되는 경우도 있다. 그것만으로도 입지가 좋고 경기가 살아 있으면 부동산 시장에서의 상품으로는 손색없이 작동하기도 한다. 소위 '집 장사 집'이 그런 경우다. 앤하우스는 다르다. 우선 건축주 자신이 지속적으로 젊은 작가형 건축가들에게 프로젝트를

207

의뢰하는 신세대 개발 사업자다. 서가건축도 주택, 인테리어, 공공프로젝트 설계 공모 등에서 만만치 않은 존재감을 드러내는 사무소다. 대체로 이런 사람들은 현실적 문제 해결에 만족하지 않고 끊임없이 새로운 가치를 구현하려 애쓴다. 때로 그 목표가 매우 이상적이거나 고답적이기까지 하다. 그러나 이것이 여전히 '건물'과 '건축'을 구별하는 잣대임은 분명하다.

건축가의 게임

가장 중요했을 첫 번째 결정은 '코어'라고 부르는 수직 동선 체계였을 것이다. 여기서 그들은 중요한 결정 하나를 내렸다. 불과 4층짜리 건물이지만 승강기를 넣기로 했다. 생활수준이 향상되면서 점차 보편화되는 추세이지만 승강기의 가격을 생각하면 여전히 쉽지 않은 결정이다. 장기적으로는 노령화 시대에 대비한 매우 현명한 판단이기도 하다. 그 승강기 주변을 계단실로 감싸고 이것을 건물의 장변 가운데 놓으면서 사실상 전체 배치의 윤곽을 잡았다. 그 결과 다섯 세대 모두 전면도로를 면하게 되었다. 대지 및 도로 조건상 모든 세대가 남향할 수 있게 된 것이다. 물론 여기까지도 어쩌면 상식의 영역에 속하는 결정일지 모르겠다. 명확하고 합리적이지만 동시에 예상과 기대를 벗어나지 않는다.

그러나 그다음부터는 이야기가 좀 더 풍성하고 재미있어진다. 길모퉁이 대지라서 경관이 탁 트이는 장점은 있었지만, 동시에 그만큼 프라이버시가 지켜지지 않을 소지가 있었다. "기껏 통창을 만들어놓았는데 하루 종일 커튼을 치고 살아야 한다면 무슨 의미가 있겠어요?"라는 것이 박혜선 소장이 던진 질문이었다. 그래서 해석의 단계에 들어갔다. 창을 내면서 그 앞에 발코니를 두어 심리적으로 한 켜의 공간이 자리 잡도록 했다. 그리고 창의 크기를 조절했다. 창이 커지면 발코니는 더욱 깊어졌다. 어떤 발코니는 다공성 벽체로 감쌌고 어떤 발코니는 사선 방향으로 냈다. 그 결과로 만들어진 이 건물의 외관은 다양한 크기와 깊이, 방향 그리고 질감의 개구부가 조합된 '공극의 풍경'이라 할 만하다. 저녁이 되어 조명이 들어오면 내부 공간이 더해지면서 풍경의 깊이가 더욱 확장된다. 서가건축에서 제공받은 자료에 담긴 설계자 본인의 글을 직접 인용하자면 다음과 같다.

> 이 건물은 주변의 다양한 재료와 형태의 건물 사이에 서 있다. 전체가 투박한 시멘트 벽돌로 마감되었지만 외관은 비례와 빛을 고려한 미세한 변화와 차이가 있다. 창호는 유사한 크기로 반복되면서도 세대마다 다른 위치로 계획되었고, 깊이의 변화가 있다. 세로로 긴 창은 표면으로부터 깊숙이 설치되어 계절과 시간에 따라 창과 발코니가 만들어내는 그림자가 다양한 표정으로 보인다. 야간에는 집의 창문에서 새어 나오는 불빛 변화들이 집의 외관이 된다.

그리고는 세대의 성격을 다양하게 조합했다. 기계적으로 한 층에 두 세대씩 나란히 집어넣지 않았다. 모서리 쪽에 2, 3층을 관통하는 복층 세대가 있고, 여러 개의 발코니가 이웃 건물이 인접한 동쪽을 제외한 세 방향에서 집요하게 건물의 내부를 파고 들어온다. 그래서 단 하나도 같은 평면이 없다. 다섯 세대 모두는 하나하나 개성을 갖춘

다양한 발코니는 독특한 행동을 유발한다.

아래에서 위로 바라본
2층 높이의 발코니.
작지만 큰 제스처가 있는 건물이다.

2층 발코니의 풍부한 공간.

그 나름의 세계다. 내부를 탐색하면 예기치 못한 데서 창이 열리고, 이를 통해 외기와 햇살 그리고 풍경이 들어온다. 그 결과로 이 건물에는 몇 가지 큰 특징이 생겼다. 어디서나 흔히 보는 규모의 건물이지만 내부의 공간적 제스처가 다양하다. 아주 좁은 틈새 같은 공간이 있는가 하면 위아래로 길쭉길쭉 높은 공간도 있다. 특히 복층 세대의 높은 발코니는 단독주택에서나 보는 디테일이라 할 것이다. "작은 집, 큰 공간"이라는 표현이 딱 어울린다. 설계자 자신은 이를 "각기 다른 단면을 지닌 다섯 집"이라고 표현한다.

또 다른 특징은 조형이다. 흔치 않은 시멘트 벽돌로 마감되었고 세부적인 디테일 또한 재료의 특성을 최대한 감안하여 만들어졌다. 김수근의 벽돌 건물을 연상시키는 사선 벽이라든가(소위 '자갈리즘'), 가히 범세계적 유행을 타고 있는 다공성 벽돌 벽 등이 그것이다. 반면 벽돌의 속성에서 벗어나는 부분도 있다. 대지 조건상 어쩔 수 없었을 둔각 코너가 그렇다. 이 부분에서 벽돌은 아쉽게도 모퉁이를 매끄럽게 돌아가지 못하고 모서리가 잘린다. 그 결과 벽돌 건물로서의 튼실한 느낌이 다소 반감된 것이 아쉽다. 물론 이것은 설계자가 아닌 벽돌 제조업체의 문제다. 대한민국은 모든 것이 대량생산 체제로 생산되어서 직각이 아닌 다른 조건을 맞추기란 거의 어렵다. 기술적으로는 형틀(mould, dice)을 새로 하나 만들거나 굽기 전에 한 단계 공정만 추가하면 해결되었을 문제다. 하지만 시장은 그렇게 움직이려 들지 않는다. 예외를 용납하지 않고 모든 것을 표준화하려 든다. 시커멓게 타들어갔을 설계자의 속을 충분히 짐작할 수 있다. 한편 이 시멘트 벽돌은 워낙 색상 자체가 중성적이라 오히려 그때그때 상황에 따라 건물의 성격이 다양하게 변신하는 듯한 장점도 갖추었다.

생활의 이해, 내부의 지향

마지막으로 이야기하고 싶은 것은 소위 '의외의 배려'다. 앤하우스는 다가구주택으로는 아주 드물게 두 세대가 공유하는 보일러실을 따로 두었다. 벽면 부착식 보일러는 면적을 그리 차지하지 않기 때문에 나머지 공간은 고스란히 창고로 사용할 수 있다. 같은 이유에서 현관 한쪽에 여유 공간을 조성하기도 했다. 미국식으로 치면 머드룸(mudroom), 즉 신발을 신고 들어가는 외부 창고 같은 것이다. 임대 과정에서는 불리하게 작용할 수도 있지만 실제로 이런 집에서 살아보면 실내가 그만큼 정온해지고 삶의 질서가 잡힌다. 생활에 대한 이해를 바탕으로 한 상당히 성숙한 판단이다. 마찬가지 배려가 계단실에도 적용되었다. 계단실 한쪽에 외기에 면한 창과 그 앞의 여유 공간을 두어서 입주자들이 원하면 다양하게 공간을 활용할 수 있도록 했다. 실제론 자전거 등이 차지하고 있지만, 이는 입주자 삶의 조건에 따라 얼마든지 변할 수 있다. 각 세대로 들어가는 입구도 제각각이라 마치 경사지 골목길에 있는 집을 더듬어 찾아가는 듯한 재미가 있다.

답사 과정에서 박혜선 소장과 계단실에 대한 대화를 나누었다. 일반적인 용어로 하면 소위 '상가주택'이라고 할 이 건물에서 상가는 동선상으로나 조형상으로나 주거와 완전히 분리되어 있다. 계단실이나 엘리베이터, 심지어 주차장 쪽으로 출입구가 나 있지도 않다. 이런 명확한 분리는 물론 충분한 논의를 거쳐 내린 판단이며 존중되어야겠지만, 적어도 1층에서 계단실의 일부를 펴서 외부 계단으로 삼았더라면 어땠을까 하는 생각이 든다. 외부 계단을 중요시하는 무지개떡 건축론의 입장에서는 다소 아쉬운 부분이다. 그러나 만들어진 모든

213

복층 세대의 계단.
건물의 규모로서는
예상하기 어려운 공간이다.

건물은 일종의 제2의 자연이다. 심각한 결함이 아닌 한 그에 맞춰 삶
의 풍경을 그려나가면 된다.

　진취적인 젊은 건축주와 건축가가 의기투합해서 만든 건물이라고
하면 보통 상당히 과격한 형태를 연상하기 쉽지만 오늘날 한국 건축
의 상황은 그보다는 좀 더 성숙해졌다. 현실에 대한 이해와 조사 연구
를 중시하는 토양에서 성장한 젊은 건축가들은 때로 놀랄 정도의 조
형적 절제력을 보인다. 그렇다고 그들이 평범함 건물을 만들어낸다
는 게 아니다. 그들은 외부 못지않게 내부를 지향한다. 그래서 '껍데

기는 화려하고 속은 빈약한' 건물이 아닌, 안으로 들어갈수록 풍성해지는 건물을 만들어낸다. 앤하우스 역시 그런 사례다. 주변 지역에 대해 어느 정도 친화적인 태도를 보이면서도 내부적으로는 철저하게 자신의 게임을 전개한다. 이런 태도는 결국 사회의 인정을 받게 되어 있다. 2016년 10월 25일, 앤하우스는 인천광역시 건축상 주거 부분에서 우수상을 수상했다.

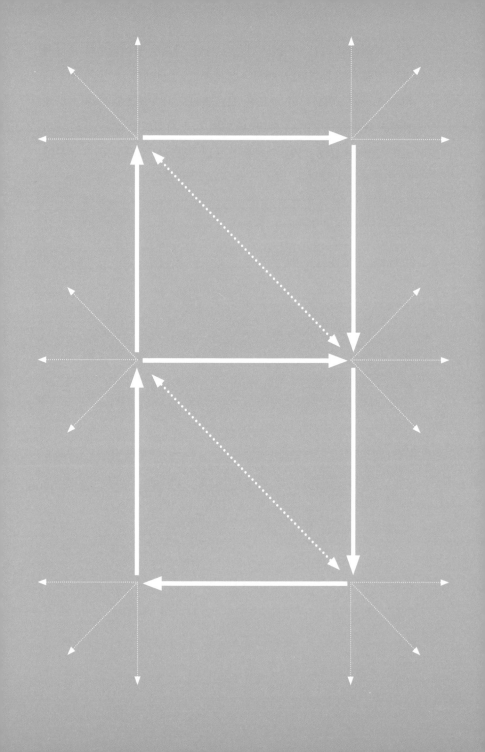

2부
단지 결합형
무지개떡 건축

한국 공동주거의 역사를 '단지형'과 '거리형'의 대립과 경합이라는 관점으로 살펴볼 수 있다. 주변 지역, 특히 거리와 만나는 방식을 기준으로 삼는다면 거리형 아파트가 주거와 상가가 결합된 형태를 띠는 것은 자연스럽고 합리적인 귀결이다. 반면 대부분의 단지형 아파트는 상가동을 따로 두는 방식을 택한다. 그러나 두 가지 방식의 틈새에서 예외적인 시도들이 벌어지기도 한다. 그중 하나가 거리형과 단지형이 복합된 경우다. 2부에서는 바로 이러한 '단지 결합형' 무지개떡 건축을 다룬다.

고은아파트,
연화아파트,
홍파아파트

소규모 단지형
상가아파트

고은아파트

홍제천

고가 내부순환로

인왕
시장

홍제역

통일로

디지털
서울문화
예술대학교

서울고은
초등학교

모래내로

무악재역

0   200m

고은아파트
무지개떡 지수

91

입지
19

규모
20

복합
18

보행
16

형태
18

총평   소규모 단지형 아파트이면서도 거리에 면한 부분에 상가를 넣   **91/100**
은 것이 돋보인다. 전반적으로 주거용 건물로서의 차분함과 아
늑함이 잘 살아 있다. 외장재가 벽돌인 것도 흥미로운 시도다.

입지   지하철 3호선 홍제역에서 7분 거리다. 아파트 바로 앞이 버스   **19/20**
정거장이다. 전면도로인 모래내로는 홍제동과 연희동, 모래내
를 연결하는 중요한 도로지만 교통량은 그리 많지 않아서 주거
지역으로서 적당하다. 다만 경사를 올라야 하는 부담이 있다.

규모   지하 1층, 지상 5층에 총 139세대로서 단지형으로는 아주 작은   **20/20**
규모다. 마을 같은 분위기가 있다.

복합   거리에 면한 일부에만 상가가 있어 복합도는 그리 높지 않다.   **18/20**
다만 단지형으로서 전면도로에 대한 배려가 돋보인다.

보행자   상가 부분은 좋지만 나머지 부분은 단지형으로서의 폐쇄적인   **16/20**
친화성   성격을 여전히 띠고 있다.

형태   두 개 동이 마주 보는 사이에 남북으로 긴 마당이 존재한다. 덕   **18/20**
분에 단지 내에 햇살이 충분히 들어온다. 외장재가 벽돌인 것
은 지금도 시도해볼 만하다.

연화아파트

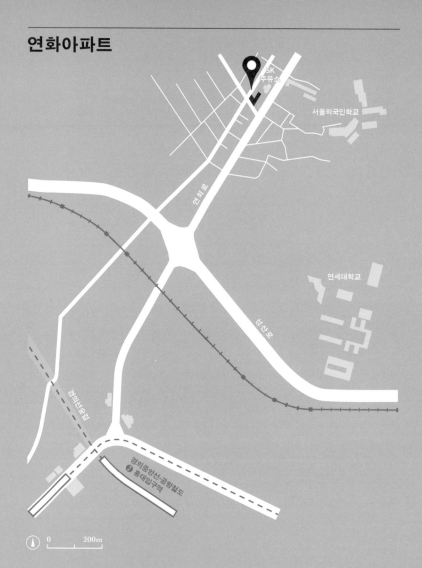

SK
주유소

서울외국인학교

연희로

연세대학교

성산로

경의선숲길

경의중앙선·공항철도
홍대입구역

0   200m

연화아파트의
무지개떡 지수는?

90

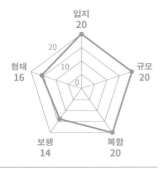

입지
20

형태
16

규모
20

보행
14

복합
20

20

10

0

| 총평 | 연희동이라는 장소의 특징을 잘 반영한 대표적인 소형 상가아 파트다. 주차장에 면한 측면도로변의 처리는 유감스럽다. | **90**/100 |

| 입지 | 연희동이라는, 다소 이국적이면서도 매력적인 장소에 자리 잡 고 있다. | 20/20 |

| 규모 | 단지형으로 배치된 한 동짜리 아파트로, 작은 도시 블록 하나를 채우고 있다. 가장 보편적인 소형 상가아파트의 규모라고 할 수 있다. | 20/20 |

| 복합 | 1층은 물론이고 지하층에도 상가가 들어가 있다. 연희동 거리의 연속성에 결정적으로 기여하는 건물이다. | 20/20 |

| 보행자 친화성 | 정면에 비해 주차장으로 사용 중인 측면은 보행 경험에 그다지 기여하지 못한다. | 14/20 |

| 형태 | 예각 코너를 둥글게 처리하는 등 전체적으로 부드럽고 깔끔한 인상이다. 상가와 공동주거 부분이 좀 더 명확히 구별되면 좋 을 것이다. | 16/20 |

홍파아파트

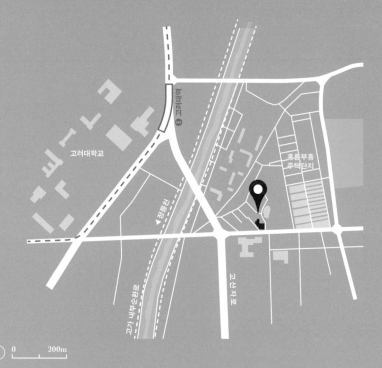

고려대학교

홍릉부흥
주택단지

정릉천

고가 빼부순환로

고산자로

0   200m

홍파아파트의
무지개떡 지수는?

80

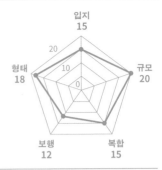

입지
15

형태
18

규모
20

보행
12

복합
15

총평	위치나 조형 등 여러 면에서 특이한 상가아파트다. 골목을 대하는 방식이 뛰어나지만 거리에 대한 기여도가 높다고 보기는 어렵다.	**80**/100

입지	저층 건물이 많은 지역에 혼자 우뚝 서 있다. 주변 지역이 좀 더 개발되어야 조화를 찾을 수 있겠다.	**15**/20
규모	한 동이지만 단지형 배치를 하고 있다. 소규모 상가아파트로서 적절한 규모다.	**20**/20
복합	지상 6층 중 1층에만 상가가 있다. 복합성이 높다고 보기 어렵지만 보행자가 별로 없는 가로의 성격상 그 비율이 적절해 보인다.	**15**/20
보행자 친화성	상가의 물건들이 거리에 나와 있어 오히려 보행에 방해가 되고, 쾌적한 느낌을 주지 못한다.	**12**/20
형태	모듈을 정면은 물론 골목길에 면한 측면에까지 적용하여 특이하면서도 통일성을 갖춘 형태다.	**18**/20

거리형 대 단지형

한국 아파트사를 이해하는 여러 관점 중 하나는 거리형과 단지형 간의 대립과 복합을 기준 삼는 구도다. 이는 아파트라는 공동주거가 주변 지역, 특히 거리와 어떠한 관계를 맺는가에 관한 관심을 바탕에 둔다. 상가아파트는 거리형 아파트의 자연스러운 결론이다. 길에 면한 건물의 저층에 주거보다는 상가를 넣는 것이 합리적이라고 판단한 결과물이다. 반면 상대적으로 저층부 거주 환경이 더 좋은 단지형에서 상가 부분을 어떻게 처리하느냐 하는 문제는 매우 중요하다. 대부분 상가동을 따로 두는 방식으로 해결하지만 예외도 있다. 즉 거리형과 단지형이 복합된 경우다. 대표적으로 반포주공 1단지나 이 책에서 다루지 않은 동부이촌동 한강맨션 등이 그렇다. 둘 다 대규모 단지라는 공통점을 지닌다. 그런데 이들보다 훨씬 규모가 작은 단지에서 역시 유사한 사례들이 발견된다. 고은아파트, 연화아파트, 그리고 홍파아파트가 바로 그런 경우다.

오붓하게 고갯마루에 면한 고은아파트

무악재를 따라 놓인 통일로는 홍제동을 둘로 나눈다. 유진상가, 원일아파트, 안산맨숀은 모두 통일로 북동쪽, 즉 인왕산 쪽의 홍제동에 위치해 있다. 고은아파트가 있는 곳은 통일로 너머 반대쪽, 즉 안산 쪽 홍제동이다. 지하철 3호선 홍제역과 무악재역 사이의 삼거리에서 갈라지는 모래내로가 그 출발점이다. 안산 중턱을 가파르게 경사

225

고은아파트 전경. 모래내로 고갯마루에 있다.
길에 면한 부분에만 상가가 있는 소규모
단지형 아파트다.

져 오르다가 다시 홍제천 방향으로 내려가기 시작하는 그 고갯마루에 이름도 예쁜 고은아파트가 있다. 벽돌로 된 외벽이 정감을 자아내는 건물이다. 1975년 6월 17일에 사용승인을 받은 두 개 동, 136세대의 오붓한 단지형 아파트다.

마주 보는 가동과 나동 중 상가가 있는 곳은 가동이다. ㄴ자로 꺾인 가동 건물이 전면도로를 면한 곳에 상가가 있다. 상가 비율이 높지는 않지만 세탁소, 실버용품 상점, 염색 전문점, 신발 가게, 전자제품 가게 등 일상적인 삶을 위한 상점들이 자리해 있다. 마침 그 앞은 버스 정류장이다. 아파트 단지 주민뿐 아니라 거리를 오가는 사람들도 쉽게 상가를 이용할 수 있는 상황이다. 인접한 광산아파트 역시 소규모 단지형 아파트이지만 그곳 가로에 일체의 상가가 없는 것과는 대조된다. 벽에는 "고은아파트"라고, 관리실에는 "고은맨숀"이라고 씌어 있어서 역시 그 당시 두 단어가 서로 약간의 긴장감을 이루며 혼용되었음을 알 수 있다.

참고로 이 일대를 기억하는 사람들은 거의 예외 없이 모래내로라는 정식 도로명 대신에 화장터길이라는 이름을 사용한다. 찾아보니 고은아파트 고갯마루 바로 너머에 홍제동화장장이 있었다. 홍제동화장장은 일제강점기인 1930년에 세워졌으나 점차로 이 지역이 개발되자 1970년 9월 1일 경기도 벽제로 이전하면서 '시립장제장'으로 이름을 바꾸었다. 화장장이 있던 시절에는 인근 안산의 나뭇잎에서 그을음이 묻어났다고 하니 인근에 공동주거가 들어선다고는 상상하기 어려웠으리라. 고은아파트가 들어선 때는 1975년으로, 이미 화장터가 옮겨 가 없어진 지 몇 년이나 지난 후였다. 새로운 지역으로 거듭나는 변화 뒤에는 항상 이렇듯 이야기와 사연이 숨어 있다.

227

연화아파트 전경.
고급 주택가인 연희동의 분위기를 그대로 담은 간결한 외관이다.
전면의 가로수와 건물이 묘한 조화를 이룬다.

연희동의 분위기를 담은 연화아파트

상가아파트에 대한 글을 쓴다는 것이 알려지면서 종종 이런저런 제보를 받았다. 연화아파트도 그런 경우였다. "1970년대에 지어졌고 이전에는 고급이었던 상가아파트가 연희 삼거리 근처에 있다."라는 내용이었다. 앞에서 이야기한 고은아파트에서 모래내로를 타고 오면 자동차로 5분밖에 걸리지 않는 곳이다. 연희동의 중심을 종횡으로 가로지르는 길이 연희로와 증가로인데 이 두 길이 교차하는 지점이 바로 연희 삼거리다. 연화아파트가 이 삼거리 북쪽 증가로변에 들어선 것은 1975년 12월 6일이었다. 안산 너머의 고은아파트가 지어지고 반

연화아파트 후면.
ㄱ자의 소규모 단지형 아파트다.

년쯤 지난 후였다.

　연희동은 원래 조선 시대 이궁의 하나였던 연희궁이 있던 곳이다. 구체적으로는 현재의 연세대학교 자리로 전해진다. 궁은 사라졌지만 그 존재는 거기서 다소 떨어진 궁동산(宮洞山)이라는 이름에 아직 남아 있다. 인천상륙작전 이후 서울을 수복하는 과정에서 치른 저 유명한 '연희104고지 전투'가 벌어진 바로 그 산이다. 연세대학교 신촌캠퍼스로 인해 이전부터 학생 인구가 많았고, 또한 한국한성화교중학교의 존재로 짐작되듯이 화교 인구도 상당하다. 정치인이나 고위 공무원, 교수, 외국인 등을 위한 고급 주택지가 많은 것도 연희동의 큰 특징이다. 결과적으로 서울 도심에서 그리 멀지 않으면서 이국적 분위기가 감도는 고급 동네, 이것이 연희동의 일반적인 이미지다. 그런

연화아파트 지하
방공시설 표지판.

한편 상업과 주거가 적절하게 공존하는 지역이기도 하다. 맛집 거리,
'사러가쇼핑' 등의 존재가 이를 입증한다.

　연화아파트는 이러한 연희동의 다소 고급스러운 분위기를 한껏
의식하고 자리 잡은 듯한 모습이다. 비록 세월의 무게가 다소 내려앉
았지만 기본적인 성격은 변하지 않았다. 가로의 스케일을 전혀 거스
르지 않는 적절한 높이와 폭, 보행자의 접근을 최대로 배려한 1층 상
가, 정갈하고 차분한 외관. 특히 일반적으로 건물에 잘 사용하지 않
는 연보라색이 주는 독특한 분위기까지. 한마디로 참 깔끔한 아파트
라 하지 않을 수 없다. 의도인지 모르지만 증가로변 정면의 가로수 네
그루는 건물과 함께 리듬을 맞추는 것 같다. 정면에서 보면 그저 단독
건물처럼 보이지만 연화아파트도 배치상으로는 엄연한 단지형이다.
다만 한 동이 ㄱ자로 구부러지면서 마당을 품은 형태다. 마당은 주차

장으로 활용된다. 현대자동차의 포니1이 출시되면서 본격적인 '마이카 시대'가 열린 때가 이 건물이 사용승인을 받은 바로 이듬해 초인 1976년 1월 26일이었음을 감안하면 상당히 의미심장한 계획이었던 셈이다.

총 38세대의 아담한 연화아파트는 지상 5층, 지하 1층 건물이다. 현재 가로에 면한 지하실은 미용실로 쓰인다. 지하로 내려가는 계단에는 방공 대피시설 안내판이 아직 붙어 있다. 평수 16평, 수용 인원 96명이라고 적혀 있다. 심지어 관리 책임자의 이름도 보인다. 이런 안보 관련 시설들을 둔감한 시선으로 보는 경우도 많으나, 육영수여사저격사건(1974.8.15.), 남침땅굴발견(1974.11.15.), 판문점도끼만행(1976.8.18.) 등이 이 무렵 동시다발적으로 일어났던 것을 감안하면 이런 시설의 필요성은 당시로서는 시급한 문제였다. 민간의 공동주거 또한 예외는 아니었던 것이다.

골목길 따라 놓인 홍파아파트

이 책에 등장하는 대다수 거리형 상가아파트들은 특정 지역 몇 군데에 몰려 있다. 충정로를 포함한 서대문 일대가 그렇고, 홍제동이 그렇다. 용산 지역 또한 예외가 아니다. 물론 사대문 안에도 여럿 존재한다. 반면 이 패턴에 잘 맞지 않는 경우도 있다. 동대문에서 한참을 더 간 제기동 길가에 홀로 우뚝 서 있는 홍파아파트가 그런 경우다. 일반적으로 잘 알려져 있지는 않지만 아파트 연구자들 사이에서는 꽤 유명한 건축이다.

제기로에서 본 홍파아파트.
골목길을 따라 서측면을 지그재그형으로 처리한
독특한 외관이다.

제기로를 따라 고려대 쪽에서 접근하면서 보면 홍파아파트의 특징이 한눈에 들어온다. 정면이 강조된 디자인이지만 한쪽 면이 좀처럼 보기 드문 지그재그형이다. 꺾이는 곳마다 창문이 있는 것으로 보아 조형과 실내 공간 계획을 정확히 일치시켰음을 알 수 있다. 이렇게 한 이유는 건물 주변을 돌아보면 쉽게 알 수 있다. 홍파아파트의 정면은 제기로라는 넓은 도로지만 그 측면은 좁은 골목길이다. 서쪽 골목길은 제기로13길로 불리는데 이 길은 45도 방향으로 비스듬히 나 있

홍파아파트 전경. 비교적 홀쭉한 비례다. 건물
오른쪽으로 돌아가면 마당이 있고 주거로
들어가는 출입구가 있다.

다. 이 골목길에 아파트의 배치를 맞추다 보니 지그재그형의 특이한
조형이 나온 것이다. 이것이 뭐 그리 대단한 일이냐고 반문할 수도 있
겠다. 하지만 아파트가 주변 지역, 특히 좁은 도로와의 관계를 이렇게
적극적으로 받아들여 제 몸을 구성하는 경우는 그리 많지 않다. 정면
뿐 아니라 골목길 쪽 1층에도 상가를 넣었다면 어땠을까 생각해보지
만 아마도 좁은 골목길에 상권이 형성되기는 어렵다고 판단했던 듯
하다. 결과적으로 담장을 쳐서 골목과 단절한 결정이 다소 아쉽다. 다

만 저층 단독주택과 아파트가 골목길을 따라 나름 연속성을 유지하면서 놓인 모습은 지금 봐도 인상적이다.

주 출입구는 오른쪽 골목으로 형성된 마당 겸 주차장 쪽으로 나 있다. 즉 상가와 주거의 입구는 철저하게 분리되어 있다. 가능하다면 이것이 가장 좋은 해결법이지만, 정면에만 도로가 있는 경우에는 실현하기 어려운 방식이다. 홍파아파트는 대지의 깊이 덕분에 뒤에 마당을 만들 수 있었고, 좌우로 측면도로가 있어서 이 문제를 해결할 수 있었다. 정면에서 바라본 홍파아파트는 폭 대 높이의 비가 거의 1 대 1로 상당히 홀쭉한 비례다. 그 덕분에 실제보다 높아 보이는 효과가 있다. 제기로 남쪽 일대는 홍파초등학교, 경동시장 등 기본적으로 낮은 건물들이 모인 지역이라 6층이라는 그리 높지 않은 건물인 홍파아파트가 지역의 망루 같은 존재감을 준다. 입면을 보면 창호와 벽체 그리고 발코니가 독특한 리듬감을 이룬다. 여섯 개 모듈로 좌우 대칭 구성을 하기 쉬웠을 텐데 그러지 않은 점도 재미있다. 내부 평형을 다양화하고 측면 세대의 평면 구성을 고민한 결과로 보인다.

홍파아파트는 지하 1층, 지상 6층 건물이다. 48세대가 입주해 있으니 작은 규모의 아파트다. 특이한 것은 지하층의 용도다. 겉보기에는 주차장이고 실제로 차량이 드나들 수 있는 램프가 두 군데나 있지만, 건축물대장에는 이곳이 주민 운동시설 태권도장으로 기록되어 있다. 공부(公簿)상 용도와 실제 용도가 일치하지 않는 경우는 워낙 흔하지만 이곳의 경우 건립 당시부터 지하층이 존재했다는 사실은 그 자체로 흥미롭다. 지하 공간은 만들기가 어려워서 그렇지 한번 만들어놓으면 시대에 따라 다양한 용도로 사용되는데 홍파아파트의 지하 공간도 그 예다.

홍파아파트 측면의
사선 골목길.

사용승인일은 1971년 10월 7일로 앞서 소개한 고은아파트나 연화 아파트보다도 시기적으로 오히려 몇 년 앞선다. 홍파아파트는 장흥 식이라는 사람이 지었다고 한다. 회사가 아닌 개인의 이름이 등장하는 것으로 보아 거대 자본이 아닌 개인 자본으로 지어진 건물이라 추측할 수 있다. 이 당시 아파트들의 규모가 지금보다 작고 각자의 개성이 살아 있는 것은 동원된 자본의 규모나 성격과도 관계가 깊다. 일부러 다양한 디자인을 만든 것이 아니라 상황 자체에 다양성이 있던 셈이다. 거대 자본에 의한 거대 단지로서 공동주거를 공급해온 그간의 상황을 돌아볼 때가 되었다.

반포주공
노선상가아파트

이별의
카운트다운

서래섬

◀한강

올림픽대로

🚇🚇 동작역

서울반포
초등학교

🚇 구반포역

국립서울현충원

◀반포천

0   200m

반포주공 노선상가아파트
무지개떡 지수
73

입지
20

형태
10

규모
15

보행
18

복합
10

| 총평 | 지역의 거점으로서 훌륭하게 기능해온 건물이다. 다만 애초 설계 의도와 맞지 않는 점이 많았다. 그럼에도 불구하고 앞으로의 복합건축 연구에 큰 교훈을 주는 건물이다. | **73**/100 |

| 입지 | 지역의 중심으로서 매우 활기 있는 가로에 면해 있다. | **20**/20 |

| 규모 | 지하실 없는 3층 건물로서 위치에 비하면 층수가 부족하다. 전체적인 규모는 상당하다. | **15**/20 |

| 복합 | 2, 3층의 주거가 상가로 용도 변경되어 복합적 성격이 떨어졌다. | **10**/20 |

| 보행자 친화성 | 보행자가 쉽게 접근할 수 있다. 특히 앞뒤로 열려 있어서 주민과 일반 시민이 모두 이용하기 편하다. 다만 차양 같은 것이 없는 점이 아쉽다. | **18**/20 |

| 형태 | 건축적으로 아름답다고 보기는 어렵다. 게다가 간판이 건물을 거의 덮고 있다. 사회적 합의가 좀 더 필요한 부분이다. | **10**/20 |

내 고향 강남

- 고등학교 시절 다녔던 상가 학원의 방이 아늑했던 기억.
- 초등학교 때 버스를 갈아타던 동네로서 남다른 애착.
- 이곳에서 필요한 모든 것을 해결.
- 언제 돌아와도 그대로인 고향 같은 느낌.
- 상가 3층을 주택형 사무실로 몇 달간 사용했던 기억.
- '반포치킨'은 인문학자들의 아지트.

강북 사대문 안 어느 오래된 동네 출신들의 추억담이 아니다. 강남하고도 신반포로 양쪽, 낡고 어수선하고 모양 없이 길쭉한 몇 개 건물에 대한 이야기다. 이 소박한 건물군과 그 길에 대한 사람들의 애착이 이 정도다. 소위 '강남 토박이'들의 정서다. 1974년에 완공되었으니 나이로 보면 이제 마흔이 조금 넘었다. 하지만 이 정도면 한 사람의 추억을 오롯이 담기에 충분한 시간이다. 꼭 수백 년 나이를 먹어야 역사를 논할 수 있는 것은 아니다. "꽃피는 산골"만 내 고향인 것도 아니다. 그렇다. 「강남 스타일」이 유쾌하게 희화화했던 그 강남도 알고 보면 이미 수많은 사람들에게 정든 고향이다. 그 무시할 수 없는 추억의 일부인 반포주공 노선상가아파트는 이 일대의 재건축 분위기 속에 이제 기억 너머로 사라질 준비를 하고 있다. 또 하나의 고향이 없어지려는 참이다.

1970년대 아파트 단지의 과도기적 성격

한국 아파트가 본격적으로 대규모 단지를 이룬 것은 1970년대부터다. 당시만 해도 아파트 단지는 과도기적 성격을 띠었다. 이전의 아파트는 지금 기준으로 보면 나 홀로 유형이 많았다. 길에 바짝 붙어 있는 경우도 흔했다. 이후 아파트는 점점 폐쇄적인 성격을 갖추어 지금은 빗장 공동체의 대명사가 되었다. 그러나 1970년대만 해도 아직 주변 지역이나 길에 대해서 비교적 열려 있었다. 아파트 단지가 본격적으로 주변에 담장을 두르고 길과의 관계를 차단하는 방식으로 전환된 것은 1980년대에 들어서다. 1970년대 아파트 단지의 느슨한 과도기적 성격을 잘 보여주는 사례가 바로 이 구반포의 노선상가아파트가 속한 반포주공 1단지다.

1972년에서 1974년 사이에 건립된 이 단지는 무려 3786세대 규모의 대단지다. 지금도 구반포 대부분의 지역을 차지한다. 5층 이하로, 엘리베이터가 없는 소위 워크업(walk-up) 유형으로서 전형적인 근대건축의 미학을 보여준다. 좋게 말해 간결하고, 나쁘게 말하자면 무미건조하다. 건축계에 이와 관련된 농담이 하나 있다. 사람들 한 무리가 건축가들의 인솔로 근대건축 성지의 하나인 독일 슈투트가르트 근교의 바이센호프 주택 단지를 보러 갔다. 건축가들이 열심히 이 건물들의 중요성을 설명하는데 그중 한 사람이 "왜 이 먼 데까지 와서 반포주공아파트를 봐야 하냐."라고 말했다는 것이다. 지금은 반포주공아파트에 워낙 수목이 울창하게 자라서 어딘가 북유럽을 연상케 하는 낭만적 분위기가 생겼다. 아파트 단지 주변에 담장이 없어 사람의 통행이 제한받지 않는다. 각 동마다 수위실이 있는 것도 아니어서 누구

구반포 일대의 전경.
현재 전면적인 재건축을 앞두고 있다.

의 제지를 받지 않고도 자유롭게 다닐 수 있다. 이러한 개방적 태도를
잘 보여주는 것이 바로 신반포로를 따라 양쪽에 서 있는 몇 동의 노
선상가아파트다. 최대 424미터에 달하는 상당히 긴 건물군이다.

안타깝지만 시각적으로는 결코 아름답다고 볼 수 없다. 간판이 혼
란스럽게 나붙었고 말이 상가아파트지 당초 주거였던 2층과 3층은
이미 용도 변경되어 주로 학원들이 들어갔다. 건립 후 10년 정도 지났
을 때부터 생긴 변화라고 한다. 특이하게도 단지 내 다른 건물들이 5층
인데 유독 거리에 면한 상가아파트는 3층으로 오히려 더 낮다. 상가
가 저 정도로 활성화되리라 예상하지 못했고, 주거도 큰길가라서 인
기가 없으리라 생각했던 결과라고 짐작된다. 만약 상가아파트도 5층

가로변에 면해 있지만 엄연히 대규모 단지의 일부다.
단지 주민과 일반 시민이 모두 이용한다.
2, 3층은 원래 주거였으나 용도 변경되어 대부분
학원이 들어가 있다.

이어서 아래 두 층이 상가이고 그 위 세 층이 주거였다면 지금보다 훨씬 안정적인 모습이었을 것이다. 이 책에서 다루지는 않지만 동부 이촌동 한강맨션의 노선상가아파트가 바로 그런 경우다.

이 건물군은 아파트 주민만을 상대하지 않는다. 수많은 버스 노선이 지나가는 신반포로의 특성상 유동인구가 상당하며 이들 또한 상가를 찾는 고객들이다. 9호선 구반포역이 들어서면서 그 성격은 더욱 강화되었다. 그야말로 지역의 거점이다. 덕분에 몇몇 장소가 상당한 지명도를 얻었다. 위에서 언급한 반포치킨은 인문학자들의 발길이 하도 잦아서 재건축을 하더라도 '한국 인문학의 성지'로 보존해야 한다는 농담이 있을 정도다. '반포집(수제비)', '애플하우스(떡볶이)' 등 맛집으로 유명세를 타는 곳도 있다. 단지 주민만 이용하는 상가라면 이런 현상이 생기기는 어려웠겠다.

흥미로운 점은 이 건물군이 전면의 도로와 후면의 단지를 대하는 태도다. 전면에만 상가가 자리할 것 같으나 뒤로 돌아가보면 단지 쪽으로도 열려 있다. 이러한 사실은 이 노선상가아파트가 애초에 어떤 의도로 계획되었는지 명확하게 보여준다. 즉 이곳은 대규모 아파트 단지에 엄연히 속해 있는 동시에 일반 시민에게도 열려 있다. 바로 이런 개방성이 이 건물에 대한 많은 사람들의 애정과 추억이 자라나게 하는 토양이다.

대단지 설계자들의 고민

주공이라는 거대 조직이 지은 건물이므로 설계자들의 존재가 따로 알려져 있지 않다. 그러나 그들은 나름대로 치밀하고 섬세한 고민을 했던 것 같다. 2, 3층의 주거는 36평으로, 당시로서는 상당히 대형 평수다. 나름 고급 주거였다는 이야기다. 당연히 채광을 위해 비교적 가로 폭이 넓다. 이에 반해서 그 아래의 상가는 주거를 반으로 자른 형태다. 즉 폭이 좁고 깊은 평면을 얻는다. 이것은 상업가로를 만드는 기본 원칙, 즉 주어진 거리에 가능한 많은 상가를 집어넣는다는 개념을 충실히 따른 결과다. 그 결과 정면의 프런티지(frontage)는 좁지만 내부 공간에 깊이가 생기고 양쪽에서 접근이 가능해진다. 이렇게 좁고 긴 평면 형상은 동서고금을 막론하고 상업가로에 보편적으로 발견되는 유형이다. 유럽의 상인 주거가 그렇고, 일본의 나가야(長屋, 일본식 연립주택)가 그렇고, 베트남의 보편적 도시건축도 그렇다. 한편 주거로 올라가는 계단을 후면, 즉 단지에 면한 쪽에 놓음으로써 주거는 엄연히 단지에 속한다는 점을 확실히 한다.

설계자들의 섬세함은 건물의 방위를 다루는 데에서도 드러난다. 신반포로를 중심으로 남쪽에 H, J, L동이, 북쪽에 G, I, K, M동이 있다. 언뜻 생각하면 같은 평면을 데칼코마니처럼 마주 보도록 뒤집어 적용했을 것 같지만 이들은 그러지 않았다. 남향을 선호하는 문화를 고려해서 모든 거실이 남쪽을 향하게 했다. 그 결과 남쪽 건물군은 거실과 계단실이 남향으로 붙어 있고, 북쪽 건물군은 계단실이 북쪽, 거실이 남쪽에 있다. 그리고 이러한 차이가 발코니, 주방의 위치 등 수많은 세부 변화를 만들어낸다. 즉 유사하지만 같은 평면은 아니다. 신반포로가 동서로 달리고 있어서 다행이지 남북으로 달리고 있어서 주거가 동향이나 서향이어야 하는 상황이었다면 과연 어땠을까 자못 궁금해진다. 주방에 딸린 작은 침실이 있는데 요즘 용어로 하면 재택

245

신반포로의 남쪽과 북쪽. 신반포로의 폭은 30미터인데,
이 정도면 길 양쪽의 사람들끼리 서로 식별이 가능하다.
양쪽 건물의 평면은 서로 다르지만 입면은 유사하다.

가사도우미를 위한 방으로 당시의 시대적 분위기를 짐작하게 한다.

이렇게 이야기하면 신반포로 양쪽의 건물 입면이 매우 다를 것 같다. 하지만 그렇지 않다는 것 또한 이 설계의 묘미다. 워낙 간판으로 뒤덮여 있기는 해도 그다지 큰 차이는 없다. 거실 창도 시원하게 열린 통창이 아니라 가로로 긴 창이다. 일반 방의 창과 높이는 같으나 길이만 다르다. 즉 거리에 직접 면하고 있음을 고려해서 주거 부분 창의 크기와 형태를 조절했다. 단지 내부의 일반 아파트 거실 창이 통창인 것을 보면 이는 매우 의도적인 결과다. 동시에 거리의 통일적인 분위기를 위해서도 매우 적절하고 사려 깊은 조치다. 지금의 다소 초라한 모습에 가려 만만치 않은 생각의 깊이가 느껴지지 않을 뿐이다.

미래의 선택은

현재 논의가 진행 중인 이 일대의 재건축사업이 시작되면 갓 불혹을 넘긴 이 노선상가아파트의 운명도 결정된다. 물리적인 실체가 사라질 가능성은 거의 100퍼센트다. 다만 그 유형적 개념이 유지될 것인가라는 질문을 던져본다. 우리 시대의 사람들은 가로변에 사는 것을 어떻게 생각할까? 대체적으로 나이가 젊을수록 그리고 도시에서 태어나고 자란 사람일수록 이러한 생활 방식을 쉽게 받아들이는 듯하다. 낙원상가, 세운상가, 서소문아파트 등 대표적인 도심형 상가아파트들의 입주자 중에 젊은 층이 늘어난다는 사실을 주목할 필요가 있다. 인터넷에서 찾아본 여러 조감도를 보면, 단지 내부는 고층화된

부분이 많지만 신반포로를 따라서 저층 건물군이 여전히 길게 늘어서 있기도 하다. 워낙 변수가 많은 프로젝트여서 최종적으로 어떤 안으로 진행될지 현재로서는 알 수 없다. 애초에 한꺼번에 개발되었던 주공 1단지와는 달리 재건축은 몇 구역으로 나뉘어 진행된다. 따라서 반포로 양쪽 가로변의 경관이나 도시 구조가 서로 달라질 가능성도 있다. 욕심을 내보자면 이 노선상가아파트의 개념이 좀 더 발전된 형태로 다시 구현되는 것, 그리고 사회적 논의와 합의의 과정을 통해서 반포로의 양쪽이 어느 정도의 통일성을 갖추는 것, 이렇게 두 가지를 제안하고 싶다.

마지막으로 건물은 변해도 그 장소의 성격은 유지되기를 바라면서, 마침 이 지역에서 어린 시절을 보낸 재미 건축가 지정우가 SNS에 올린 증언을 옮겨본다. 이곳을 고향으로 생각하는 주민의 입장에서 쓴 글이기 때문에 단지의 개방성보다는 내향적 소속감이 잘 드러난다.

양쪽에 상가가 길게 있었기 때문에 가운데의 신반포로는 도로임에도 어떤 커뮤니티의 분위기를 형성했습니다. 몇 군데의 횡단보도들이 그런 커뮤니티 장의 역할을 했고 보도 양쪽에서 서로 지인들과 동네 주민들, 친구들을 발견하고 부르며 "내가 건너갈게." 등의 손짓을 할 수 있는 공간이었습니다. 한편 안쪽에 한신종합상가와 그 더 안쪽에 반포 상가열이 하나 더 있어서 "없는 게 없는" "밖으로 나갈 필요가 없는" 동네가 되었지요.

아파트나 상가나 형태적으로는 중성적인 모더니즘이어서 이 지역 주민들의 정서에 맞았던 것 같습니다. 그래서 이후의 압구정이나 청담의 트렌디한 변화들과는 다른, 언제 돌아와도 고향 같은 느낌을 갖는 분들이 많았던 것 같습니다.

타워팰리스

'초고층 주상복합'이라는
현상

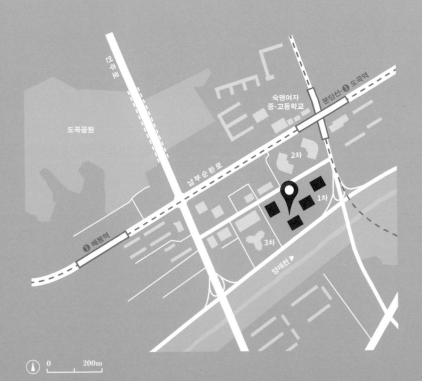

도곡공원

오재

숙명여자
중·고등학교

분당선 ❸ 도곡역

남부순환로

2차

1차

❸ 매봉역

3차

양재천 ▶

0   200m

타워팰리스
무지개떡 지수
80

입지
18

형태
16

규모
16

보행
16

복합
14

20

10

0

총평 주상복합이라는 명칭에도 불구하고 복합도가 높지 않아 그 명   **80**/100
칭을 도입한 것에 더 의미가 있다고 하겠다. 좀 더 복합도가 높
고 도심에 가까운 유형이 나오기를 기대해본다.

입지 상업 지역이지만 주변 일대의 성격을 보면 오히려 주거 지역에   **18**/20
가깝다. 주거지로서는 양호하지만 상업적 성격은 약하다.

규모 초거대 건물군으로 일반적인 커뮤니티의 개념을 훨씬 초과하   **16**/20
는 규모다.

복합 주상복합으로 부를 수 없을 정도로 주거 위주의 건물로서 복합   **14**/20
도를 논하기 어렵다.

보행자 상가동의 전면은 보행자가 쉽게 접근할 수 있으나 주거 타워는   **16**/20
친화성 그렇지 않다. 일부 외부 공간은 개방적이지만 외부인의 접근은
심리적으로 차단된다.

형태 일종의 도시 모뉴먼트로 계획되어 멀리서 군집으로 보았을 때   **16**/20
가 더 효과적이다.

대한민국 성공 신화의 상징

한국의 무지개떡 건축을 추적하는 책을 쓰기 시작하면서 피해 갈 수 없는 몇 개 사례가 있었다. 그중 하나가 타워팰리스다. 이유는 간단하다. '초고층 주상복합'이라는 새로운 유형의 건축을 사회에 각인했기 때문이다. 그 이전과 이후에도 주상복합이 있었지만 이 건물만큼 큰 관심을 끈 경우는 없다. 물론 지금은 이전에 비해 타워팰리스 자체에 대한 이야기는 많이 줄었다. 하지만 타워팰리스로 대표되는 초고층 주상복합건축의 바람은 아직도 대한민국 전역에 불고 있다. 이런 건축물 중에는 도심형 주거라는 애초의 선언과는 달리, 주변에 아무것도 없는 허허벌판에 들어서는 경우도 있다. 어떤 식으로 평가하든 여러 가지 의미에서 한 시대를 연 건물이라는 데는 이견이 없다. 다만 "대한민국 1퍼센트에 대해서 상위 0.1퍼센트의 존재를 보여 줬다."라는 식의 평가보다는 도시 공간을 점유하는 방식, 복합 등의 이슈가 이 글의 관심사다.

세운상가와 마찬가지로 타워팰리스도 단일 건물이 아닌 건물의 집합이며 그 안에 상대적인 다양성이 존재한다. 1차(사용승인일: 2002년 10월 30일)의 A, B, C, D동과 상가동, 2차(사용승인일: 2003년 2월 28일)의 E, F동, 3차(사용승인일: 2004년 4월 19일)의 G동과 S동(반트)까지 포함하면 총 아홉 개의 거대 건물이 모여 있다. 상대적으로 저층인 체육시설 반트조차도 건축면적이 세종로 정부종합청사에 육박하는 4270제곱미터에 지상 7층 규모다. 가장 낮은 D동이 42층이고 가장 높은 G동은 69층으로, 주거용 건물로서는 세계적으로도 상위에 랭크되어 있다. 타워팰리스는 실로 중후장대한 건물의 집합체다. 양재천에서 바

양재천에서 바라본 타워팰리스.
압도적인 경관이다.

라보면 자연 속에 우뚝 솟은 건물의 숲이 가히 장관을 이룬다. 삼일고
가도로와 삼일빌딩이 개발 시대의 아이콘이었다면, 이 장면을 오늘
날 대한민국 성공 신화의 상징으로 삼고 싶어 하는 이들이 있을 것이
다.

　타워팰리스는 동으로는 선릉로, 서로는 언주로, 북으로는 남부순
환로 그리고 남으로는 양재천에 접해 있다. 이 영역 안에는 대림아크
로빌을 비롯한 다른 건물들도 속해 있다. 이 중 남부순환로는 워낙 서
울의 중요한 도로로서 2차의 E, F동이 여기에 인접할 뿐 아니라 도곡
역의 4번 출구도 이 방향으로 나 있다. 따라서 타워팰리스로서는 매

우 중요한 도로일 것 같지만 현장에서 보면 실상은 다르다. 타워팰리스의 대지는 남부순환로보다 사람 키 정도로 높은 데다가 길과 면한 부분은 빽빽하게 조경되어 있다. 200미터에 이르는 도로변에 조경의 장벽이 쳐진 것이다. 인근의 또 다른 주상복합인 아카데미스위트가 저층부를 길에 온전히 열고 있는 것과는 매우 대조되는 방식이다. 이 아카데미스위트도 무려 51층으로 덩치가 만만치 않은데, 두 건축물이 도시를 대하는 태도는 크게 차이 난다.

열린 듯 막힌 듯

그렇다면 타워팰리스는 주변으로부터 폐쇄된 소위 빗장 공동체인가? 물론 주거 타워 부분은 그렇지만, 나머지 저층부는 의외로 그렇지 않다. 여기서 중요한 역할을 하는 요소는 타워팰리스의 건물군 사이를 비스듬하게 동서로 관통하는 언주로30길이다. 전체 길이 500미터 남짓한 이 길에서 타워팰리스 영역이라고 할 만한 구간은 400미터 정도다. 그리고 이 도로를 향해서 타워팰리스의 각 건물은 의외로 개방적인 태도를 보인다. 1차 상가동이 바로 이 길에 면해 있으며, 여기서 야외 계단을 타고 오르면 네 동의 타워 사이에 조성된 덱(deck)은 물론이고 양재천 쪽에 면한 조경 공간으로의 진입도 가능하다. 다만 그 경로가 한눈에 들어오지 않아서 알고 찾아가지 않으면 접근이 가능한지조차 가늠하기 어렵다.

2차의 E, F동의 하부도 필로티(pilotis)*로 개방되어 '누구나' 드나들 수 있다. 다만 이 건물에 살지 않는 한 특별히 찾아갈 이유가 있는

타워팰리스 1차의 로비.
물론 여기서부터 외부인은 출입할 수 없다.

곳은 아니다. 지하철역으로의 접근이 완공 이후 조경으로 차단되어 더욱더 그렇다. 2차의 지하에 있는 스타슈퍼는 말이 슈퍼지 실상은 백화점 식품관 수준의 식품 매장으로 도곡역 4번 출구에서 지상과 지하로 접근이 가능하다. 도곡역이 워낙 깊기 때문에 지하에서 이곳까지 에스컬레이터로 연결된다. 한편 이 일대의 언주로30길에는 신호등이 아예 없거나 있어도 작동하지 않는다. 처음에는 신호등이 있었으나 교통 혼잡을 이유로 철거되었다고 한다. 자동차와 사람이 서로 적당히 알아서 움직이는 모습은 자연스러워 보이면서도 어쩐지 다른 세상을 들여다보는 것 같다. 이처럼 타워팰리스가 도시를 대하는 태도에는 '느슨한 폐쇄성'이 있다. 즉 물리적으로 문을 걸어 잠그고 자기들만의 세상을 만들었다고 할 수는 없으되, 그렇다고 주변과 적극적으로 소통하는 것 또한 아니다. 나름 세련된 방식을 통해 원하는 목적을 달성하는 셈이다. 누군가가 고민을 많이 했을 것이다.

상업 지역의 용적률을 이용한 부동산 상품

그럼에도 이 책에서 다루는 수많은 다른 사례들과 비교해볼 때 인근 지역에 대한 타워팰리스의 개방성은 실상 현저히 떨어진다. 여기에는 분명히 사회계층적 요인도 있을 것이나 타워팰리스라는 건물군이 갖는 매우 근본적인 성격 또한 작용한다고 생각한다. 이 지점에서

◆ 건축물의 1층은 기둥만 서는 공간으로
하고 2층 이상에 방을 짓는 근대건축
방법으로 르코르뷔지에가 제창했다.

아름답게 꾸며진 이 정원은 사실상 개방되어 있다.
다만 그 경로가 한눈에 들어오지는 않는다.

1차의 상가동. 이 부분은 도시에 대해 상당히 열려 있다.
전면의 도로에는 신호등이 없다.

타워팰리스가 일반적으로 알려져 있듯 과연 주상복합건축이라고 볼 수 있는지 질문을 제기하려고 한다. 이 질문은 나아가 '한국의 수많은 소위 주상복합건축은 과연 그 이름에 부합하는 성격을 지녔는가?'라는 질문으로 확대할 수 있다. 물론 이런 질문을 던지는 이면에는 '그렇지 않은 것 같다'는 생각이 깔려 있다.

그 이유는 다음과 같다. 주상복합이라는 유형이 처음 등장했을 때 그 목적은 기본적으로 도심의 고밀도 복합 개발을 통해 직주근접을 도모하고 도심 공동화를 방지하는 데 있었다. 즉 수평적 용도지역 개념에 반하거나 이를 보완하는 개념으로서 수직 도시를 만들려는 의도였다. 하나의 건물이 하나의 커뮤니티로서 어느 정도 기능하는 것이 중요하기 때문에 주거와 비주거 기능 간의 적절한 균형은 상당히 핵심적이었다. 도심형 주상복합이 많은 뉴욕의 경우, 한 건물 안에서 도로에 면한 부분은 상가, 그 위는 사무실 혹은 호텔, 그리고 제일 윗부분에 주거가 자리 잡는 경우가 많다. 물론 거주자의 직장이 같은 건물 안에 있을 확률은 그리 높지 않지만, 평균적으로 이런 건물이 많이 들어섬으로써 직주근접의 가능성이 높아지는 것은 사실이다.

이런 개념으로 지어지는 건물들은 당연히 외부인의 출입이 많을 수밖에 없기 때문에 도로에 대해 개방적인 태도를 띠게 된다. 뉴욕은 이런 성격의 복합건물이 많은 덕에 자동차 없이 도심에 거주하는 인구가 상당한 비중을 차지하는, 전혀 미국스럽지 않은 도시로 자리매김할 수 있었다. 이들 대부분이 걷거나 대중교통 수단에 의존하여 일상생활을 영위하기 때문에 이와 관련된 에너지 소비를 줄일 수 있다는 장점도 있다. 하버드대학교의 도시경제학자인 에드워드 글레이저(Edward Glaeser)가 『도시의 승리』(해냄, 2011)에서 맨해튼이야말로 세계

에서 가장 친환경적인 인간 정주 환경이라고 했던 데에는 이런 배경
이 있는 것이다.

그런데 타워팰리스를 비롯한 한국의 주상복합건축은 대부분 이
런 성격과는 거리가 멀다. 한마디로 주거 부분의 비율이 너무 높다.
그 비율은 법으로 정하는데, 한때는 주거 비율을 90퍼센트까지 인정
해주기도 했다. 그러니 결국 한국의 주상복합이란 복합건축에 대한
이론적 성찰의 결과라기보다는 상업 지역의 높은 용적률을 이용해서
고급 아파트를 공급하기 위한 부동산 상품에 불과하다. 상업 지역이
므로 일조권의 영향도 받지 않고, 심지어 일반 아파트에 적용되는 인
동 간격 규정에서도 상당히 자유롭다. 거의 주거 전용이나 다름없으
므로 주변 지역에 방어적인 태도를 취하는 것을 피하기 어렵다. 이것
이 바로 타워팰리스가 '느슨한 폐쇄성'을 얻게 된 주된 이유다.

건축물대장을 열람하면 이런 성격이 더욱 명확하게 드러난다. 전
체 주거 타워 중에서 업무시설이나 오피스텔이 들어가 있는 것은 1차
의 D동, 2차의 E동, 3차의 G동이다. 나머지는 전부 순수하게 "아파
트"로 명기되어 있다. 그나마 오피스텔 또한 소위 주거형으로서, 이
론적으로는 사업자등록이 가능하지만 다소 제약이 있고 실제로 그
런 사례는 무시해도 좋을 정도라 알려져 있다. 즉 타워팰리스는 일부
상가를 제외하고는 전체 건물 대부분이 주거용으로 사용되는 건물이
다. 법적 용어와 일상 언어와의 간극을 무시하고 이야기하자면 주상
복합이 아니고 그냥 아파트다. 게다가 이 도곡역 일대는 도심이나 부
도심이 아니고 주거 지역에 일부 상업 지역이 침투한 정도이므로, 주
상복합건축의 당초 취지에 잘 부합되지 않는다. 제한된 상업 지역에
고밀도로 지어진 단지형 고급 아파트 정도로 이해하는 것이 낫다. 주

2차에서 본 남부순환로 너머의 풍경. 타워팰리스
주변은 일부를 제외하고는 주거 지역일 뿐이다.

상복합의 원래 의미에 훨씬 근접하는 사례는 피어선아파트 이후 광
화문 일대에 지어진 주상복합건물들에서 찾는 것이 적절하다.

초고층 주상복합과 한옥 부흥의 공통점

분명히 타워팰리스는 한국 주거사에 획기적인 사건이었다. 토지
밀착형 삶을 이상으로 삼아온 한국인들에게 이전 시대의 아파트가

주었던 것을 훨씬 상회하는 충격을 주었다. 이제 사람이 땅을 떠나 완전히 구름 위에 살게 되었다! 흥미롭게도 타워팰리스를 필두로 초고층 주상복합이 지어지기 시작한 시점은, 서울의 북촌을 중심으로 전통 주거인 한옥이 다시 사람들의 관심을 끌기 시작한 시기와 거의 일치한다. 이 두 유형은 어찌 보면 개념상 서로 완전한 극단처럼 보이지만, 엄격히 말해 본격적인 도심형 주거 유형은 아니라는 점에서 상통한다.

주거 전체로 보면 이전에 비해서 선택권이 훨씬 다양해졌다는 의미이기는 하다. 그럼에도 도로와의 관계, 인구의 구성, 복합적 성격 등을 살폈을 때 보편적 도시건축의 유형으로서 이 둘의 한계는 너무나 명확하다. 이 책에서 1960~1970년대의 가로형 상가아파트를 집중적으로 조명하는 이유가 바로 이것이다. 이들은 거리에 면해 있으면서 가로의 활력에 기여했다. 상가는 입주민을 위한 것이기도 했지만, 인근 지역 주민 또한 혜택의 대상으로 삼았다. 이처럼 우리에게도 한때 본격적인 도심형 상가아파트가 대량으로 공급되던 시대가 있었다. 그러나 전원형 방식인 단지 유형이 보편화되면서 그 시대는 저물었다. 앞으로 그 유형이 훨씬 진화된 형태로 다시 돌아오리라는 믿음, 그리고 그 믿음을 현실로 만들 필요가 있다는 의지를 담아 이 책을 쓰고 있다. 직주근접의 가능성을 높이면 개인의 삶과 지구 환경 모두에 기여할 수 있다. 그리고 주민뿐 아니라 인근 지역에 개방된 건물은 도시의 활력을 높일 뿐 아니라 시민사회의 정신을 고양한다. 그러한 유형이 바로 이 책에서 말하는 무지개떡 건축이다. 타워팰리스는 이를 향해 가는 과정에서 등장한 과도기적 형태일 뿐이다.

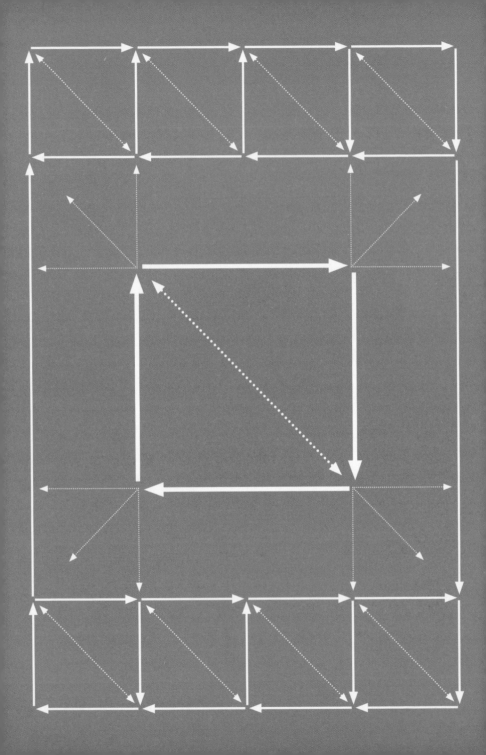

3부
시장 결합형
무지개떡 건축

대개 상가아파트는 지역의 중심 상권에
위치해 있는 경우가 많다. 그러다 보니
상가아파트가 들어서 상가 기능을
갖추기 이전부터 시장이 자리 잡고
있던 곳도 여럿이다. 몇몇 상가아파트는
그것이 면하고 있는 거리에 대해
그러하듯, 전통시장 혹은 재래시장과
적극적으로 관계를 맺음으로써 도시의
활력에 기여하고, 때때로 특별한 도시적
드라마를 펼쳐낸다.
3부에서는 무지개떡 건축이 건물 주변
공간, 특히 시장과 어떻게 결합하여
그 자신과 도시의 복합적인 풍경을
만들어내는지 살펴본다.

좌원상가아파트

지명도 낮은 건물의
수수께끼

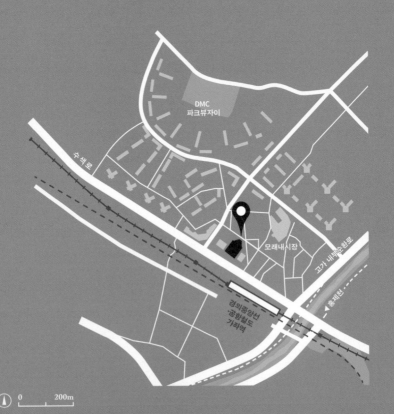

좌원상가아파트
무지개떡 지수
84

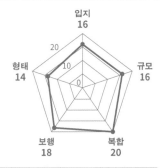

입지
16

20
형태　　　10　　　규모
14　　　　0　　　16

보행　　복합
18　　20

| 총평 | 건축 계획 면에서는 문제가 많은 건물이지만 여러 자료를 종합해보면 한국 최초의 주상복합일 가능성이 있다. 주거 부분에 작은 중정을 여러 개 만들어 채광과 환기를 개선하고 몇 개 층을 수직 증축한다면 상당히 흥미로운 건축 유형이 될 것이다. | **84**/100 |

| 입지 | 모래내라는 서울 서북 지역의 거점에 위치한다. 길 건너편이 가좌역이고 도로가 발달하여 시내와의 연결이 수월하다. 다만 저층 주거용 건물로서는 전면도로가 매우 넓고 교통량이 많다. | **16**/20 |

| 규모 | 전체 네 개 층으로 건축면적이 8677제곱미터인 대형 건물이다. 다만 수평으로만 확장된 형태라 쾌적함이 부족하다. | **16**/20 |

| 복합 | 전체 네 개 층에서 상가가 두 개 층이고 나머지는 주거다. 1 대 1의 비율이므로 복합 비율은 매우 높다. | **20**/20 |

| 보행자 친화성 | 사면이 모두 도로인 드문 경우이므로 건물과 도로 간의 보행자 접근성은 좋다고 할 수 있다. 다만 전면도로인 수색로가 건물 입구보다 높아서 보행에 불편이 있다. | **18**/20 |

| 형태 | 외관으로만 보면 주거용 건물이라고 생각하기 어려울 정도로 별다른 조형적 고려가 느껴지지 않는다. 상가와 주거의 구별도 거의 없다. 넓적한 평면인 데 비하면 채광과 환기에 대한 고려도 부족하다. | **14**/20 |

모래내 그리고 가재울

답사를 다니다 보면 갈등이 생긴다. 원래 알았거나 누군가에게 제보를 받아서 대상을 정하고 나면 그 건물에 관한 자료를 우선 모으기 시작한다. 그러고 나서 네이버나 다음의 스트리트뷰로 외관을 확인한다. 이 과정에서 이야기할 만한 것을 발견하지 못하면 '여길 꼭 가야 하나?' 하는 생각이 든다. 굳이 이 건물을 언급하지 않아도 될 이유들이 생각나기 시작한다. 꾀가 나는 것이라고 볼 수도 있지만, 한편으로는 제한된 지면에 가급적 적절하고 유의미한 사례를 소개하고 싶다는 욕심 때문이기도 하다. 하지만 결론은 항상 같다. 일단 가서 보고 결정해야 한다. 그리고 막상 실물을 대하면 어떤 충실한 자료로도 대체할 수 없는 구체성과 현실성이 밀려온다. "건물이 말을 걸어온다."라는 표현은 절대 과장이 아니다. 사람을 대하는 것과 다르지 않다. 모래내에 있는 좌원상가아파트는 하마터면 만나지 못할 뻔했다. 그러나 생각을 고쳐먹고 찾아간 것이 매우 잘한 일이었다고 지금도 생각한다.

잘 알려진 것처럼 홍제천의 다른 이름은 모래내(沙川)다. 유난히 모래가 많아서인데 실제로 홍제천을 따라 걸어보면 옛말이 틀리지 않다. 서울 서북부 지역의 물이 모여 만들어진 홍제천은 그 모래 또한 북한산과 인왕산, 안산 등이 제 몸의 일부를 흘려보내주어 형성된 것이다. 한국 산들은 화강암 위주이기 때문에 하천도 그 화강암이 풍화, 마모된 모래와 자갈을 많이 품을 수밖에 없다. 서울뿐 아니라 인천에도 모래내가 있는 것은 이런 이유다. 홍제천 전체가 이런 모래 하천, 즉 모래내인데, 유독 그중 한 지역을 특정해서 모래내라고 부르는 것

좌원상가아파트 전경. 가로 폭이 넓고 전면도로인
수색로보다 건물이 낮아 매우 납작하게 보인다.
1, 2층은 상가, 3, 4층은 공동주거다.

또한 재미있다.

모래내의 서쪽 일대는 인근의 가좌역이라는 이름에서도 알 수 있
듯이 가좌(加佐)라고도 불린다. 가좌는 우리말로 가재울이다. 모래내
의 물이 맑아 가재가 많이 살았기 때문이라는 설이 유력하다. 지금도
인근 주민들이 홍제천 여기저기에서 물놀이를 할 정도다. 사람뿐 아
니라 오리, 백로, 잉어 등등이 흔해서 특별히 눈길이 가지도 않는다.
한편 그 물길에 기둥을 막아서 만든 내부순환로 덕분에 자연과 인공
이 매우 극적인 대비를 이루는 하천이기도 하다. 가좌역은 용산역에
서 시작된 경의중앙선(혹은 용산선)과 서울역에서 시작된 같은 이름의
경의중앙선이 합쳐지는 곳이다. 이 가좌역에서 수색로를 건너면 길

가에 낮고 넓적한 오래된 건물 하나가 웅크리고 있다. 심지어 건물 입구가 길보다도 낮기 때문에 더욱 그래 보인다. 이곳이 바로 좌원상가아파트다. 서대문구 수색로 42번지가 그 주소다.

건물 안으로 들어온 도로

좌원상가아파트는 몇 가지 면에서 특별하다. 우선 첫 번째로, 평면의 비례가 예사롭지 않다. 하늘에서 본 좌원상가아파트는 크게 두 부분으로 되어 있다. 수색로에 면한 전면부는 폭 41미터, 깊이 46미터로 정방형에 가깝다. 지상 4층 건물이지만 별로 높아 보이지 않는 것은 단순히 건물이 길보다 낮기 때문만은 아니다. 워낙 전면이 넓어 더욱 그렇게 보이는 것이다. 나중에 증축한 후면부는 사다리꼴 모양으로 지하 1층, 지상 2층을 이룬다. 건물의 평면이 이렇게 넓으면 특별한 설계상 조치 없이 주거를 집어넣기란 불가능하다. 충정로 미동아파트처럼 과감하게 양쪽에 복도가 있는, 외기에 면하지 않는 세대를 넣거나(유람선형 평면) 개방형 혹은 천창형 중정이 확보되어야 한다. 좌원상가아파트는 폭 대 깊이가 각각 32미터와 47미터인 삼각지의 삼각아파트보다도 평면이 넓다. 그러나 삼각아파트가 개방형 중정을 품은 것과는 달리, 좌원상가아파트는 두 개의 천창을 넣어 환기와 채광을 해결했다. 주거로 사용 중인 3, 4층을 관통하는 두 층 높이의 중정이 있었으리라 추정한다. 그런데 옥상에 올라가서 보면 중정을 덮은 두 개의 천창은 현재 막힌 듯 보인다. 지금 건물 내부의 환기와 채광은 도대체 어떻게 해결하고 있는 것일까. 4층의 주거 내부에는 천

좌원상가아파트 옥상. 중정이 있었음 직한 위치의 천창이 모두 막혀 있다.
뒤에는 DMC파크뷰자이아파트가 로마 군단처럼 서 있다.

장에 약 30×60센티미터 정도의 채광창이 보이지만 들어오는 빛의
양은 매우 적다.

또 다른 점은 내부의 복도 및 통로 구성에 대한 것이다. 마침 경희
대학교 김일현 교수 연구실에서 이 건물에 대한 연구와 조사를 진행
하고 있는 이우석 씨로부터 도면을 제공받을 수 있었다. 도면을 살펴
보니 간단히 말해서 건물 내부의 복도 구성이 우리가 일반적으로 보
는 것과 아주 달랐다. 1층의 경우 편복도나 중복도, 이런 차원이 아니
라 무려 삼중 복도가 나 있다. 그것도 한 방향이 아니라 두 방향으로
직교한다. 따라서 그 안에는 수많은 공간의 분화가 일어난다. 4×4의

마방진을 연상하면 되겠다. 나머지 층들은 이보다는 복도 구성이 간단하지만, 여전히 넓은 평면에서 오는 고뇌와 한계가 여실하다.

1층은 실제로 가서 보면 상당히 놀랍다. 우선 복도와 도로 사이에 문이 없이 바로 외기에 열려 있다. 게다가 바닥재도 일반적으로 건물 실내에서 보는 것이 아니라 인도에 사용하는 것과 같은 보도블록이다. 즉 복도라기보다는 도로가 건물 안에 들어와 있는 셈이다. 마치 원래 작은 건물과 골목길이 얽혀 있던 자리 위에 넓적한 건물을 올려 놓은 것 같다고 할까. 게다가 그 안이 워낙 복잡하고 황량하다. 건물 외곽에 있는 상가만 영업하고 있을 뿐, 내부에서는 이렇다 할 상업 활동을 확인하기 어려웠다. 그 이유를 나중에 알게 되었다. 2008년 11월 28일 밤에 1층 상가에서 합선이나 방화로 추정되는 화재가 일어났던 것이다. 그 피해가 아직 충분히 복구되지 않은 듯하다.

세운상가보다 오래된 주상복합건축

좌원상가아파트의 연혁 또한 주목할 만하다. 건축물대장상으로 이 아파트는 1966년 12월 23일에 사용승인을 받았다. 대다수 사람들에게 이런 숫자는 별 의미 없을지 모르지만 아파트 역사에 관심이 있는 사람들에게는 그렇지 않다. 올해로 50년이 되었으니 상당히 오래된 건물이다. 이 책에 등장하는 국내 건물 중에 이보다 오래된 것은 거의 없다고 보면 된다. 1930년 지어진 충정아파트, 1940년대에 지어진 것으로 추정되는 옥인동의 2층 한옥상가나, 1950년대 말에 지어진 서울역 앞 관문빌딩 정도만이 예외다. 이런 기록에 근거해서 말하

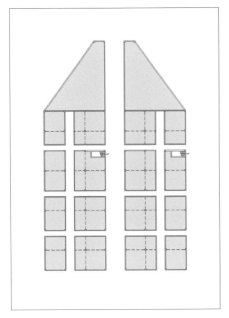

좌원상가아파트 1층의 평면. 가로,
세로 각 세 줄의 복도가 교차하고
있다. 출입구가 별도로 없어서
복도라기보다는 골목길 같다.

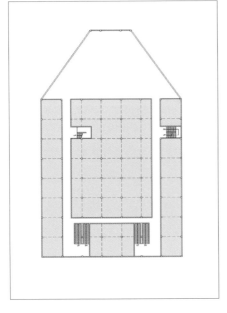

좌원상가아파트 3층의 평면. 가운데
부분에 4층까지 관통하는 중정 두
개가 있을 것으로 추측되지만 실측이
불가능하여 현재 상태를 알 수 없다.

자면 좌원상가아파트는 한국 주상복합건축의 시초라고 일컫는 세운 상가보다도 오래되었다.

세운상가는 흔히 한 건물처럼 이야기되지만 엄연히 공사 주체와 건립 연도가 제각각으로 여덟 개에 달하는 건물의 집합체다. 그중에서 가장 역사가 오래된 것은 이미 철거된 종로변 현대상가와 그 바로 뒤의 세운상가 가동(당시 아세아상가)이다. 현대상가는 이미 철거되었으나 현재 남아 있는 세운상가 가동의 경우 1967년 11월 17일에 사용 승인을 받았다. 좌원상가아파트보다 약 1년이 늦은 것이다. 1967년 7월 27일자《매일경제》 기사에 따르면 바로 그 전날인 1967년 7월 26일에 육영수 여사와 김현옥 시장이 1, 2층 상가 개장에 참석했고 그 위는 아직 공사 중이었다. 5층부터 13층까지 아파트가 들어간다고 쓰인 것으로 보아 현대상가를 의미한다. 기사 내용을 보면 현대상가와 세운상가 가동은 비슷하게 공사가 진행되었던 것으로 추측된다. 즉 좌원상가아파트가 세워지고 반년이 지난 후에도 세운상가를 구성하는 최초의 두 개 동은 아직 공사 중이었던 것이다.

건축물대장상 엄연히 건립 시기가 이른 좌원상가아파트가 지금까지 거론되지 않았던 것은 건물의 지명도가 낮거나 주상복합을 정의하는 문제가 남았기 때문일 가능성이 있다. 그러나 좌원상가아파트도 총면적 8677제곱미터의 대형 건물인 데다가 총 네 개 층 중 절반인 1, 2층은 상가로, 3, 4층은 공동주거로 여전히 이용된다는 점에서 간단히 무시할 대상이 아니다. 만약 주상복합의 정의에 상가주택도 들어간다면 그 연대는 물론 서울역 앞 관문빌딩의 경우처럼 1950년대 후반으로 훌쩍 올라간다. 주상복합은 문자 그대로 주거와 상업이 결합된 유형 전체를 가리키는 것이지만 통상 그중에서도 상당히 대

좌원상가아파트 2층의 상가. 중앙 복도가 매우
넓다. 문구점에서 식당, 콜라텍에 이르는 다양한
점포가 입주해 있다.

좌원상가아파트 1층. 화재 후 복구가 충분히 되지
않은 듯하다.

형 건물에 적용된다. '최초'라는 타이틀의 무게를 감안할 때, 이 부분에 대한 실증적인 연구가 좀 더 진행될 필요가 있다. 적어도 세운상가에 부여한 최초 타이틀에는 신중해야 하리라 생각한다.

1971년 분양 광고의 진실

좌원상가아파트와 관련된 또 다른 흥미로운 정보는 분양 광고다. 그 당시 아파트의 분양 광고가 아직까지 전해지는 것은 매우 드문 일이다. 1971년 7월 21일, 그러니까 건축물대장상 사용승인일부터 무려 4년이 훌쩍 넘은 시점에 나온 신문 광고가 아직 전해진다. 여러 추측이 가능하다. 건축물대장의 사용승인일이 잘못되었거나 그 시점까지도 분양이 채 끝나지 않았거나 하는 등의 다양한 시나리오를 생각해 볼 수 있다. 7월 21일자 광고인데 "7월말입주보장"이라고 쓴 것을 보면 다급함이 느껴지기도 한다. 너무 오랫동안 분양에 진척이 없던 나머지, 즉시 입주할 수 있음을 더욱 강조한 것이 아닌가 추측해본다. "좌원산업주식회사"라는 이름에서 사업 주체의 이름을 딴 아파트였다는 사실도 알 수 있다.

시점의 문제와는 별도로 분양 광고의 내용 자체가 눈길을 끈다. 일단 "독신아파트분양및임대"라는 구절과 "고급 맨숀아파트"라는 구절이 위아래로 놓여 있다. 같은 건물 안에 서로 다른 성격의 공동주거가 공존했음을 알 수 있다. 고급형은 25평 이하고 독신아파트는 8평이다. "동"이라는 글자의 의미가 의문인데 개별 건물이 아니라 세대 수를 의미하는 것으로 보인다. 결코 잘 그렸다고 볼 수 없는 투시도는

1971년 7월 21일자 《경향신문》에 실린
좌원상가아파트 분양 광고.
매우 간단한 투시도지만 1층의 구조를
짐작할 수 있다.

허탈하리만큼 간단하다. 그러나 1층을 종횡으로 가로지르는 복도와
출입구의 존재만은 확실하게 보인다.

　이처럼 좌원상가아파트는 "생활의 근대화"를 주장하며 '독신아
파트'로 브랜딩을 했지만 실상은 어땠을까. 모래내 지역은 서울의 근
대화 과정에서 도시 빈민들이 모여들던 곳이었다. 좌원상가아파트가
들어선 시점을 전후해서 인구가 늘어나고 모래내시장이 생겼지만 여
전히 먹고사는 일이 막막했으리라. 저 독신아파트에 과연 독신자가
들어가서 '생활의 근대화'를 만끽하며 살았을까. 아직도 좌원상가아

파트와 관련된 자료에서 여전히 '쪽방'과 같은 단어가 자주 등장하는 걸 보면 현실은 그와 사뭇 달랐던 것 같다.

1979년 6월 29일자 《동아일보》에는 당시 소방법 위반으로 입건된 시장 및 상가아파트에 대한 기사가 실렸다. 그 명단을 보면 유감스럽게도 세운상가, 낙원상가, 반포주공 1단지 등 이 책에서 다루는 건물이 줄줄이 나온다. 좌원상가아파트도 여기에 포함되어 있는데 마치 약 30년 후인 2008년 11월 28일의 화재를 예견하는 것 같다. 상가아파트에 대한 사회적 인식이 나빠진 이유 중 하나가 바로 화재에 대한 불안 아니었던가. 좌원상가아파트는 이처럼 온갖 풍상을 겪으며 낡을 대로 낡은 건물이다. 그러나 여전히 본래 용도로 사용되고 있을 뿐 아니라, 어쩌면 한국 주상복합건축의 계보에서 가장 앞세워야 할 건물일지도 모른다는 점에서 특별한 관심의 대상이다.

세운상가

역설의 교훈

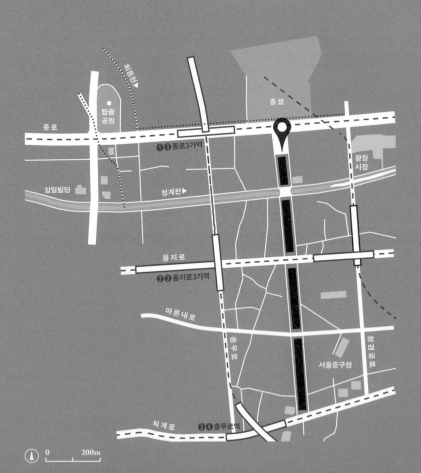

세운상가
무지개떡 지수
80

| 총평 | 조형적으로는 아쉬움이 있다. 다만 일부 건물의 지하에 대형 주차장이 있는 등 완결된 도시건축의 유형을 보여주고 있는 점은 중요하다. | **80**/100 |

| 입지 | 서울을 남북으로 연결하는 중심축으로서 중요한 입지를 차지한다. 주변 지역이 낙후된 것은 이 건물 탓이 크다. | **14**/20 |

| 규모 | 전체적으로는 초거대 프로젝트지만 여덟 개의 건물로 나뉘어 있어 과도한 스케일의 충격을 약간이나마 완화한다. | **18**/20 |

| 복합 | 상가와 주거 모두 상당한 규모로서 복합 지수가 매우 높다. 별다른 기능 없이 방치된 옥상이 많다. | **18**/20 |

| 보행자 친화성 | 각 건물의 전면은 보행자에게 개방되어 있으나 측면은 자동차와 섞이고 덱이 있어 어둡다. 공중가로는 거의 작동하지 않는다. | **14**/20 |

| 형태 | 재료와 형태, 비례에 이르기까지 거칠고 삭막한 브루탈리즘 계열의 건물로서 대중이 받아들이기 쉽지 않다. | **16**/20 |

세운상가의 '복권'

세운상가에 있어서 2016년은 어떤 해였을까. 아마 프랭크 시나트라의 노래 제목처럼 「참 좋은 해(It was a very good year)」였을 것이다. 일단 오세훈 전 서울시장 당시 등장했던 "전면 철거 후 재건축 및 녹지축 조성"이라는 이야기는 이제 완전히 들어갔다. 내부적인 우여곡절도 겪었고 세계 경제의 영향도 받았지만, 이 지역이 고층화되면 종묘의 세계문화유산 지정을 해제하겠다는 유네스코 자문기관 국제기념물유적협의회(ICOMOS)의 엄포 또한 강력한 지원 사격이었다. 그 와중에 세운상가의 가장 북쪽 끝인 현대상가가 철거되기는 했다.

지금의 세운상가는 서울시가 추진하는 도시재생사업의 중요한 축이다. "다시 세운"이라는 프로젝트 이름은 적어도 당분간은 이 건물의 미래가 상당히 밝을 것임을 암시한다. "입체적 복합문화 산업공간으로 재생"한다는 취지 아래 다양한 사업이 진행된다. 철거될 뻔했던 세운상가는 졸지에 도시의 문화적 아이콘이 되었다. 2016년은 세운상가의 보행자 덱, 즉 공중가로를 다시 살리는 대대적인 공사가 시작된 해이기도 하다. 세운상가 건립 당시의 취지, 즉 종로에서 퇴계로까지를 공중 보행자가로로 연결하는 개념을 되살린다는 것이다. 을지로 기점으로 전체 구간을 둘로 나누어 국제현상공모를 통해 설계자를 선정했다. 1단계인 종로와 을지로 구간은 이_스케이프(E_Scape, 김택빈·장용순·이상구) 건축사사무소의 모던버내큘러(Modern Vernacular, 현대적 토속)가 최종 선정되었다. 2017년 상반기에는 을지로에서 퇴계로 및 남산 보행자 구간을 포함하는 2단계 구간의 설계자로 '열린 도시 플랫폼'을 제안한 이탈리아의 모도스튜디오(Modo Studio)가 선정되었

1967년 7월 24일자《동아일보》에 실린 세운상가
개관 기념 광고.

다. 2017년 하반기 현재 1단계 공사가 완료되었다.

　한국은 건축에 대한 관심이나 애정이 지극히 부족한 사회다. 지어진 지 수십 년이 지난 데다가 문화재도 아닌 민간 건물의 당초 설계 의도를 이토록 정성스럽게 되살리려는 노력은 사실상 전례가 없다. 건물이 워낙 크고 주변 지역이 넓으며 여러 가지 이해관계가 복잡하게 얽혀 있기도 하지만, 뭐니 뭐니 해도 설계자가 한국 근현대 건축 대표 주자의 하나인 김수근과 그의 후예들이라는 사실이 중요하다. 이 책을 통틀어서 이렇게 설계자의 아우라가 강력하게 작동하는 건물의 사례는 단연코 없다. 세운상가가 각종 전시나 연구의 대상이 되는 경우도 흔해졌고 다양한 행사가 열리기도 한다. 2016년 7~8월에는 세운상가의 산파역이었던 '불도저' 김현옥 시장을 주제로 '도시는 선이다'라는 제목의 전시회가 서울시립역사박물관에서 열렸는데, 세운상가는 그 핵심 전시물이었다. 같은 해 9월 10일에는 '서울댄스프로젝트'의 일환으로 세운상가 일부인 대림상가의 중정과 옥상에서 무용 행사가 열리기도 했다. 이처럼 2016년은 세운상가의 '복권'이 시민사회에서 공식화된 해로 봐도 좋을 것이다. 훗날 2016년은 구도심 그리고 도시건축 전반에 대한 우리의 인식이 근본적으로 변화한 기점으로 기억될지도 모른다. 무조건 부수고 다시 짓는 것보다는 있는 것을 잘 살려서 사용하는 시대가 도래했음을 많은 사람들이 인식한 해로 말이다.

세운상가에 대한 글은 넘치도록 많다. 다만 그 물리적 실체에 대한 기초 정보는 그리 넉넉하지 않다. 자료의 축적과 차분한 관찰보다는 해석과 의미 부여에 관심이 기운 듯하다. 현재까지는 2010년 서울시립역사박물관에서 펴낸 『세운상가와 그 이웃들1』이라는 책이 가장 자세한 내용을 담고 있으나, 그나마 비매품으로 직접 도서관에 가야 열람 가능하다. 세운상가 도시재생을 추진 중인 서울시는 이제야 자료집을 준비한다. 이렇게 기초 자료가 부족한 상태에서 관심만 높아지는 것은 별로 바람직하지 않다. 예를 들어 흔히 세운상가는 "1967년에 세워진 한국 최초의 주상복합건물"이라고 하지만 이 설명이 적용되는 곳은 전체 건물 중에서 극히 일부에 한정된다. 게다가 공식 기록이란 측면에서 세운상가가 과연 최초의 주상복합건물이 맞는지에 대한 의문도 좌원상가아파트 편에서 제시한 바 있다.

잘 알려진 것처럼 세운상가가 들어선 자리는 일제강점기 후반, 태평양전쟁이 격렬해지면서 공습에 대비해 만든 '소개공지대'다. 그 자리가 슬럼화되자 당시 서울시장 김현옥은 대형 주상복합건물을 짓는다는 아이디어를 대통령 박정희에게 제출했다. 내친김에 "세(世)계의 운(運)이 모인다."라는 지극히 자기 현시적이고 개발 시대다운 이름까지 지어 올렸다. 설계를 의뢰받은 건축가는 김수근이었다. 당시 규모

2016년 9월 10일 세운상가 일대에서 펼쳐진
서울댄스프로젝트의 '불꽃돌격경성유랑' 행사.

철거된 세운현대상가의
기초와 지정. 좀처럼 보기 드문
광경이다.

가 상당한 조직을 운영하던 김수근은 휘하의 젊은 건축가들에게 실
무를 맡겼다고 전한다. 그러나 실행 단계에 들어갔을 때 건설사들이
제각각으로 시공하는 바람에 보행자 통로 등 핵심 설계 의도가 잘 구
현되지 않았다. 결국 아무도 설계자를 자처하지 않는 기묘한 상황이
오랫동안 계속되었다. 완공 당시에는 상가와 아파트 모두 상당한 인
기를 끌었으나 반짝 인기가 식고 건물이 낡아가면서 도시의 흉물로
서 받을 수 있는 비난은 모조리 받는 처지가 되었다. "시대착오적 발
상"이라는 말부터 시작하여 "서울의 도시 구조를 망친 주범"이라는
표현에 이르기까지 참으로 다양하고 날선 비난들이 쏟아졌다.『한국

의 아파트 연구』(아연출판부, 2004)의 저자인 프랑스 출신 발레리 줄레조(Valérie Gelézeau)는 세운상가를 "완전한 실패작"이란 한마디로 규정했다.

실패한 유토피아?

세간의 논의는 일단 그렇다 치고, 세운상가의 면모를 간단히 파악해보면 이렇다. 우선 가장 북쪽부터 시작해서 각각 현대상가(2008년 철거), 세운상가 가동(현 세운전자상가), 청계상가, 대림상가, 삼풍상가(현 삼풍넥서스), 풍전호텔(현 PJ호텔), 신성상가(현 인현상가), 진양상가까지 총 여덟 개의 건물이 있다. 전체 길이는 945미터로 종로와 청계천로, 을지로, 마른내길 그리고 퇴계로에 걸쳐 있다. 이중 가장 먼저 완공된 것은 세운상가 가동으로 1967년 11월 17일에 사용승인을 받았으며, 가장 나중에 완공된 것은 풍전호텔로 그 사용승인일은 1982년 12월 31일이다. 그 격차가 무려 15년에 가깝다는 사실을 주목할 필요가 있다. 다만 실제 준공일은 이보다 빨랐다는 의견도 있어 단정하기는 어렵다. 증개축을 하면 사용승인을 다시 받게 되는데, 이로 인해 지연된 결과일 수도 있다.

결과적으로 풍전호텔에는 나머지 건물들과 사뭇 다른 점이 있다. 지하에 널찍한 주차장을 갖추었다는 점이다. 주차장법이 제정된 해가 1979년이었다는 사실이 의미심장하게 다가온다. 근대건축 연구가인 정다은은 원래 풍전호텔 지하에 주차장이 아닌 고급 슈퍼마켓이 들어와 있었다는 사실을 알려주었다. 1970년 6월 23일자《매일경제》

세운전자상가 남쪽 정면.

세운청계상가 북쪽 정면.

대림상가 북쪽 정면.

대림상가 남쪽 정면.

삼풍넥서스 북쪽 정면.

진양상가 남쪽 정면.

도시를 가로지르는 거대한 축.

기사를 보면, 유통 구조의 일대 혁명으로 여겨지는 '삼풍슈퍼마키트'가 초기의 우려에도 불구하고 순항 중이었다. 그 개장일인 1968년 11월 7일에는 박정희 대통령도 참석했다. 본고장 미국보다 약 10년이 늦은 시점으로, 당시 사회의 혁신적 분위기를 어느 정도 짐작할 수 있다. 상가아파트는 바로 그 실험의 현장이었다.

처음으로 신문 지면에 "세운상가의 개관"을 알리는 기사가 실린 것은 1967년 7월 26일이었다. "하오 2시"라고 시각까지 밝혔다. 당시 영부인 육영수 여사와 김현옥 시장이 참석했다. 이때 개관한 건물은 세운상가 가동으로 당시 광고가 아직 남아 있다. 사용승인일은 그보다 몇 개월 후인 11월 17일이었으나 1, 2층 상가만 먼저 개관하는 바람에 개관일이 한참 앞당겨진 것이었다. 즉 이때 상부의 아파트는 아직 건설 중이었다. 이름이 말해주듯이 건물마다 건설사가 제각각이었다. 이들 중 현대나 대림, 삼풍은 잘 알려진 이름이다. 그중 비교적 덜 알려진 신성건설은 거대 주상복합 건설의 경험을 되살려 1971년 7월 6일 홍은동에 유진상가를 완성한 바로 그 회사다.

그러나 이처럼 건설사가 서로 다르다 보니 공통의 개념을 구현하기가 어려웠다. 건물 전체를 관통하는 핵심 요소의 하나였던 보행자 덱의 경우, 풍전호텔과 신성상가 사이에 있는 마른내길 위에는 애초부터 만들어지지 않았다. 이후 청계천로의 덱이 2004년, 이어 삼풍상가와 풍전호텔의 덱이 2006년 리모델링 당시 철거되었다. 결국 보행자 덱의 전체적인 연속성은 처음부터도 완전치 않았고, 그나마 만들어진 것도 상당 부분 사라진 지 오래다. 물론 지금 다시 그 개념을 회복하려는 노력이 진행 중이지만, 상황을 종합해보면 이 장대하고 사연 많은 복합건물군을 '세운상가'라는 이름으로 단일화하여 이해하고 접근하는 방식이 얼마나 많은 문제를 낳는지 알 수 있다. 차라리 서로 다른 건물로 파악하고 역으로 공통분모를 만들어가는 편이 유익한 태도일지 모른다.

남들이 하지 않은 도전

세운상가에서 예나 지금이나 큰 논란의 대상이 되는 것은 역시 보행자 덱, 즉 공중가로 부분이다. 지상은 자동차가 다니고 보행자는 그 위를 걷는다는 공중가로의 개념은 물론 세운상가만의 독창적인 장치는 아니다. 당시는 세계적으로 거대 건물을 통해 구시대의 모순을 극복하고 전쟁의 상처를 복구하여 새로운 사회를 건설하리라는 야망이 지배하던 시대였다. 일본은 메타볼리즘(Metabolism) 건축을 통해 생명체의 신진대사 시스템을 도시와 건축에 적용하려고 했다. 싱가포르판 세운상가라고나 할 국민공원(People's Park Complex)과 골든마일(Golden Mile Complex)이 건설된 것은 각각 1973년과 1974년이었다. 공중가로라는 개념도 이미 1960년대에 영국의 신브루탈리즘(New Brutalism) 계열 건축가인 스미슨 부부(Alison & Peter Smithson)에 의해 스트리트인더스카이(Street in the Sky)라는 이름으로 소개된 바 있었다. 이것은 사실상 런던의 교통사고 문제에 대한 해결책으로 제시된 방안이었는데, 당시 한국이 같은 문제를 제기할 상황이었는지는 의문이다. 그러나 김수근은 누구보다도 세계 건축계의 동향에 민감했고, 또한 이를 자신의 경력에 적절히 활용할 줄 알았던 인물이다.

수많은 사람들을 한 층 위로 올라가게 하기 위해서는 특별한 유

세운전자상가, 세운청계상가, 대림상가의 중정.

인 동기가 필요하다. 그것이 마련되지 않은 공중가로는 그야말로 무용지물이다. 1960년대에 시도된 런던의 공중가로 네트워크인 페드웨이(Pedway)가 실패한 것도 강력한 동기를 확보하지 못한 까닭이다. 세운상가도 이와 다르지 않아서 불법 음란물 말고는 사람들을 덱으로 올라오게 하는 별다른 유인 동기가 없다는 불명예를 얻고 말았다. 세운상가에 대한 부정적 견해는 사실상 이렇게 버려진 공중가로의 탓이 크다. 종종 '건물 전체가 슬럼화되었다'라고도 하지만 정작 건물의 내부, 특히 아파트의 중정 환경은 지금도 비교적 양호하다. 답사 과정에서 만난 몇몇 세입자들은 임대료가 오를까 봐 걱정했는데, 이는 곧 수요가 있다는 뜻이다. 대대적으로 리모델링한 삼풍상가나 풍전호텔은 불명예스러운 루머가 무색하리만큼 아주 멀쩡한 모습이기도 하

풍전호텔(현 PJ호텔)의 주차장.

다. 아예 처음부터 공중가로를 건물 양옆이 아니라 중앙에 설치해서 여러 개 중정을 거치도록 했으면 어땠을까 상상해본다. 즉 중정을 지금처럼 입주민들이 전용하는 것이 아니라 일종의 공공장소로서 보행자에게 개방했더라면? 즉 다른 상가아파트들이 길과 맺는 밀접한 관계를 공중가로에서 실현했더라면 어땠을까.

영욕의 세월을 뒤로하고 기적적으로 살아남은 세운상가가 이제 새로운 도시재생이라는 이름으로 새로운 삶을 기약하는 지금, 건축과 건축가의 역할에 다시 한 번 근본적인 질문을 던질 필요가 있다. 세운상가를 가리켜 실패한 유토피아라고 비난하는 것은 결과론적인 시각에서는 근거 있는 행위일지 모른다. 동시에 아주 쉬운 일이기도 하다. 그러나 그러한 태도는 자칫하면 미래에 대해 꿈을 꾸고 상상하는 것 자체가 부질없다는 패배주의를 낳는다. 인간이 하는 모든 행위가 그렇듯이 건축 또한 해오던 방식을 세련되게 반복하는 것만으로는 절대 근본적인 성취가 이루어지지 않는다. 누군가는 도전해야 하고 남들이 하지 않았던 것을 시도해야 한다. 그러나 이제 어디 다른 나라에서 선례를 수입하여 우리의 미래를 해결하려는 습관 또한 효용의 한계에 다다랐다. 우리는 우리의 현실을 집요하게 관찰하고 분석하여 이를 바탕으로 독창적인, 따라서 그만큼 외로울 수 있는 결정을 내릴 줄 알아야 한다. 그것이 실패한 유토피아의 상징, 그러나 어떻게든 세월의 무게를 이겨온 세운상가가 우리에게 주는 역설적인 교훈이다.

낙원빌딩

시대가 낳은
우발적 실험

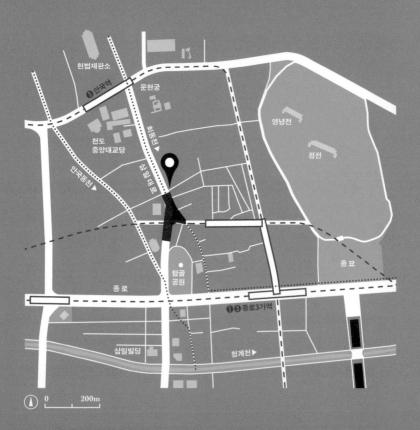

헌법재판소

안국역

운현궁

영녕전

천도
중앙대교당

정전

안국동천

삼일대로

탑골
공원

종묘

종로

종로3가역

삼일빌딩

청계천

0   200m

낙원빌딩
무지개떡 지수
79

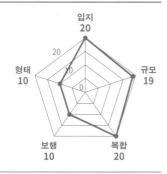

입지
20

형태
10

규모
19

복합
20

보행
10

| 총평 | 복합건축으로서는 여전히 대표적인 존재라고 할 수 있으나 깊 이 있는 이론적 배경과 주변 지역에 대한 배려 등이 결여된 상 태에서 지어진 것은 아쉽다. | 79/100 |

| 입지 | 입지 면에서 이 이상을 바랄 수는 없다. | 20/20 |

| 규모 | 면적으로 보나 층수로 보나 상당한 규모의 건물이다. 오히려 주변에 비해서 과한 측면이 있다. | 19/20 |

| 복합 | 실로 다양한 기능의 집합체로서 높은 수준의 복합성을 보여 준다. | 20/20 |

| 보행자 친화성 | 매우 아쉬운 부분이다. 지상층 대부분이 도로이기 때문이다. 2 층으로 올라가는 계단은 가파르고 난간도 낮다. | 10/20 |

| 형태 | 과장된 스케일, 투박한 조형 감각 등 높은 점수를 주기는 어 렵다. | 10/20 |

서울에서 가장 드라마틱한 공간

말끔하게 단장된 입구를 따라 지하로 들어가자 완연히 다른 분위기가 펼쳐진다. 포목상과 과일 가게, 반찬 가게 바로 옆에 간단한 안주와 함께 소주잔을 기울일 수 있는 국밥집이 있다. 동네 시장 같은 느낌이다. 조명이 침침해서 그런지 전체적으로 활기 있는 시장 분위기가 잘 살지 않는 것이 아쉽다. 그러나 도시 한복판의 건물 지하에 이런 재래시장이 있으리라고 누가 예상할까.

그 위에는 전혀 다른 세상이 있다. 아니 다른 세상 여럿이 차곡차곡 쌓여 있다. 1층 대부분은 자동차가 달리는 도로와 주차장이고, 여기서부터 2, 3, 4층은 '세계에서 가장 큰' 악기상가다. 특이하게도 4층은 영화의 세계다. 원래는 허리우드극장이었으나 이후 노인전용영화관과 시네마테크 서울아트시네마가 공존했다. 2015년 서울아트시네마는 이전했지만 노인전용영화관, 청춘극장 등 이전 영화 상영관은 아직 남아서 나름 성업 중이다. 꽤 넓은 옥상마당도 있어서 그 일부가 야외 공연장으로 사용된다. 그 주변으로 역시 악기상가와 관련된 공간들이 보인다. 잘 알려진 밴드 연습실인 사운드스튜디오도 여기 있다. 그 위 5층에는 사무 공간이 있다. 그리고 이 모든 것을 위에서 굽어보는 것은 다름 아닌 아파트다. 6층부터 15층까지, 모두 열 개 층, 149세대의 낙원아파트다. 9층부터 15층까지의 아파트는 무려 일곱 개 층을 관통하는 수직 중정을 둘러싼다. 서울 도심 내에서 가장 드라마틱한 공간의 하나다.

재래식 시장에서 시작해서 악기상가와 영화관, 사무실, 거기에 아파트까지 한 건물에 다 들어가 있는 도시 속의 도시. 이 건물의 원래

1983년 5월 16일에 찍은 낙원빌딩 일대 전경.
철거 직전의 파고다아케이드가 보인다.

이름은 '낙원삘딍'이었다. 그러나 지금은 통상 낙원상가로 불린다. 건물 높이의 대부분을 차지하는 아파트는 마치 존재하지 않는다는 듯이 말이다. 이렇게 이 건물이 갖는 고도의 복합성을 애써 무시하는 태도는 옳지 않다. 따라서 이 글에서는 낙원상가와 낙원아파트를 아우르는 낙원빌딩으로 통칭한다.

구도심 상주인구의 한 거점

2016년 3월 기존 통계에 따르면 서울시 25개 구 중에서 인구가 가장 적은 구 1, 2위가 바로 중구와 종로구다. 이 두 구의 인구를 합쳐봐야 28만 명에 불과하다. 반면 서울 외곽인 송파구는 혼자서 무려 65만 7000명 가까운 인구를 거느린다. 사대문 안이 결국 종로구와 중구라는 점을 감안하면 서울 구도심에 얼마나 사람이 살지 않는지 알 수 있다. 조선 후기 한양 인구가 약 30만 명이었다고 하는데 그때로 돌아간 셈인가. 한편 낙원아파트의 세대수인 149세대에 종로구의 세대당 인구인 2.12명을 곱하면 약 316명이다. 이 셈법이 맞는다면 사대문 안 상주인구의 0.1퍼센트가 넘는 사람들이 낙원아파트 단 한 동에 사는 셈이다. 결코 무시할 수 없는 비중이다. 가히 구도심 상주인구의 한 거점이랄 만하다.

그들의 삶은 어떤 것일까? 여러 이야기들을 모아보면 이렇다.

- 생활하기 정말 편하다. 모든 것이 가까이 있다. 책을 사고 싶으면 교보문고라는 동네 서점에 간다. 아프면 가까운 서울대학병원을

대일건설 사무실에 걸려 있는 낙원빌딩 조감도.

향한다. 산책하고 싶으면 경복궁과 창덕궁, 종묘가 지척이다. 택시
와 버스, 지하철은 온 사방에 널려 있다. 근처에 교동, 재동, 운현
등 유서 깊은 초등학교도 여럿 있다.

• 장은 어디서 보냐고? 건물 지하가 시장이다. 그러니 내 집 냉장고
  가 클 필요도 없다. 근처에 먹을 곳, 마실 곳은 차고 넘친다.

• 주민 상당수가 건물 내, 혹은 인근에서 일한다. 살아 있는 직주근접
  의 현장이다. 어지간한 시내 중심부의 직장은 걸어서 출퇴근한다.

• 건물이 동서로 길어서 아파트는 중정을 중심으로 남향과 북향이
  선명하게 나뉜다. 대체로 노인들은 남향을 선호하지만, 젊은 세대
  들은 경관이 좋은 북향을 마다 않는다. 남쪽으로는 빌딩 사이로 남
  산이 보이는 정도지만 북쪽으로는 북한산과 궁궐이 눈앞에 펼쳐

진다.

- 9층 중정은 일종의 마을 광장 역할을 한다. 주민 회의에 해당하는 '낙원아파트주민자영회'가 여기서 열린다. 총 149가구 중에서 많을 때는 아흔 명 정도가 참석하여 장관을 이룬다. 아이들이 뛰거나 공을 가지고 놀기도 해서 이를 자제해달라는 '동네다운' 안내문이 붙어 있다.

어쩌다 모더니즘

낙원빌딩의 건립 과정은 비교적 소상히 알려져 있다. 일제강점기 말, 폭격에 대비해서 만든 소개지(疏開地)가 있던 터에 낙원시장이라는 재래시장과 무허가 건물들이 들어섰다. 여기에 도로를 내야 했던 서울시는 시장 상인들과 협의를 시작했다. 당시 시장은 '불도저' 김현옥이었다. 시장 상인들 중 상당수는 지주였고 그들은 '낙원상가주식회사'를 만들어 상황에 조직적으로 대응했다. 시행사와 시공사를 겸한 역할은 평양 출신 실향민이 세운 대일건설이 맡았다. 민간투자 유치를 위해 그들에게 이익 구조도 만들어줘야 했다. 결국 상인들은 대규모 상가와 아파트를 건립하도록 허락했다. 그 결과 대일건설은 지금도 지하 시장의 절반과 악기 상가 대부분의 지분을 갖고 있다. 상층부 아파트는 물론 개별적으로 분양되었다.

기존 상인들이 다른 곳으로 쫓겨나지 않고 그 자리에 계속 남아 개발의 한 축을 담당했다는 사실은 지금의 한국 사회가 오히려 뼈아프게 배워야 할 모범이다. 정작 김현옥 시장은 이 건물 완성 직후인

309

낙원시장 입구.

지하의 낙원시장. 알고
보면 이 시장이 오늘날의
낙원빌딩을 있게 했다.
품목별로 전문화되지
않은 소박한 동네 시장의
분위기다.

4층의 영화관.

1970년 4월 8일의 와우아파트 붕괴 사건으로 물러났다. 다행히 낙원빌딩은 워낙 튼튼하게 지어졌다고 지금도 정평이 나 있다. 도로 위에 지은 건물이므로 지금도 재산세 토지분이 아닌 도로점용료를 내는 등 일반 건물과는 다른 점이 많다. 1968년 9월 15일에 사용승인을 받았다.

현재의 낙원빌딩에는 원토지 소유자들이 중심이 되어 결성된 낙원상가주식회사, 건설 회사로 참여하여 여전히 지분을 갖고 있는 대일건설, 그리고 아파트 소유자와 주민들을 주축으로 결성된 낙원아파트주민자영회라는 세 조직이 공존한다. 구분 등기는 300개 내외이고 총인원으로 보면 500명 정도다. 등기부등본을 모아놓으면 탑처럼 쌓일 정도로 복잡하기 짝이 없는 '집합건축물'이다. 이렇게 상황이 복잡했으니 혼란은 불가피했다. 자료 조사를 위해 만난 대일건설 관계자는 건물 완공 이후의 1970년대를 '분쟁의 시대'로 기억했다. "대동아전쟁"이라는 말이 내부에서 사용됐을 정도였다. 아파트 주민들이 사무실에 몰려와서 항의하는 일도 부지기수였다. 낙원빌딩은 주거와 상업, 극장에 도로 인프라까지 결합된 초유의 건물이었다. 이전에 누구도 겪어보지 못했던 대규모 실험 속으로 수많은 사람들이 던져졌다. 고통스럽지만 언젠가 누군가는 겪어야 할 과정이었다. 이렇게 낙원빌딩은 근대화의 삼각파도를 온몸으로 얻어맞아야 했다.

애초에 이런 건물은 누가 구상했으며 그 배경에는 어떤 생각이 있었을까? 이론적으로 보자면 고밀도의 복합건축을 통해 직주근접을 가능케 하고 더 많은 인구를 도심으로 유입해야 한다는 등 새로운 도시에 대한 꿈이 있지 않고서야 구상하기 어려운 건물이다. 그러나 실상은 사뭇 달랐던 것 같다. 설계자만 해도 김수근설, 일본인 건축가

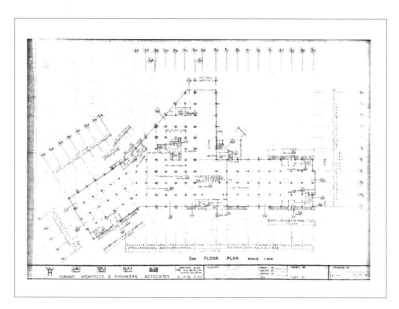

연합건축 이름이 선명하게 보이는 2층 평면.

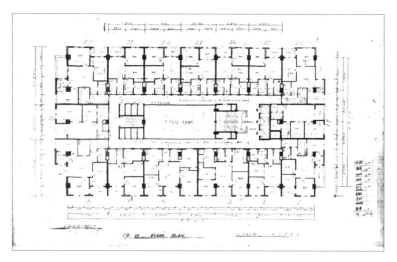

낙원아파트 평면.

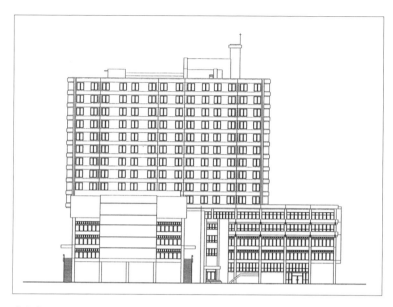

남 측면도.

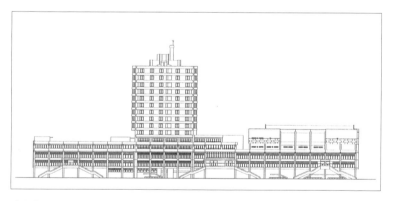

서 측면도.

설, 연합건축(대표 김만성)설 등이 난무했다. 대일건설 사무실에 차곡차곡 보관되어 있는 청사진에 "연합건축"이라는 이름이 선명하게 적혀 있는 것으로 보아 애초에 무의미한 논쟁이었다. 도면 하나하나의 내용은 지금 보아도 상당히 충실하다. 그러나 설계자가 누구였든 간에, 이 정도의 대규모 복합건축을 지으면서 당연히 거쳤을 생각의 기록과 흔적은 아쉽게도 온전히 전해지지 않는다. 어쩌면 그런 커다란 청사진이라는 것이 아예 없었으리라는 다소 섬뜩한 의혹도 생긴다. 손정목 교수가 『서울 도시계획 이야기』(한울, 2016~2017)에서 토로한 것처럼 "오늘날에는 도저히 상상도 할 수 없는 일들의 연속" 탓이었을지도 모른다. 아마도 이것이 한국 근대화의 정직한 모습일 것이다. 이론도 계획도 없이 오직 주어진 상황에 따라 임기응변으로 우직하고 성실하게 밀어붙이는 것. 그 결과물 중 상당수는 잊히고, 일부는 와우아파트처럼 처참한 실패로 끝났지만, 또 어떤 것들은 낙원빌딩처럼 지금 봐도 매우 의미 있는 모습으로 살아남았다. '어쩌다 모더니즘'이란 말로밖에는 표현할 길이 없다.

건물이 잘 늙어가는 법

건물이 놓인 삼일대로는 북악산과 응봉 자락에 걸터앉은 가회동에서 시작한다. 도심을 거쳐 한남동과 강남 일대를 지나 경부고속도로까지 이어지는 중요한 간선도로다. 그야말로 국토의 척추에 해당하는 길이다. 왜 이 지점에 있던 시장을 철거까지 해가면서 도로를 놓을 수밖에 없었는지 이해가 된다. 그런데 안국동 쪽에서 보면 건물이

정성스럽게 보존 중인 건물 입구의
정초석과 사인.

복합건축의 실체를 잘 보여주는 안내판.

놓인 방향이 좀 이상하게 느껴진다. 종로 쪽에서 봐도 마찬가지다. 둘 다 삼일대로의 완만한 곡선 때문인데 주변 도시의 맥락과 방향이 어울리지 않는다. 결과적으로 이 큰 건물은 어디에서 바라봐도 불편한 인상이다.

　가까이 다가가면 건물이 상당히 위압적으로 다가온다. 그 하부의 도로를 달리는 차량들 탓에 더욱 그렇다. 처음 가는 사람들은 어디가 어딘지 알기 어렵지만 동선은 나름 신경 써서 구성되어 있다. 우선 지하의 낙원시장으로 가는 몇 개의 출입구가 있다. 그리고 역시 상부의 악기상가로 올라가는 계단도 여럿 보인다. 건물 주변에도 악기상들이 많다. 낙원빌딩 일대에는 조선 시대부터 악기상이 있었다. 아직도 국악기를 파는 상점들이 몇몇 남아 있고 '국악로'라는 길도 있다. 인

종로에서 본 낙원빌딩. 도로와 방향이
잘 맞지 않는다. 완만하게 방향을 트는
삼일대로 때문이다.

근의 파고다아케이드가 1983년에 철거되면서 그 악기상들이 대거 낙원상가로 이주했다.

건물 하부에 신호등까지 갖춰진 사거리가 있고, 이를 중심으로 놓인 엘리베이터와 실내 계단이 동선의 중심을 이룬다. 악기상가 및 영화관으로 가는 동선과 아파트로 가는 동선은 섬세하게 구별되어 있다. 예를 들어 영화관이 있는 4층에는 아파트로 가는 엘리베이터의 조작 버튼이 아예 없다. 서로 다른 기능을 수직으로 구성하면서 필연적으로 발생하는 문제들을 고민한 결과다. 물론 지속적인 보완의 결과지만 서로 다른 기능 간 충돌을 막아야 하는 복합건축의 현실적 측면을 볼 수 있다.

흥미로운 것은 건물의 관리 상태다. 먼 거리에서 본 낙원빌딩은 에어컨 실외기가 여기저기 붙어 있는 등 낡고 빛바랜 느낌이다. 그러나 건물 내부로 들어갈수록 건물이 잘 관리되고 있다는 인상을 받는다. 아파트의 주 입구 주변에는 건립 당시의 정초석("1967. 10.")과 건물 명패("낙원삘딍"), 그리고 벽 마감재가 매우 정성스럽게 유리벽 안에 보존되어 있다. 지하의 낙원시장으로 들어가는 입구도 최근에 손본 듯 정비되어 있는 모습이다. 계단의 황동 난간에는 아직 윤기가 잘잘 흐르고 바닥의 테라초에도 별다른 흠집이 없다. 여기저기에 있는 비상구 안내 사인들도 나이를 가늠하기 어렵다. 전문적으로 홍보를 담당하는 별도 회사가 따로 갖춰진 것도 특이하다.

엘리베이터를 타고 9층에 내리면 중정이 있다. 특이하게도 소음은 거의 없다. 혼잡한 도시 한복판에서 중정의 경험은 특별하다. 위를 올려다보면 햇볕이 부옇게 걸러져 들어온다. 비싸거나 화려한 재료를 사용하지 않은 건물이지만 이 공간의 품위만큼은 인정하지 않을

낙원빌딩의 중경 모습.

상량문. 1969년 3월 28일이라고 적혀 있다.

9층의 중정.

낙원빌딩 콘크리트 천공 코어.

수 없다. 양쪽 벽면의 인상적이리만치 거대한 부조는 예술가가 아니라 당시 현장에서 일하던 노동자가 만든 것이라고 전한다. 솜씨가 아주 뛰어나다고는 할 수 없어도, 소중한 삶의 터전으로 지은 곳이라는 분명한 메시지를 던져주는 장치다. 중정은 밝고 포근하다. 그리고 자전거가 몇 대 있을 뿐 쓰레기 하나 없다. 아파트 주민들이 이 중정을 마을의 중심으로서 매우 존중하고 있다는 느낌이다. 저 멀리 천장 높은 곳에 아주 희미하지만 상량문이 보인다. 한자로 쓰여 있지만 해독하면 1969년 3월 28일이다. 검색해보면 김수환 추기경이 한국인 최초로 추기경 서품을 받은 날이다. 우연이겠지만 왠지 이 공간에서 종교적인 경건함이 배어 나오는 듯하다.

끝나지 않은 실험

결과만을 놓고 볼 때, 낙원빌딩은 아직도 한국에서 가장 복합적 성격이 강한 건물의 사례라고 할 수 있다. 이 건물의 입지와 형태, 기능을 둘러싼 논쟁은 아직도 계속된다. '흉물'이라는 비난도 있지만, '도시 속의 도시'라는 주제가 한 건물 안에 집약된 경우로는 그 직전에 완성된 세운상가와 더불어 여전히 독보적이다. 세운상가는 전자라는 거대 업종과 연관을 맺었으나, 낙원빌딩은 악기 시장이라는 상대적으로 규모가 작은 업종에 집중했고 결국 지속적인 특화에 성공했다. 도시에 대한 생각 자체가 일천했던 1960년대 후반에 이런 개념의 건물을 지었다니 실로 놀랍다. 그 과정의 상당 부분이 시행착오와 우연이었다고 해도 그 결과물의 중요도는 떨어지지 않는다. 한 시대

낙원아파트 9층 북향 세대의 실내 풍경.

가 만들어낸 건물인 것이다. 이 건물이 제시하는 삶의 풍경은 여전히 철두철미하게 '반(反)전원적'이고, 그런 의미에서 진정으로 '도시적'이다. 한국 도시의 밀도와 복합이라는 측면에서 볼 때, 낙원빌딩이라는 '우발적' 실험은 아직도 끝나지 않았다.

효자아파트

전통시장과
한 몸

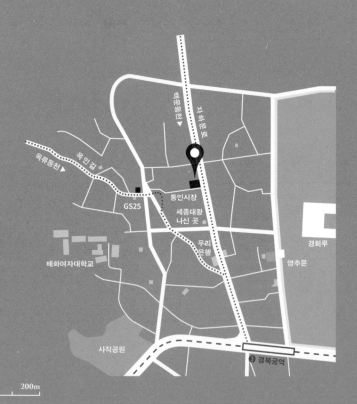

효자아파트
무지개떡 지수
90

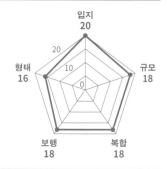

입지
20

형태
16

규모
18

보행
18

복합
18

20
10
0

총평 전통시장과 한 몸을 이루고 있는 매우 드문 상가아파트로서 **90**/100
여전히 당초 목적에 따라 기능하고 있다. 다만 인근 지역에 건
물이 계속 들어서면 주거의 조망이 상당히 침해받을 가능성이
있다.

입지 중요한 간선도로인 자하문로변에 위치하고 도심에서도 가 **20**/20
깝다.

규모 무지개떡 건축으로서 적절한 규모다. 오래된 건물이지만 상당 **18**/20
한 규모의 지하실이 있고 지상층도 다섯 개 층이다.

복합 시장의 일부이며, 상가가 차지하는 비중이 전체의 절반 정도로 **18**/20
복합 지수가 높다. 옥상은 좀 더 적극적인 활용이 필요하겠다.

보행자 두 곳의 출입구 모두 길 혹은 시장에 바로 면한다. 인도와의 단 **18/20
친화성** 차도 심하지 않다.

형태 비교적 단조로운 외관으로 창문 등에 덧댄 부분이 많아 외관이 **16**/20
많이 변형되었다. 상가와 주거가 조형적으로 좀 더 구별되었으
면 좋았을 것이다.

건물에도 '호적'이 있다

사람에게 호적이 있다면 건물에게는 건축물대장이 있다. 호적에 양친 이름이 나오는 것처럼 건축물대장에는 건축주, 설계자, 감리자, 시공자 등의 이름이 적힌 칸이 있다. 허가일, 착공일, 사용승인일 등 건물의 탄생 과정과 관련된 중요한 날짜뿐 아니라 주차장, 승강기, 건축물 에너지소비정보, 기타 인증 정보까지 모두 적게 되어 있다. 1992년 「건축물대장의기재및관리등에관한규칙」이 개정된 후에는 여기에 건축물 현황 도면까지 첨부하게끔 되었다. 즉 이 문서만 보면 한 건물에 대한 대략적인 내용을 한눈에 파악할 수 있다. 건축가의 입장에서 이 서류는 자신은 물론이고 동료, 선후배의 노고가 집약된 결과물로서 자못 의미가 각별하다.

그러나 현실은 항상 불완전하다. 제도는 제도일 뿐 그 영향이 모든 건물에 다 미치지 못하는 탓이다. 오래된 건물의 경우 건축물대장의 여기저기에 공백이 흔히 있다. 설계자, 시공자가 누락된 경우도 부지기수다. 기록만으로 보면 '아비어미도 없는' 건물인 셈이다. 심지어 생일도 모르는 경우가 허다하다. 사람으로 치면 천애 고아다. 물론 난리를 많이 겪은 한국 근현대사의 질곡에서 비롯된 현상이다. 그러나 때로는 단순히 행정력이 못 미친 결과이기도 하다. 이 글에서 다루고자 하는 효자아파트가 바로 그런 경우다.

1960년 말이나 1970년대 초의 건물이리라 짐작은 했다. 그런데 관련 자료 어디에도 믿을 만한 건립 연대가 나와 있지 않았다. 심지어 건축물대장은, 과장해서 말하자면 채워진 칸보다 빈칸이 많아서 텅빈 벌판 같았다. 호기심 있는 독자들을 위해 이런 경우에 취할 수 있

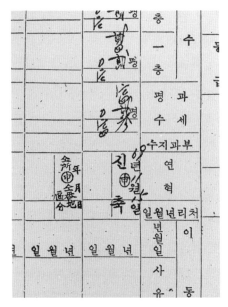

1969년 11월 15일이라는 날짜가
적혀 있는 구가옥대장.

는 최후의 방법을 제시한다. 바로 구(舊)가옥대장을 열람하는 것이다.
구가옥대장은 건축물대장의 전신이다. 그런데 거기 적혀 있던 내용
이 현행 건축물대장에 모두 옮겨지지 않은 경우가 허다하다. 건축물
대장은 전산화되어 어디서나 쉽게 인터넷으로 열람할 수 있지만, 구
가옥대장은 그렇지 않다. 직접 해당 관청을 방문해서 열람 신청을 해
야 한다. 오래된 서류이므로 관청에서도 매우 신중을 기해서 다루는
모습을 볼 수 있다. 관청 직원과 함께 오래되어 색이 바랜 서류를 하
나하나 뒤지는 것은 매우 독특한 아날로그적 경험이다.(건축물대장 활
용 등 답사의 구체적 과정과 방법에 대해서는 이 책의 부록에 따로 정리해두었다.)
　이런 방식으로 어렵게 알아낸 효자아파트, 즉 서울특별시 종로구
통인동 자하문로변 '점포 및 아파트' 집합건축물의 완공일은 1969년

11월 15일이다. 충정로의 미동아파트, 일부분만 남은 청계천변 삼일 아파트, 완전히 사라져 윤동주 언덕에 자리를 내준 청운아파트 등과 동갑이다. 한국 최초의 본격적인 주상복합건축으로 종종 거론되는 세운상가보다는 2년, 낙원빌딩(상가 및 아파트)보다는 단 1년 늦을 뿐이다. 2017년 현재 기준으로 40대 후반의 건물인 것이다.

백운동천과 자하문로

이와 맞물린 또 다른 중요한 기록이 있다. 바로 다름 아닌 효자 아파트 앞길, 즉 자하문로에 대한 것이다. 지금의 자하문로는 폭이 25~30미터에 달하고 왕복 4~6차선인 넓은 도로다. 하지만 1970년대 말까지만 해도 상황은 달랐다. 우선 청운동에서 시작한 하천이 이 도로의 현재 서쪽 변을 따라 흘렀다. 이른바 백운동천이다. 청계천의 본류이므로 지금도 공사 표지판 등에 '청계천 좌안상수(左岸上水)'라는 또 다른 이름이 사용되기도 한다. 이 물길과 지금의 자하문길 동측 사이에는 길게 연결된 수많은 필지들이 있었다. 백운동천은 일제강점기인 1930년경에 복개되었다. 그리고 나란히 늘어선 여러 집들이 철거되면서 현재의 자하문로가 된 것이 1978년의 일이다. 효자아파트가 건립되고 9년 만의 일이다.

이 과정에서 효자아파트가 잘려 나갔을까? 1979년 충정로가 확장되면서 충정아파트의 앞부분이 심하게 훼손되었듯 말이다. 지도를 통해 전후 상황을 보면 그렇지는 않았던 것 같다. 일제강점기인 1936년과 대한민국인 1993년의 지도를 비교해보면 현재의 자하문로는 길

효자아파트 앞 자하문로의 변화를 보여주는 지도.
붉은색이 현 효자아파트. 푸른색은 원래 있었던 연속 필지들이다.
백운동천, 옥류동천 등이 표현되어 있다.

양옆의 건물들을 잘라내면서 만들어진 도로가 아니다. 위에선 언급한 백운동천의 복개, 그리고 길게 뱀처럼 이어진 여러 필지의 멸실이 결과적으로 현재의 도로 폭을 만든 것으로 보인다. 효자아파트의 현재 모습을 살펴보아도 별다른 변형의 흔적은 발견되지 않는다. 측면이 평활한 벽인 데 반해서 전면에는 콘크리트 보와 기둥이 이루는 뼈대가 돌출되어 있다는 차이가 있으나, 이는 조형 언어 정도로 해석할 수 있다.

시장과 한 몸 이룬 본격 상가아파트

효자아파트의 가장 큰 특징은 역시 본격적인 상가아파트라는 점이다. 게다가 일반적인 상가아파트와는 차원이 다르다. 바로 옆의 통인시장과 아예 한 몸을 이루기 때문이다. 홍제동의 원일아파트가 인왕시장과 한 몸을 이루는 것과 유사하다. 그렇다면 효자아파트와 통인시장은 어떤 관계일까. 간단히 정리하자면 통인시장이 효자아파트를 낳았다고 볼 수 있다. 통인시장은 종종 "사대문 안의 유일한 지역형 전통시장"으로 불린다. 이렇게만 들으면 그 역사가 아주 오래되었을 것 같지만 사실 그 기원은 일제강점기다. 오늘날의 서촌 일대는 일본인들이 가장 빨리 정착한 곳이기도 했다. 통의동 일대의 동양척식회사 사택이 이미 국권피탈 이듬해인 1911년에 들어섰을 정도다. 이후 총독부와 총독 관저 등이 이 지역으로 옮겨 오면서 이러한 현상은 심화되었다. 통인시장은 결국 이들 식민 지배자와 그 가족을 위한 시설이었던 셈이다. 구체적으로는 1941년 6월에 '제2공설시장'으로 개

자하문로에서 본 효자아파트 전경.

효자아파트 전경. 저층부 상가는 통인시장의 일부다.
통인시장 입구의 '아트게이트'는 황두진건축사사무소의 작업으로,
2012년 대한민국 공공디자인 대상을 종로구청과 공동으로 수상했다.

설된 건물이다. 당시 단층의 시장 건물이 있던 자리가 바로 현재의 효자아파트다. 이렇게 시장에 기원을 둔 탓에 효자아파트는 지상 5층 건물이지만 주거 부분은 세 개 층에 불과하다. 1층과 2층 그리고 지하층이 모두 상가다. 건물 전체로 보면 상가와 주거의 비중이 같다. 아마도 이 책을 통틀어 세운상가를 제외하고는 가장 상가 비중이 높은 사례. 게다가 이 상가는 모두 통인시장의 일부로서 기능한다. 특히 1층은 통인시장과 완벽하게 통합되어 있다.

이 책에서 소개하는 오래된 아파트들의 공통점은 완공 당시의 인기가 대단했다는 사실이다. 특히 연예인, 방송인 등 유명인들의 이름과 밀접한 관계를 맺은 경우가 많았다. 서소문아파트가 그랬고 안산맨숀이나 세운상가가 또한 그랬다. 효자아파트도 예외가 아니었다. 멀지 않은 청와대 직원들도 여기 거주했다고 전한다. 통인시장 동쪽 입구 바로 오른쪽에는 효자아파트 지하로 내려가는 계단이 있다. 통인시장은 오래전부터 생선회로 유명했는데 아니나 다를까, 지금도 이곳 지하에 생선 가게가 있다. 계단실은 자하문로에 면한 건물의 코너 부분과 건물의 다른 쪽 끝인 통인시장 안쪽, 이렇게 두 군데에 있다. 특이하게도 지하 한쪽에는 광화문검도장이, 2층에는 합기도보존연구회가 있어 자못 무(武)의 기상이 넘치는 건물이기도 하다.

통인시장 안쪽 계단으로 내려가보면 '통인시장 DIY 목공방 & 잡도리 쉼터'라는 공간이 있는데 1960년대 말에 지어진 건물치고는 지하실의 층높이가 상당히 여유롭다. 이렇게 적극적으로 지하를 개발한 이유는 역시 시장과 인접한 건물로서 그 기능의 일부를 수용하기 위해서였을 것이다. 두 계단 모두 도로나 시장에서의 접근이 쉬워서 그냥 '쏙' 들어가면 된다. 그리고 걸어 올라가면 바로 아파트다. 계단

효자아파트 동쪽 계단실.

실마다 경비실 혹은 관리 사무실이 있지만 그나마 통인시장 안쪽은 사용하지 않는 듯하다. 지금 같으면 상가와 주거의 동선을 철저하게 분리했을 텐데, 적어도 이 당시에는 주거의 프라이버시에 대한 인식이 지금과 많이 달랐음을 알려주는 부분이다.

건물의 동남쪽 모퉁이에 있는 자하문로변 계단은 특이하게도 평면이 삼각이다. 그래서 위에서 내려다보면 피자 조각 같은 계단 구성이 재미있다. 다만 목재 난간이 다소 낮아서 위로 올라갈수록 조금씩 무서운 느낌이 든다. 물론 낙하물 방지를 위한 망이 중간에 설치되어 있다. 두 계단실을 연결하는 복도가 건물 중앙을 가로지르며 크게 북향과 남향을 나눈다. 자하문로 쪽에 일부 동향 세대가 있고 반대쪽에

효자아파트 복도. 북쪽 세대
입구문이 더 높다.

는 서향 세대가 있다. 모퉁이에 있는 세대는 공간의 개방성이 주는 쾌
감이 상당하리라 짐작된다. 건물의 모든 방향이 적극적으로 쓰이는
셈이다. 3층의 경우 남향 세대의 출입구보다 북향 세대의 출입구가
높은데, 까닭은 알 수 없다.

　　건물의 북쪽 지역은 마침 인접한 건물들이 높지 않다. 게다가 인
왕산과 북악산이 지척이라 경관이 좋은 편이다. 하지만 남쪽은 상황
이 조금 다르다. 2005년 설치된 통인시장 아케이드가 3층 일부를 가
리고 인근에 건물들이 여럿 있어 시야가 확보되지 않는다. 하지만 이
런 답답함을 일거에 날려주는 곳이 있으니 바로 옥상이다. 5층인 효

효자아파트 옥상. 인왕산이 바로 눈앞이다.
청결하게 유지되고 있다.

자아파트는 이 지역에서는 비교적 높은 건물에 속한다. 따라서 그 옥상에 오르면 그야말로 주변의 풍광이 감싸듯이 펼쳐진다. 서쪽을 보면 인왕산이요 고개를 돌리면 북악산이다. 게다가 주민들 간에 어떤 약속이 있는지 옥상이 매우 청결하게 유지된다. 장독, 에어컨 실외기 이외에는 이렇다 할 물건들이 보이지 않는다. 한마디로 시원하게 탁트인 널찍한 공간이 아파트 위에 자리한 것이다. 무지개떡 건축 이론에 따르면 이런 옥상은 마땅히 생활공간의 일부로서, 모쪼록 적극적으로 활용해야 한다는 생각이 든다. 다만 도시형 상가아파트라는 복잡한 상황을 고려하면 거의 백지 같은 지금의 상태도 설득력이 있을 것이다. 하여간 이 옥상 덕분에 효자아파트는 아주 근사한 전망대를 거느린 건물이 되었다. 특히 해 질 무렵 여기서 바라보는 서촌 일대의 풍경은 서울 구도심이 지닌 매력을 십분 발산한다. 그러고 보면 효자 아파트는 정동아파트, 회현아파트 등과 더불어 사대문 안에 아직 남 아 있는 몇 안 되는 유서 깊은 아파트다.◆

◆ 2012년에 '아트게이트'라는 이름으로 통인시장의 여러 입구를 설계한 적이 있다. 그중 시장의 얼굴로서 가장 비중이 높은 동쪽 입구가 효자아파트와 바로 인접해 있다. 한옥의 구조를 응용한 구조물로서 그해 대한민국 공공디자인 대상을 받았다. 설계 당시에는 효자아파트에 대해서 그리 잘 알지 못했으나 이번 책을 준비하면서 자세히 들여다볼 수 있었다. 유서 깊은 장소를 대상으로 공공의 영역에서 작업할 기회를 얻었던 것을 큰 영광으로 생각한다.

원일아파트

시장과 집을 잇는
도시적 드라마

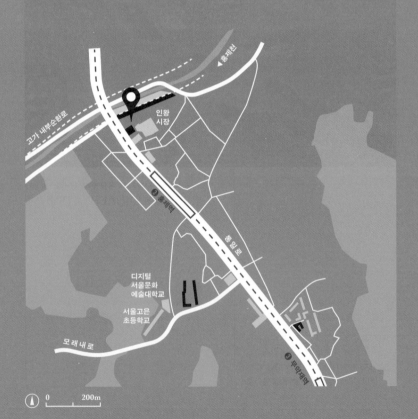

홍제천

고가 내부순환로

인왕
시장

홍제역

통일로

디지털
서울문화
예술대학교

서울고은
초등학교

모래내로

무악재역

0   200m

원일아파트
무지개떡 지수

98

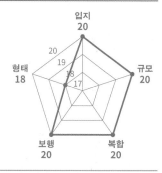

입지 20

형태 18

규모 20

보행 20

복합 20

20 19 18 17

총평 시장과 공동주거의 결합이라는 개념을 한층 확대하고 발전시   **98**/100
켰으면 로테르담의 마켓홀처럼 매우 참신한 유형이 탄생할 수
있었을 것이다. 당시 한국의 여건상 여기까지가 한계였던 점은
매우 아쉽다.

입지 서울 서북부 지역의 한 거점에 위치한다. 인왕시장 바로 옆이   **20**/20
며 지하철 3호선 홍제역의 역세권이다. 유진상가와 유사한 입
지 조건이다.

규모 지하 1층, 지상 6층이지만 건물의 규모는 그리 크지 않다. 무지   **20**/20
개떡 건축으로서는 알맞은 크기라 하겠다.

복합 아마 이 책에서 가장 복합 지수가 높은 건물의 하나일 것이다.   **20**/20
저층부는 점포와 사무실, 그 위는 공동주거다. 심지어 시장과
한 몸을 이룬다.

**보행자
친화성** 사통팔달로 보행자의 접근이 용이하다.   **20**/20

형태 언뜻 보면 단조로운 건물처럼 보이지만 의외로 디테일이 풍부   **18**/20
하다. 전형적인 근대건축의 조형이지만 고전적인 수법도 엿보
인다. 옥상을 좀 더 적극적으로 사용하면 좋겠다.

우리에게도 있었던 '마켓홀'

최근 네덜란드 로테르담의 한 건물이 세계적으로 화제가 되었다. 이름하여 마켓홀(네덜란드어로는 마르크트할(Markthal) 혹은 코프보흐(Koopboog)). 서울역 고가 공원의 설계자로 이제 우리에게도 꽤 친숙한 네덜란드의 건축가 그룹인 MVRDV가 설계했다. 마켓홀은 간단히 말해서 시장과 아파트를 결합한 건물이다. 세대수가 228세대에 이르니 상당한 대형 건물이다. 지하에는 차량 1200대를 수용할 수 있는 네 개 층의 주차장도 있다. 시장과 주차장과 공동주거가 결합한, 가히 초복합 건물이라고 할 것이다. 2014년 개장 이후 세계적인 명소가 되었고 이 설계 사무소는 이 건물 이후 가히 폭발적인 성장을 이뤘다는 업계의 후문이 있다. 디자인 못지않은 개념의 힘이다. 건물의 사진을 보면서 마음 한구석이 찡했다. '아, 또 좋은 개념 하나를 누군가가 선점했구나.' 하는. 시장과 결합한 아파트라니 흥미롭지 않은가? 이런 개념을 우리는 받아들일 수 있는가? 그런데 이것은 남의 이야기가 아니다. 우리에게도 유사한 개념의 건물이 있었다. 그것도 이미 1970년대에.

홍제동 일대는 충정로에 이어 한국 아파트의 실험장이었다. 특히 그중에서도 주상복합건물, 즉 무지개떡 건축의 사례가 유난히 풍부한 지역이다. 홍제동과 충정로 둘 다 서대문구인데 이 책에 등장하는 여러 사례들 역시 서대문구에 몰려 있다. 관심 있는 독자들은 권역별로 답사를 다녀도 좋을 듯하다.(부록에 답사를 원하는 독자를 위한 지도, 답사 가이드 등의 정보를 담아두었다.) 이번에 소개하는 상가아파트 바로 옆에는 또 다른 무지개떡 건축인 유진상가가 위치해 있다. 통일로 맞은

341

마켓홀 야경.

편에서 비스듬히 찍으면 두 건물이 한 번에 카메라 앵글에 잡힐 정도로 가깝다. 바로 원일아파트다. 서울 서북부 지역의 거점 시장인 인왕시장과 한 몸을 이룬 본격적인 주상복합건물이다.

효자아파트를 이야기하면서 통인시장을 빼놓을 수 없듯이, 원일아파트를 이야기하자면 인왕시장이 등장해야 한다. 두 아파트 모두 시장과 어우러진 대표적인 사례이기 때문이다. 인왕산은 서울 구도심을 호위하는 네 산 중 하나지만 정작 구도심의 일부인 인왕산의 동쪽 사면, 즉 서촌 일대에서는 인왕산과 관련된 이름이 그다지 발견되지 않는다. 그러나 그 반대쪽인 인왕산의 서쪽 사면에 자리한 행촌동, 무악동, 홍제동 일대는 이야기가 완전히 다르다. 인왕목욕탕, 인왕산아이파크, 인왕어르신복지센터, 인왕산어울림아파트, 인왕궁아파트,

인왕아파트, 인왕산현대아파트, 인왕빌라, 인왕산벽산아파트, 인왕초등학교……. 남쪽의 독립문 인근부터 끝없이 이어지는 '인왕'이라는 이름의 행렬 최북단에 서 있는 재래시장이 바로 인왕시장이다.

문화마케팅연구소 홈페이지(traveli.co.kr)의 소개 글에 따르면 인왕시장은 1960년에 자연 시장으로 시작되었다. 시장 개설 허가를 받은 것은 1971년 11월이다. 100년 전통을 자랑하는 광장시장이나 일제강점기에 개설된 통인시장만은 못하지만 50년에 가까운 연륜을 자랑하는 시장이다. 서울 서북부 지역의 거점 시장으로, 상당한 규모를 자랑한다. 당연히 다양한 품목들을 다루지만 농수산물과 잡화가 주 종목이다. 점포 수만 150개, 좌판은 200개에 달한다. 특이한 것은 가로를 따라 길게 형성되어 있지 않고 광장형을 이룬다는 점이다. 원래 노천시장이었으나 2003년 시장 전체에 약 3400제곱미터의 지붕을 덮고 바닥을 정비해서 새롭게 태어났다. 워낙 존재감을 지닌 시장이라 인근 유진상가 사이에 놓인 넓은 길의 이름도 '유진상가길'이 아닌 '인왕시장길'이다.

근대주의적 디자인

인왕시장 안에 여러 갈래로 나 있는 통로 중 하나는 서쪽의 통일로 쪽으로 입구를 둔다. 그런데 그 사이에 건물이 하나 놓여 있어서 시장은 이곳 하부를 그대로 관통한다. 이렇게 시장을 온전히 제 몸으로 받아들인 특이한 건물이 바로 원일아파트다. 건물의 규모를 키우고 시장과 결합된 정도를 극단적으로 높이면 적어도 개념적으로

통일로에서 본 유진상가와 원일아파트

는 위에서 이야기한 로테르담의 마켓홀이 된다. 건축물대장에 따르면 원일아파트는 지하 1층, 지상 6층 건물로서 총 67세대가 거주하는 공간이다. 건물의 주 용도는 공동주택, 사무실, 점포다. 주소는 서울특별시 서대문구 홍제동 294-36외 3필지로 되어 있다. 사용승인일은 1970년 5월 20일이다. 인근 유진상가가 1970년 7월 11일인 것을 보면 거의 동시에 공사를 진행해서 앞서거니 뒤서거니 하며 완공된 셈이다. 이 두 건물이 완공된 이듬해 연말인 1971년 11월에 인왕시장이 시장 개설 허가를 받았으니, 1970년대 초에 이 지역에 불어닥친 변화의 열풍을 가히 짐작할 수 있다. 한편 인터넷에서 원일아파트를 검색하면 거의 대부분 완공 및 입주 연도가 1979년으로 나온다. 건축물대장에 1970년 5월 20일로 명확히 날짜까지 나와 있는 것을 보면 누군가에게서 시작된 오류가 재인용되며 퍼져 나간 것으로 짐작된다. 1979년이면 이미 상가아파트가 거의 지어지지 않던 시기이기 때문에 더더구나 신빙성이 떨어진다.

1970년 9월 29일자 《경향신문》에 실린 원일상가아파트 분양 광고. "시청에서 5분"이라는 문구는 상당히 과장되었다. 실제로는 교통 체증이 없다고 해도 15~20분 정도 걸린다. 당시 지번은 현재와 다르며 현재는 옥상에 어린이 놀이터가 없다.

지하 1층과 지상 1, 2층은 상가이며, 지상 3층부터 6층은 공동주거다. 전체 일곱 층 중에서 상가가 세 층이나 차지하니 복합도가 매우 높다. 게다가 상가에는 점포만 있는 것이 아니라 의원 사무실, 소규모 사무실 등이 들어가 있다. 이상적인 무지개떡 건축의 복합 기능을 골고루 담은 사례인 것이다. 기본적으로 다섯 개의 모듈로 구성된 정면에서 가장 특징적인 부분은 역시 남쪽 두 번째 모듈의 1층 부분이다. 여기에는 점포가 없는 대신 인왕시장으로 들어가는 입구가 나 있다. 통로 안쪽으로 지붕 덮인 인왕시장의 거대한 공간이 보인다. 통일로변 점포의 행렬이 통로로 꺾여 들어가면서 거대한 시장으로 연결되는 광경은 일종의 도시적 드라마다. 같은 통일로변에 불과 8개월 남짓 후에 완공된 서소문아파트(1971)가 원일아파트에서 이런 태도를 배웠는지도 모르겠다. 서소문아파트 역시 주변 상권을 잇는 도시적 역

345

원일아파트 전경. 1층 상가에
인왕시장으로 들어가는 통로가 있다.

할을 톡톡히 하기 때문이다.

통일로변에서 본 원일아파트는 전형적인 근대주의 디자인이다. 가지런한 수평 띠 사이에 창문이 끼워져 있고 그 모듈 또한 일정하다. 북쪽, 즉 유진상가 쪽에 비상계단을 두기 위해서 모듈에 한 번 변화를 주었을 뿐이다. 언뜻 보면 완전히 수직선과 수평선으로만 이루어진 건물 같지만 자세히 보면 그렇지 않다. 각 층을 구분 짓는 수평 띠의 상단이 약간 위로 벌어져 있다. 서구 고전 건축의 코니스(cornice), 즉 돌출된 띠를 연상케 한다. 시공사가 신라건설이라는 사실만 알려져 있지 설계자의 존재는 알 길이 없으나, 나름 고전 건축에 대한 감각과 조예가 있는 분이었으리라 짐작한다.

이 시대의 여러 건물을 보러 다니면서 늘 느끼지만, 현재의 쇠락한 모습을 근거로 건축의 질을 판단하는 것은 금물이다. 벗겨진 페인트와 엉클어진 전선, 덕지덕지 붙은 간판과 에어컨 실외기 등은 관리의 부실 혹은 어쩔 수 없는 시대의 흐름을 고스란히 보여주는 징후일 뿐이다. 원설계자의 의도와 생각은 비례와 공간 구성, 주변 맥락에 대한 태도 등 그 이면에 여전히 자리한다.

원일아파트의 조형적 세밀성은 북쪽 측면에서도 잘 드러난다. 정면의 수평 띠를 약간 돌출시켜 측면 벽에 요철을 만든 후, 그 두께 안에 비상계단을 솜씨 있게 집어넣었다. 움푹 파인 콘크리트 벽의 육중한 질감과 금속의 세장한 비례를 대비하는 수준 높은 조형 감각이다. 게다가 위편의 옥상에는 매우 흥미로운 단면 구조물이 보인다. 나중에 실내와 옥상을 답사해보면 이 구조물이야말로 원일아파트를 특별한 존재로 만드는 또 다른 요소임을 알게 된다.

반개방형 중정의 쾌적함

아파트 내부로 들어가본다. 원일아파트 역시 평면의 깊이가 26미터에 달하기 때문에 중정의 존재가 예상되었다. 답사 전 항공사진으로도 확인할 수 있었다. 시장 한쪽의 입구를 통해 상가 2층을 거쳐 3층으로 올라가니 역시 중정이 있었고 그 양쪽은 계단이었다. 폭이 다소 좁다는 느낌은 들었지만 천창을 통해 들어온 빛은 건물 내부를 부드럽게 채웠다. 그리고 바로 아래 시장의 소음을 여기서는 들을 수 없었다. 포근하고 조용한 중정이었다. 난간에는 화분들이 가득 올려져 있고 사람과 물건의 추락을 방지하기 위한 망이 4층과 5층에 쳐져 있었다. 의외로 환기도 잘되었다. 일반적으로 지붕이 있는 중정 아파트의 경우 환기가 잘되지 않는다는 약점이 있다. 그런데 원일아파트에는 답답한 느낌이 없었다. 어떻게 해결한 것일까?

옥상에 올라가서야 의문이 풀렸다. 밖에서 본 조형적인 구조물은 바로 천창이었다. 그것도 콘크리트로 아주 육중하게 만들어진 것이었다. 그런데 이 천창은 중정을 막는 것이 아니라 그 위를 덮을 뿐이다. 옆은 완전히 트여 있어서 공기가 자유롭게 흐를 수 있다. 즉 원일아파트의 중정은 세운상가나 낙원빌딩처럼 닫힌 중정도, 동대문아파트처럼 열린 중정도 아닌 반개방형 중정이다. 환기와 채광이라는 두 마리 토끼를 다 잡기 위한 고민의 결과물인 것이다. 옥상은 비교적 깨끗하게 관리되어 있었고 바람 쐬러 올라온 거주민들이 한두 명 보였다. 맞은편이 안산, 그 반대편은 인왕산이니 경치 또한 훌륭했다.

1970년 또한 한국 아파트 역사에서 중요한 해였다. 서로 이웃인 원일아파트와 유진상가를 비롯하여 남아현아파트, 원효아파트 등 대

상부의 캐노피는 유리
천장이 있고 주변이 열려
있다. 채광과 환기를
모두 해결하는 탁월한
방식이다.

옥상에서는 멀리 안산이 보인다.

표적인 상가아파트들이 같은 해에 지어졌다. 일반 아파트로는 비운의 와우시민아파트, 그리고 시민아파트의 부실을 만회하기 위해 지어진 시범아파트의 선두 주자 격인 회현제2시범아파트, 사직아파트 등도 1970년에 지어졌다. 이처럼 원일아파트는 역사적으로 중요한 시기에 탄생했다. 그것도 시장과의 결합이라는 주제를 충실하게 구현한 대표적 주상복합 아파트였다. 하지만 여태껏 상대적으로 덜 소개되었을 뿐 아니라 그 의미가 본격적으로 논의된 적도 없었다. 아쉽게도 이런 실험적인 시도들은 이후 단지형 아파트가 대세를 이루면서 역사 속으로 사라지고 말았다. 아파트는 '주거의 성'이 되었고 다른 기능들과의 유의미한 결합은 더는 시도되지 않았다. 이렇게 우리는 기껏 만들어놓은 훌륭한 도시 주거의 유형 하나를 완전히 상실하고 말았다. 그런 유형의 연장선상 끝에 마켓홀 같은 가능성이 있었다.

351

유진상가

상가아파트라는
하이퍼텍스트

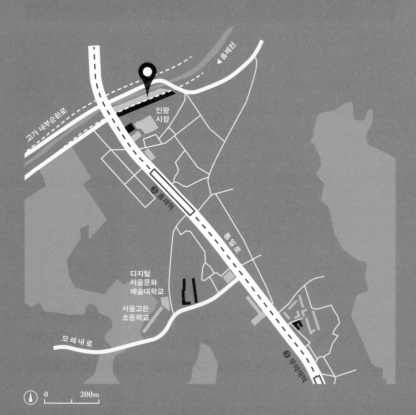

인왕
시장

홍제천 ▲

고가 내부순환로

홍제역

연희로

디지털
서울문화
예술대학교

서울고은
초등학교

모래내로

무악재역

0   200m

유진상가
무지개떡 지수

94

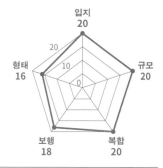

입지
20

형태
16

규모
20

보행
18

복합
20

총평	지역 거점으로서 거대 주상복합건축이 지닌 잠재력은 크다고 하겠지만 획일적이고 위압적인 외관 등은 아쉽다. 섬세한 설계자를 만난다면 훨씬 좋은 환경으로 거듭날 수도 있겠다.	**94**/100
입지	서울 서북부 지역의 한 거점에 위치한다. 인왕시장이 인근이며 지하철 3호선 홍제역의 역세권이다.	20/20
규모	5층이지만 워낙 건물의 규모가 장대하다. 다만 주거 일부가 철거되고 남은 부분도 사무실로 변경되어 총 세대수는 91세대다.	20/20
복합	저층부는 인근 인왕시장과 더불어 거대 상권을 이루고 있다. 그러면서도 주거 부분은 덱과 중정에 의해 적절히 분리되어 있다. 서대문구 신지식산업센터가 들어오면서 복합도가 더욱 높아졌다.	20/20
보행자 친화성	필로티가 양쪽에 있으나 한쪽은 시장 기능으로 완전히 채워졌고 다른 쪽은 주차장이다. 그럼에도 사면에서의 접근이 매우 용이하다.	18/20
형태	지나치게 거대하고 획일적인 외관으로 위압감을 준다. 게다가 내부순환로가 건물 상부를 지나가고 있어 나름 드라마틱하지만 형태가 많이 손상되었다.	16/20

물의 여행

인왕산에 비가 내린다. 어디에 내리느냐에 따라 빗물이 흘러가는 방향이 완전히 달라진다. 서울 구도심을 향해 병풍처럼 열려 있는 동쪽 사면을 타고 흐르는 물은 수성동 계곡을 따라 옥류동천이 되거나 효자아파트 앞을 흐르는 백운동천을 이룬다. 이 두 갈래 물은 지금의 우리은행 효자동지점 인근에서 만나 청계천으로 흘러간다. 그리고 중랑천을 거쳐 서울숲 어귀에서 한강과 만난다. 서쪽 사면을 따라 흐르는 물은 무악재 정상을 기점으로 또 방향이 갈린다. 남쪽 시내를 향해 완만하게 경사진 계곡으로 내려온 물은 맞은편 안산에서 내려온 물과 만나 구도심 서쪽을 따라 흐르는 욱천, 즉 만초천이 된다. 그 물이 서대문 근처를 지나면서 부드럽게 굽이치는 곳 위에 서소문아파트가 서 있다. 만초천은 서울역 서쪽을 지난 후 용산기지에서 흘러오는 지류와 만나 삼각지를 돌아서 용산전자상가 아래를 지나고, 원효대교 북단에서 한강으로 흘러간다.

무악재 정상에서 북쪽으로 내려가는 물은 홍제천으로 흘러들어간다. 이내 평창동, 구기동 일대의 북한산 그리고 부암동 일대의 북악산에서 내려오는 물과 섞인다. 홍제천은 서울 서쪽 지역을 굽이굽이 흘러 월드컵경기장 인근에서 불광천을 만나 난지도 어귀에서 한강으로 흘러든다. 중랑천과 한강이 만나는 지점에 있는 서울숲으로부터는 무려 15킬로미터 이상 하류다. 인왕산 정상에서의 작은 차이가 만들어낸 거리다. 실로 장엄한 물의 여행이다.

무악재에 걸쳐 있는 통일로와 유난히 모래가 많아 모래내라고 불리는 홍제천이 만나는 지점에 장대한 건물이 하나 서 있다. '유진상

인왕산에서 본 유진상가 원경.
내부순환로가 그 위를 달린다.

가' 혹은 '유진맨숀' 등으로 불리는 주상복합건물이다. 1970년 7월 11일에 사용승인을 받았으니 2017년 기준 만 47세가 되었다. 같은 나이면 건물이 사람보다 늙어 보인다. 적어도 한국에서는 그렇다. 이 건물도 예외는 아니다.

물길 위에 세운 거대 주상복합

서소문아파트는 하천 위에, 낙원빌딩은 도로 위에 지어져 둘 다

대지 지분이 없다. 홍제천 위에 세워진 유진상가도 마찬가지다. 가장 믿을 만한 기록이라고 할 건축물대장상 대지 면적이 0이다. 대지 지분이 없으니 일반적인 재건축 공식이 적용되기 어려운데, 어쩌면 그 덕에 아직 살아남았는지도 모른다. 게다가 위치상 홍제동이어야 할 건물의 주소가 홍은동 48-84번지다. 이 일대는 대체로 홍제천을 기준으로 북쪽의 홍은동과 남쪽의 홍제동으로 나뉜다. 유진상가는 엄연히 홍제동 쪽에 있으면서도 홍은동으로 분류된다. 짐작에 이 일대의 홍제천이 홍은동으로 분류되고, 유진상가는 그 위에 지어진 건물이므로 주소지가 홍은동이 된 것이 아닐까 싶다. 인터넷 검색을 해보면 홍제동과 홍은동이 뒤섞인 주소가 여러 개 나오기도 한다.

현장에서 보면 과연 유진상가 전체가 홍제천 위에 지어졌는지도 의문스럽다. 상류 쪽에서 보나 하류 쪽에서 보나 적어도 남쪽의 A동 정도는 하천이 아니라 견고한 땅을 딛고 있다고 짐작되기 때문이다. 물론 당초 하천 부지의 일부를 메웠다고 하면 이해가 된다. 복개된 하천이 흘러들어가는 곳, 마치 세상 끝으로 통하는 듯한 그 깊고 어두운 터널 안 어딘가에 단서가 있겠지만, 그 앞에서 기웃거릴 뿐 차마 들어가볼 용기는 내지 못했다.

유진상가는 건축면적이 9667제곱미터에 달하는 대형 건축물이다. 길이가 220미터, 폭은 44미터 정도다. 건물이 너무 넓으니 주거가 들어가는 상부를 길게 둘로 나누고 그 사이에 중정을 두었다. 단일 건물로서 이보다 큰 경우는 지금도 손꼽을 정도다. 통일로변 정면을 보면 1, 2층이 상가고 3, 4, 5층이 주거인 것 같지만, 2층 상가는 통일로변에만 일부 있다. 중정이 2층에 있고 그 양쪽으로 남쪽에 A동, 북쪽에 B동, 이렇게 각각 네 개 층의 주거동 둘이 있는 것이다. 즉 전체적으

홍제천과 유진상가, 내부순환로의 관계를
보여주는 장면.

로 보면 1층에 상가가 있고 2층부터 5층까지가 주거다. 다만 1999년
내부순환로가 위로 지나가면서 B동의 4, 5층이 철거되었고 나머지 2,
3층에 서대문구 신지식산업센터가 들어오면서 주거 기능은 대폭 축
소되었다. 신지식산업센터라는 이름은 건축물대장에 이 건물의 대표
명칭으로 등재되어 있다. 유진상가나 유진맨숀 입장에서는 굴러온
돌이 박힌 돌을 빼낸 셈이다.

　현재의 유진상가는 원형과 달라진 점들이 많다. 무엇보다 상층부
가 철거된 B동의 경우 용도 자체가 사무 공간으로 변하면서 리모델
링되었다. A, B동의 각 세대는 어떤 방향을 보고 있었을까? A동의 경

우 각 세대는 당연히 남향으로 설계되었고 중정에 면한 북쪽에 편복도가 있다. 문제는 B동이다. 당초 주거로 사용되던 시절, 복도의 방향이 궁금하다. 남향을 선호하는 한국에서는 매우 심각한 문제다. 반포주공 1단지 노선상가아파트에서도 남향을 우선하여 신반포로 양옆의 입면이 서로 달라지지 않았던가. 유진상가의 경우 현재 모습만으로는 사실 여부를 확인하기 어렵다. 오래된 사진 몇 장으로 추정해보면 계단실 등이 중정을 중심으로 대칭 배치되었던 것으로 보인다. 이 가정이 맞다면 남향 선호라는 좀처럼 양보할 수 없는 강력한 개념을 포기한 매우 드문 사례다. 반대로 이 가정이 틀렸다면 중정에 바로 면한 2층 세대의 프라이버시를 고려하고 입면을 조율하는 등의 처리가 필요했을 것이다. 어느 쪽이건 설계자에게는 결코 풀기 쉽지 않은 문제다. 한편 이 건물의 주거 세대 면적은 33평에서 68평 사이로 건립 당시 기준으로는 초대형의 고급 아파트였다. 그래서 정부와 법조계의 고위직들이 많이 살았다. 지금의 낡은 모습 뒤에는 한때의 화려했던 역사가 있다. 이 시대 아파트들 대부분이 그러하듯이.

무지개떡 건축의 또 다른 실험장, 홍제동 일대

모든 건물이 그렇지만 유진상가 또한 특히 건물의 입지와 관련된 이야기가 중요하다. 이 지역은 서울 서북부 지역의 한 거점이다. 서울의 고지도를 보면 이 일대가 오래전부터 서울 구도심과 분리되어 독자적 지역을 형성했음을 알 수 있다. 세검정로는 내부순환로가 생기기 전까지는 이 일대의 여러 권역을 굴비 꿰듯 엮어주던 도로다. 통일

통일로에서 본 유진상가. 내부순환로가 B동의
일부를 자르면서 지나간다.

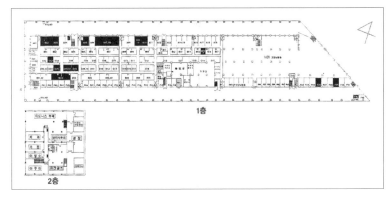

유진상가 점포 배치도.

로는 어떤가. 이전부터 서울에서 북한 지역을 지나 의주를 거쳐 대륙으로 이어지는 역사적으로 중요한 도로다. 이 도로변에 중국에 대한 사대주의의 상징인 영은문이 자리했던 것, 그리고 그것을 헐고 독립문이 세워진 것만 봐도 알 수 있다. 이 두 개 도로가 교차하는 지점에 유진상가가 있다. 지금도 통일로를 따라 지하철 3호선이 달리며, 3호선 홍제역이 바로 인근이다.

이렇게 사람이 모이면 물건이 모이고, 그러다 보면 시장이 서는 것은 정해진 수순이다. 유진상가는 바로 옆의 인왕시장과 더불어 이 일대의 대표적 상권을 구성한다. 비록 이전에 비해 그 세력이 많이 약화되어 상가 내 공실률이 상당하지만 지역 거점으로서의 역할은 아직도 지속하고 있다. 앞서 다룬 인근의 원일아파트는 아예 인왕시장과 한 몸을 이룬 특이한 경우다. 통인시장과 효자아파트의 관계를 연상시키지만 일단 시장의 규모 자체가 동네 시장인 통인시장과는 비교가 되지 않는다. 홍제동 일대는 유진상가를 기점으로 여러 개의 홍미로운 상가아파트들이 밀집된 지역이기도 하다. 원일아파트를 비롯해서 안산맨숀, 고은아파트 등이 그것이다. 서대문의 충정로 일대에 못지않은, 한국 무지개떡 건축의 살아 있는 실험장이 여기에 있다. 상가아파트는 기본적으로 도시적 유형이며, 상권이나 교통은 물론이고 하천이나 산세와도 밀접한 관계를 맺고 있음을 알 수 있다. 한마디로 맥락에 대한 의존도가 매우 높은 건축 유형이라고 하겠다. 그에 비해 단지형은 주변과의 관계는 단절하지만 내부적으로 자기 맥락을 만들어낸다고 할까.

유진상가와 관련된 또 다른 이야기는 안보에 관한 것이다. 여기에 대해서는 워낙 많은 자료가 있어 자세한 내용은 생략하지만, 간단히 설명하자면 다음과 같다. 유진상가가 지어지던 당시 남북한의 긴장은 최고조에 달했다. 김신조 일당이 청와대 인근 지역까지 내려온 사건인 1·21사태가 1968년 일이었으니 더 이상의 설명이 필요 없다. 결과적으로 '서울 요새화'라는 이름 아래 홍제동 일대가 수도권 서북부 지역의 방어 거점이 되었다. 유진상가의 특징인 가로변 필로티는 시가전을 대비하여 탱크가 숨을 공간을 마련함과 동시에, 청와대로 가는 길목인 세검정로를 차단하기 위해서 건물 전체를 쉽게 무너뜨리려는 목적으로 설치되었다고 전한다. 자유로로 남하하는 북한군을 저지하기 위한 배후 거점으로 건설되었다는 일산 신도시, 그리고 또 다른 남침 예상 통로인 통일로변의 유진상가는 안보 논리가 지배하던 시절의 대표적 도시 괴담이다.

"유진맨숀"이란 글씨가 선명하다.

유진상가 전경. 바로 앞은 인왕시장이다. 길의 이름도 인왕시장길이다.

유진상가 중정. 현재는 중정 양옆의 기능이 서로 다르다.

자연과 건축 그리고 도시 인프라

홍제천 상류 방향에서 유진상가로 접근해본다. 이 지점의 풍광은 참으로 극적이다. 홍제천은 원래 건천이었으나 지하철역의 지하수를 퍼 올려 공급하기 시작하면서 수량이 넉넉한 하천이 되었다. 이 지점에서 흐름이 느려지면서 거울 같은 수면 위에 유진상가와 그 옆 허공을 가로지르는 내부순환로의 그림자가 어린다. 자연과 건축 그리고 도시 인프라가 함께 어우러져 만들어내는 장엄한 풍경이다. 일상적인 의미에서 아름답다고 할 수는 없을지 모르지만 분명히 뚜렷한 미학이 담겨 있다. 건물 동쪽에 있는 작은 계단을 타고 2층에 오르면 거대한 중정이 나온다. 중정 자체의 길이가 158미터, 폭이 16미터에 달한다. 그네가 있고 독립 건물로 구성된 관리 사무소가 있다. 그 밖에는 에어컨 실외기, 화분, 정체를 알 수 없는 금속 상자 들이 이 중정에서 발견되는 전부다. 현재의 풍경 자체는 황량하지만 한 층 올려 만든 중정 덕분에 주변 시장의 혼잡과 소음은 거의 느낄 수 없다. 내부순환로의 자동차 소리만 아니면 아주 고요한 공간이다.

남쪽의 A동은 아파트, 북쪽의 B동은 서대문 신지식산업센터다. 서로 다른 성격의 사람들이 섞여 만들어내는 중정의 일상은 어떨지 궁금하다. 중정 서쪽에는 상가가 있다. 안에 들어가 보니 피트니스센터 이용자들이 트레드밀 위에서 세검정로를 내려다보며 구슬땀을 흘린다. 계단을 타고 내려가니 바로 통일로가 나온다. 인근 인왕시장의 열기와 대로변 차량들, 중정과는 완전히 다른 세상이다. 이질적인 것들이 서로 밀접하게 연결되어 있는 상황, 하이퍼텍스트처럼 한 경험에서 다른 경험으로 순간 이동이 가능한 곳, 바로 이것이 도시다.

유진상가는 신성건설에서 지었다. 세운상가의 일부인 신성상가를 지은 바로 그 건설 회사다. 신성상가는 1968년 5월에 완공되었고 유진상가는 1970년 7월 11일에 완공되었다. 거대 주상복합건물이라는 점에서 종종 비교의 대상이 되기도 하지만 사회적 대접은 완전히 다르다. 세운상가는 김수근 사단이 합작해서 설계한 계보 있는 건물로서 지금 서울시가 공들여 재생을 시도하고 있다. 끊임없이 재건축 논의가 있어온 유진상가의 미래는 아직 '준비 중'이다. 정면에 걸어놓은 "홍제1구역 도시환경정비사업" 투시도의 색은 점점 바랜다.

대신아파트

1970년대의
실험 정신

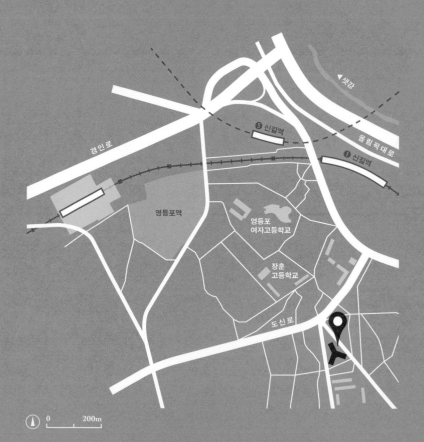

샛강

⑤ 신길역

⑦ 신길역

경인로

올림픽대로

영등포역

영등포
여자고등학교

장훈
고등학교

도신로

0   200m

대신아파트
무지개떡 지수

92

입지	18
규모	18
복합	18
보행	18
형태	20

총평 한국 상가아파트의 계보에서 가장 실험적이라 할 건물이다. 공 **92**/100
동주거가 가장 보수적인 건축 유형으로 전락한 요즘 특히 귀감
이 된다. 그러면서도 주차, 동선, 채광, 프라이버시 등 현실적인
문제도 충실하게 고민했다.

입지 대로에서 주거 지역으로 들어가는 초입에 위치한다. 저층부 전 **18**/20
체가 시장이며 주변 지역과 시장 기능을 분담하고 있다. 동시에
주거 지역으로서의 안정감 있는 분위기도 놓치지 않는다.

규모 시장까지 포함하면 상당한 대형 건물이다. 주거는 Y자형의 단 **18**/20
일 건물이지만 전체 길이가 길어서 총 242세대가 거주한다.

복합 상상할 수 있는 최고 수준의 복합적 상황이 만들어진다. 그럼 **18**/20
에도 시장과 주거가 수직으로 완벽하게 분리되어 있다. 다만
주거로의 접근이 자동차 램프나 시장 내부를 통해서만 이루어
질 수 있는 것은 단점이다.

보행자 인근 건물과 면한 한 면을 제외하고는 모두 보행자의 접근이 **18**/20
친화성 용이하다. 건물로 들어가는 입구가 많다. 다만 스킵플로어(skip
floor) 방식이라 엘리베이터가 있었더라도 모든 층에서 수평 진
입을 하기는 어려웠을 것이다.

형태 대지의 형상을 따른 사다리꼴의 기단부 위에 특이한 Y자의 공동 **20**/20
주거가 올라가 있다. 사다리꼴과 Y자의 기하학적 특성이 조우하
면서 묘한 역동성을 만들어낸다. 대형 건물이지만 주변 지역에
위압적이지 않은 점도 높게 평가할 만하다.

특이하면서도 합리적인 Y자형 평면

건축 평면의 특이한 형태 중 하나가 Y자다. Y자 평면은 일단 만들기가 어렵고 그 안에서 방향을 쉽게 잃기 마련이라 자주 시도되지 않는다. 그럼에도 몇몇 사례는 있다. 우선 서울 한복판의 유서 깊은 웨스틴조선호텔이 그렇다. 웨스틴조선호텔은 사각형 건물 일색의 도심에서 상당한 존재감을 과시하며, 인근의 원구단, 황궁우와 묘한 관계를 이룬다. 건축가 화이팅과 이광노가 설계한 서울대학교병원 본관은 심지어 Y자가 두 개 붙은 건물이다. 지금은 철거되고 없지만 한국의 본격적인 아파트 시대를 여는 서막이었던 마포아파트도 일자형과 Y자형 타워의 조합이었다. 세계에서 가장 높은 건물로 유명한 두바이의 부르즈 할리파(Burj Khalifa)도 알고 보면 Y자형 평면을 지녔다. Y자 평면은 종종 사람들의 불만을 산다. 서울대학교병원 본관의 경우, Y자 하나만으로도 그 안에서 방향을 잃기 쉬운데 심지어 두 개를 붙여 도대체 어디가 어디인지 모르겠다는 이야기가 나오는 식이다.

건축가들은 왜 불만이 나올 것을 알면서도 Y자형 평면을 시도할까? 일단 구조적 안정성 때문이다. 특히 팔 세 개의 길이와 벌어진 각도가 같은 경우는 더욱 그렇다. 고층 건물의 경우 사방에서 불어오는 바람에 대비한 안전성이 필수적인데, 이런 측면에서 Y자는 좋은 해답이다. 위에서 언급한 부르즈 할리파가 그런 경우다. 또 다른 장점은 관찰의 용이성이다. Y자의 중심에 있으면 세 방향을 모두 볼 수 있다. 그래서 감옥의 평면으로도 합리적이고, 같은 이유에서 병원에도 잘 맞는다. 물론 원형이 가장 뛰어나겠지만 현실적으로는 Y자가 좋은 대안이 된다. 마지막으로 Y자 평면에는 외기에 접하는 면을 늘려주는

대신아파트 원경. 오른쪽이 북쪽, 왼쪽이 남쪽이다.
주변은 대체로 저층이며 주거와 상업이 혼재되어 있다.
북쪽의 C동이 남쪽의 A, B동 보다 반 층 높다. 스킵플로어 구조의 건물이다.

효과가 있다. 이는 특히 채광이나 환기가 절대적으로 필요한 건물에
서 큰 장점으로 작용한다. 서울대학교병원 본관의 설계자들이 공간
적 혼란을 감수하고서라도 Y자 두 개를 붙이는 판단을 한 데는 이런
생각의 흐름이 있었으리라. 어느 병실에서나 밖이 보이고 심지어 북
향 병실에도 일정량 햇빛이 든다.

 건축학 개론 같은 다소 장황한 설명이 되었지만, 사실은 매우 특
이한 상가아파트 하나를 소개하기 위한 준비였다. 재미 건축가 강승
현 씨의 2010년 서울대학교 석사논문인 「1960~1970년대 서울 상가아
파트에 대한 연구」를 통해 알게 된 사례다. 영등포구 신길동 116-15번
지에 위치한 대신아파트가 바로 그것이다.

시장 안에서 펼쳐지는 기하학의 향연

신길동은 좀 애매한 동네다. 같은 영등포구인 여의도 샛강의 바로 남쪽이지만 정치와 금융의 중심지라는 성격은 전혀 나눠 받지 못했다. 또한 문래동이나 당산동 등 근대 공업지역이 띠는 후기 산업사회적 성격과도 거리를 둔다. 굳이 신길동의 특징을 이야기하자면 군사 관련 시설이 많고 이에 따라 군인 인구 비중도 높다는 것인데, 그나마 지금은 공군회관, 해군회관, 서울지방 병무청 정도만 남아 있다. 한강대교를 건너, 노량진 학원가를 지나 버스 정류장에서 내리면 한국 도시의 흔하디 흔한 풍경이 눈에 들어온다. 군데군데 삐죽삐죽하게 올라선 고층 빌딩의 배경만 아니면 어느 지방 소도시의 중심지 같은 분위기다.

큰길인 도산로를 건너 서서히 주택가로 들어서는 초입에 시장 지역이 있다. 두 길이 도산로의 한복판을 향해 모이면서 만들어진 사다리꼴 블록이 그 중심을 이룬다. 이름하여 '대신시장'이다. 사다리꼴 대지 전체를 가득 메운 단층의 기단이 시장이고 지하에는 창고가 있다. 항공사진으로 보면 거의 정확하게 좌우대칭의 사다리꼴이다. 그 한쪽에 자동차가 오르내리는 램프가 있고 이를 따라 올라가면 시장의 옥상, 즉 2층 바닥에 주차장이 있다. 그 반대쪽에도 주차장이 있어서 좌우대칭을 이룬다. 그리고 그 한가운데 하늘에서 보면 역시나 완벽한 좌우대칭의 Y자형 건물이 놓여 있다. 이 건물은 주차장을 들락거리는 자동차들 속에서 마치 일벌의 무리에 둘러싸인 여왕벌같이 보인다. 특이하게도 외장이 붉은 벽돌이다. 콘크리트 외벽에 시멘트 미장을 하고 수성 페인트를 바르는 여타 아파트와는 차원이 다르다. 고급 아파트로 지어졌음을 짐작할 수 있다. 분명히 아파트지만 옥탑

대신아파트 A, B동 전경. 맞은편 주택 옥상에서 촬영했다.
여러 장의 사진을 합성하여 왜곡이 심하다.
바로 아래층 상가의 차양이 보인다. 중복도 아파트다.

에는 희미한 글씨로 "대신시장"이라는 이름이 보인다. 즉 시장과 아
파트가 완전히 결합된 건물이다. 통인시장과 효자아파트, 인왕시장과
원일아파트의 관계와 또 다르다. 완벽한 수직적 체계를 갖춘 상가아
파트, 아니 본격적인 시장아파트인 것이다. 이곳은 1971년 2월 4일에
사용승인을 받았다. 역시 1960년대 말, 1970년대 초의 산물이다.

　건물 주변 지역도 모두 시장이다. 언뜻 생각하면 상당히 혼잡할
것 같지만 넓은 기단 위에 아파트를 올려놓은 덕분에 공동주거와 시
장 그리고 거리 간에 적절한 심리적 여유가 확보된다. 주변 거리를 걷
다 보면 위치와 시선에 따라 아파트가 보였다 안 보였다 하면서 지상

5층의 건물이 주는 중압감은 거의 느껴지지 않는다. 비교적 잘 정리된 1층 높이의 가게들이 이어질 뿐이다. 밖에서 보면 상가 정도로 보이는 탓에 그 안에 시장이 있는지도 알기 어렵다. 시장 입구의 간판도 작고 소박하다. 지역 주민을 상대로 하는, 고객 대부분이 단골인 상황이 간판에까지 드러나는 것이다.

그러나 시장 안으로 들어가면 완전히 새로운 세상이다. 실로 기하학의 향연이다. 상부 아파트를 지지하는 기둥들이 저마다 방향을 가지고 아름드리나무처럼 서 있다. 마치 울창한 숲속에 들어온 것 같다. 시장 안 통로는 사방으로 흩어졌다 모이고, 가게는 모두 생긴 모습이 제각각이다. 내가 아는 한 한국 건축 최고의 기하학적 평면이다. 그나마 남북 방향으로 대체적인 축선을 잡고 이에 따라 여러 방향의 요소

남서쪽 코너에서 본 대신아파트.
시장 거리는 붐비지만 아파트는 이와 적절하게 분리되어 있다.

를 잘 정리해서 최대한 혼란을 줄이려고 노력한 흔적이 보인다. 그 결과 실제 현장을 여러 번 오가다 보면 나름의 질서가 느껴진다. 다만한 가지 지적할 것이 있다. 물론 기존 건축물에 대한 이런저런 특례의결과겠으나, 오늘날의 복합건물이라면 마땅히 구비되어야 할 스프링클러 같은 설비가 보이지 않는다. 대신아파트는 물론, 수많은 상가아파트가 여러 가지 장점이 있음에도 사회적 지지를 받지 못해온 것은이처럼 제반 법규의 미비, 관리의 소홀 등으로 화재에 대한 대비가부족했던 탓도 크다.

계단을 따라 2층으로 오르면 주차장, 그다음으로 아파트가 시작

측면에서 본 대신아파트. 저층부 시장은 사다리꼴,
위의 아파트는 Y자형으로 서로 어긋나 있어 역동적인 느낌을 준다.
아파트의 양측 옥상에 주차장이 있다. 시장 입구는 소박하다.

된다. 주거 부분의 바닥은 주차장이나 마당보다 높다. 가급적 주거의 프라이버시를 보호하려는 의도에서다. 2층 바닥의 외부 공간은 모두 다섯 개로 나뉘어 있다. 그중 두 개가 동서쪽 주차장이다. Y자 두 팔 사이 남쪽에 비워져 있는 마당 하나, 그리고 두 팔의 끝부분에 작은 삼각형 마당이 하나씩 있다. Y자가 사다리꼴의 각 변에 바짝 닿아 있기 때문에 이 다섯 개 마당은 서로 연결되지 않는다. 각 영역별로 별도의 옥외 공간을 제공하려는 의도였으리라 추측한다. 그런데 자세히 보면 바닥의 레벨이 여러 번 변한다. 북쪽이 가장 낮고 남쪽이 높다. 자동차도 사람도 이 바닥의 경사를 의식하며 다녀야 한다. 지하에서도 이 상황은 반복된다. 그렇다고 건물이 경사진 대지에 놓인 것도 아닌데, 왜일까? 건물의 단면에 답이 있다. 대신아파트는 스킵플로어 형식의 건물이다. Y자 중심축에 해당하는 북쪽의 C동과 양팔에 해당하는 남쪽의 A, B동이 계단실을 중심으로 반 층씩 엇갈린다. 스킵플로어는 설계와 시공이 어렵기는 하나 일단 만들어두면 건물 안에서 위아래로 다니기 매우 좋은 방식이다. 계단을 반 층만 오르내리면 서로 다른 층과 연결되기 때문이다. 그 결과 대신아파트의 공동주거 부분은 C동이 네 개 층, A, B동이 세 개 층으로 구성된다. 계단의 양옆이 열려 있다 보니 계단실은 밝고 쾌적하다.

이 건물의 도면을 들여다보면 신기한 부분이 하나 있다. 엘리베이터가 표기되어 있는 것이다. 건축적으로 매우 도전적인 상황이다. 스킵플로어 형식의 건물에서 엘리베이터 로비는 어느 쪽에 만들 것인가? 지금 같으면 양쪽으로 열리는 엘리베이터도 있으니 층마다 번갈아가며 내리게 할 수도 있겠지만 당시에 그런 제품은 없었다. 1970년대 초반에 지하층 포함 전체 여섯 개 층의 건물에 엘리베이터가 설치

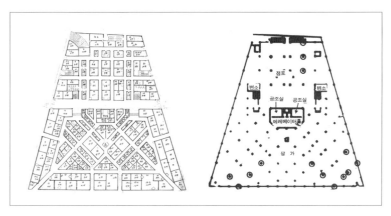

1층 시장의 점포 배치도와 평면.

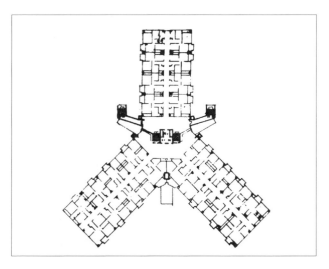

3층 평면도.

1층 시장의 내부. 엄청난 크기의 기둥들이 마치 아름드리나무 같다.

스킵플로어 형식의 계단실은 밝고 개방적이다.

되었다는 사실 자체가 우선 놀랍다.

그러나 유감스럽게도 현재 이 건물에는 엘리베이터가 없다. 도면 상 엘리베이터가 있어야 할 위치인 1층 시장 바닥에는 시멘트로 메꾼 흔적이 있을 뿐이다. 건물 경비원과 시장 상인들에게 문의하니 "원래 이 건물에는 엘리베이터가 없었다."라는 대답이 돌아왔다. 이럴 때는 놀라지 말고, 가능한 시나리오를 머릿속에서 곰곰이 생각해보는 것이 최선이다. 몇 가지 추론이 가능하다. 우선 도면과 실제 시공된 상황이 다를 수 있는데, 종종 일어나는 일이다. 설계 당시에는 엘리베이터가 있었으나 공사하면서 최종적으로 넣지 않기로 결정한 것이다. 또 다른 가능성은 원래 엘리베이터가 있었으나 후에 철거된 경우다. 승강기 시설이 노후화되었는데 교체 비용이 마땅치 않았을 수도 있다. 건물의 나이를 감안하면 현재의 경비원이나 입주민도 그 사실을 모를 수 있다. 건물이 그리 높지 않다는 사실을 감안할 때 엘리베이터를 갖추었다는 것은 당시로서는 매우 획기적인 사례. 지하에 시장을 위한 창고가 있으므로 사람뿐 아니라 화물을 오르내리는 데도 유용하게 쓰였을 것이다. 거의 같은 시기에 완공된 서소문아파트(1971)는 7층인데도 엘리베이터가 없다. 이보다 앞선 미동아파트(1969)는 엘리베이터가 있으나 지상 8층, 지하 1층 건물이다.

실험과 도전의 정신

대신아파트는 여러 면에서 숙제와도 같은 질문을 던지는 건물이다. 1971년이면 와우아파트가 붕괴된 바로 다음 해다. 한국 사회가 기

코어건축의 양남시장 재건축 계획안의
조감도(위)와 모형(아래).

초적인 문제조차 해결하지 못하던 시절이다. 심지어 그때는 북한이 더 잘살았다. 대신아파트도 허술함에 있어 예외가 아니었다. 1979년 3월 18일, 그러니까 건물이 지어진 지 10년도 되기 전에 큰 화재로 신문지상을 장식했다. 그럼에도 대신아파트가 새로운 주거 유형을 제안했던 실험적 시도였다는 사실은 여전히 중요하다.

비록 지금은 그 흔적을 볼 수 없으나 적어도 도면상으로 엘리베이터가 있었다는 것을 주목하게 된다. 주거 세대의 단위면적 역시 79~135제곱미터로 지금 기준에서도 결코 좁지 않다. 게다가 외부는 붉은 벽돌로 한껏 치장했다. 후대의 개조에 따른 것으로 보이지만 주차장법이 제정되기 훨씬 이전의 건물임에도, 상당히 여유 있는 주차장까지 완비했다. 그리고 모든 세대의 적절한 채광과 환기를 위해 좀처럼 보기 드문 Y자형 평면을 시도했다. 한마디로 어느 모로 보나 최첨단의 고급 아파트였던 셈이다.

그런데 그런 건물이 시장 바로 위에 자리 잡다니! 지금으로서는 상상도 할 수 없는 이야기다. 기본적으로 전원형 개발 방식인 단지형 아파트가 이후 대세를 이룬 것을 보면, 도시의 복합성에 대한 이해와 실천은 오히려 시간이 지날수록 퇴보했다고 해도 과언이 아니다. 그러나 세상의 흐름은 이제 또 다른 변화를 맞고 있다. 다행스럽게도 이 글을 쓰고 있는 지금, 같은 영등포구의 또 다른 재래시장인 양남시장이 시장과 주거가 결합한 형태로 재건축을 진행 중이다. 젊은 건축가 그룹인 코어건축(유종수·김빈·정다은)이 현상설계로 당선되었다. 설계안대로 완성된다면 이전 시대의 상가아파트를 새롭게 재해석한, 한국 주거사의 새로운 가능성을 제시하는 사례로 주목받을 것이다.

성요셉아파트

지형에 순응한
선형식 아파트

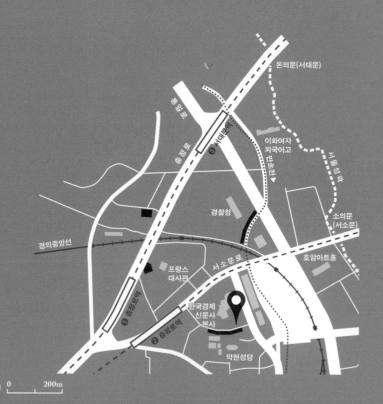

돈의문(서대문)

통일로

충정로역

서대문역

이화여자
외국어고

고롱로로

경찰청

소의문
(서소문)

경의중앙선

프랑스
대사관

서소문로

호암아트홀

충정로여

한국경제
신문사
본사

충정로역

약현성당

0   200m

성요셉아파트
무지개떡 지수
86

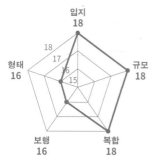

입지
18

규모
18

형태
16

복합
18

보행
16

총평	서소문아파트와 더불어 대표적인 선형 아파트지만 경사지에 위치한 것이 다르다. 인근 약현성당의 종교적 분위기를 해치지 않는 선에서 좀 더 개방적인 관계를 맺으면 좋을 것이다. 조형적으로 단조로운 점이 아쉽다.

86/100

입지	가까운 시장의 일부 기능을 수행하고 있다. 성당 인접 지역이지만 그 경관을 즐기기는 어렵다. 좁은 언덕길 옆에 위치해서 인지도가 높지 않다.

18/20

규모	전체적으로 길고 총면적도 상당한 대형 건물이다. 가장 낮은 곳에서 가장 높은 곳까지는 일곱 개 층에 달하지만 경사지에 세워진 탓에 그리 높게 느껴지지 않는다.

18/20

복합	고갯길에 면한 1층 부분에만 상가가 있다. 일부는 반지하도 있는 것으로 보인다. 상가와 주거가 서로 맞물리면서 경사지에 대응하고 있다.

18/20

보행자 친화성	전면도로가 좁아서 그렇지 보행자의 접근은 용이하다. 다만 상가가 경사지에 위치하여 진입부의 디테일이 제각각이다. 약현성당 쪽으로는 출입 동선이 없다.

16/20

형태	매우 기본적인 조형으로 풀어낸 건물이다. 경사지에 대응하는 방식은 비교적 간결하고 이해하기 쉽다. 다만 전반적으로 매우 단조로운 건물임을 부인할 수 없다.

16/20

성자의 이름이 붙은 아파트

성요셉아파트. 어쩐지 상상력을 자극하는 이름이다. 가톨릭 성자의 이름이 붙은 아파트라니? 게다가 한국 최초의 서양식 성당으로 일컬어지는 약현성당을 바로 옆에 두고 있다니? 약현성당 홈페이지 (yakhyeon.or.kr)에 따르면, 약현성당은 명동성당보다 6년 앞선 1892년에 세워졌다. 설계자도 파리외방전교회 소속의 유진 코스트(Eugene Coste) 신부로서 명동성당과 같다. 명동성당은 사대문 안을, 약현성당은 사대문 밖과 그 너머의 경기도 및 황해도 일부까지 이르는 넓은 지역을 관할하는 등 두 건물 사이에는 역할 분담이 있었다. 명동성당의 수호성인이 성모마리아였기 때문에 그 준비 과정에 해당하는 약현성당은 마리아의 남편인 성요셉을 수호성인으로 모셨다고 한다. 그런데 그 중요한 이름이 바로 성당 옆 아파트에 붙었다. 이 아파트는 대중적인 지명도는 낮지만 연구가들 사이에서는 상당히 유명한 건축물이 되었다.

이런 이야기를 들으면 성당과 아파트 사이에 매우 긴밀한 관계가 있을 것만 같다. 종교적 이유에서 세워진 아파트가 아닌가 하는 추측도 가능하다. 예를 들어 사회복지사업의 일환으로 공동주거를 마련했다거나 신앙 공동체를 위한 시설로 지었다거나 하는 시나리오다. 그러나 현장에서 들은 이야기와 여러 자료를 종합해보면 성요셉아파트는 약현성당의 수익사업으로 진행된 프로젝트라는 의견이 지배적이다. 종교 단체가 건물을 지어 수익사업을 벌이는 일은 종종 있다. 신문로의 피어선아파트 또한 같은 맥락에서 지어지지 않았던가. 피어선아파트의 경우 개신교인 장로교 교단과 관련되었다는 점이 다를

하늘에서 본 서소문공원 일대. 좌측에
서소문아파트, 우측에 성요셉아파트가 보인다.
이 두 건물은 거의 길이가 같다.

뿐이다. 가톨릭과 개신교가 공통적으로 주상복합 아파트를 지었다는
점은 자못 흥미롭다. 이 두 건물은 지어진 연대도 비슷하다. 성요셉아
파트는 1971년 6월 20일에, 피어선아파트는 같은 해 11월 10일에 사
용승인을 받았다.

등 돌린 성과 속

성요셉아파트의 답사는 한창 공사가 진행 중인 인근의 서소문공
원에서 시작하는 것이 좋다. 약현성당 자체가 한국 가톨릭의 순교지
인 이 서소문처형장 터를 내려다보는 장소에 지어졌기 때문이다. 한

국인 최초로 영세를 받은 이승훈의 집 또한 이 근처였다고 전한다. 약현(藥峴)이라는 이름은 '약초밭이 있던 고개'를 의미하며, 지금의 중림로가 바로 약현이다. 이처럼 고개 옆 언덕 위에 지어진 약현성당에서는 그 주변 일대가 잘 내려다보였을 터다. 서소문처형장은 서소문아파트를 다룰 때 언급했던 만초천의 모래사장이었다. 지금은 복개되었으나 유난히 모래가 곱고 아름다웠다는 바로 그 하천이다. 처형된 이의 피가 모래에 금방 스며들었다는 이야기도 전한다. 만초천 위에 지어진 서소문아파트는 여기서 경의중앙선 철길 하나만 건너면 바로 지척이다.

청파로로 들어서서 브라운스톤 북서쪽 모퉁이에서 보면 주변의 고층 빌딩 사이로 뾰족탑, 그리고 그 앞에 길게 누운 누런색 건물이 보인다. 약현성당과 성요셉아파트다. 약현성당이 능선 위에 있다면 성요셉아파트는 바로 그 아래에 낮게 깔려 있다. 하지만 이 정도 높이의 건물로도 성당 북쪽으로의 경관은 거의 막힌다. 그 방향으로 서소문공원도 일부 있기 때문에 애초에 이 자리를 잡아 성당을 지은 취지에 위배되는 결과다. 지금이야 워낙 고층 건물이 많아서 경관이 거의 막혀 있지만 성요셉아파트가 건립된 1970년대 초만 해도 이 일대에 높은 건물은 거의 없었다. 따라서 당시 성요셉아파트의 건립은 약현성당으로서는 매우 쉽지 않은 결정이었을 것이다.

성요셉아파트 옆으로 난 길을 따라 언덕을 올라본다. 청파로를 향해 우뚝 선 한림학사가 이 아파트의 일부처럼 보이지만 자세히 보면 두 건물은 서로 떨어져 있다. 이 일대는 시장 지역이다. 한때 칠패(七牌)로 불렸던 이 시장의 지금 이름은 중림이다. 마포에서 만리재를 넘어온 어물과 곡물을 파는 곳으로 유명했던 시장이다. 조선 시대에는

청파로 초입에서 바라 본 약현성당과
그 앞의 성요셉아파트.

종루, 즉 종로의 시전을 능가하는 큰 규모였으나 상권이 많이 축소된
지금도 아침이면 어물 시장이 열린다. 그 시장의 일부가 좁은 언덕길
을 따라 오르는데 그것이 성요셉아파트의 저층부를 이룬다. 이는 통
인시장과 한 몸을 이룬 효자아파트나 인왕시장에 인접한 원일아파트
를 연상케한다. 그 시장의 소음과 혼잡에서 성당을 보호하기 위해 아
파트를 지었다는 이야기도 들려온다.

　성당으로 들어가는 길과 아파트로 진입하는 길은 완전히 분리되
어 있다. 아파트 옆 언덕길 어딘가에 성당으로 들어가는 부출입구가
있지 않을까 궁금하여 직접 찾아도 보고 주민들에게도 물어보았지만
발견하지 못했다. 성당의 부출입구는 완전히 반대쪽인 중림로 쪽으
로 나 있다. 즉 적어도 현재 상황으로 보면 약현성당과 성요셉아파트

중림시장에서 성요셉아파트로 올라가는 언덕길.
정면의 한림학사는 별도의 건물이다.

는 가까울 뿐, 별다른 물리적 연결 고리 없이 분리되어 있다. 모르고
보면 경관이나 접근 측면에서 성당에 대한 배려가 전혀 없이 들어선
건물 같은데, 막상 건립 주체가 성당이었다니 의아해진다.

두 건물 사이의 긴장된 관계는 성요셉아파트 안에 들어가보면 한
층 극명하게 드러난다. 성요셉아파트의 복도는 약현성당 쪽으로 나
있다. 이쪽이 남쪽이므로 결국 이 아파트는 북향이다. 즉 주거 세대는
약현성당으로부터 완전히 등을 돌리고 있다. 한국인의 남향 선호는
그 무엇으로도 이기기 어렵다. 따라서 세대가 마주 보는 중정형 아파
트에서는 이를 해결하기 위한 고민이 심각해질 수밖에 없다. 그런데
이 아파트에서는 그런 고뇌가 아예 읽히지 않는다. 아파트를 짓기는
짓되 시선은 성당 밖으로 돌리려는 의지가 있었던 것 같다. 복도에 창

시장과 함께 고갯길을 오르는 성요셉아파트.

이 상당히 높이 나 있어서 성당 쪽을 잘 볼 수 없는 것도 유사한 맥락으로 읽힌다. 신의 존재 덕분에 남향 선호를 누르고 북향 아파트를 만들 수 있었던 셈이다.

그런 연유로 사적 252호로 지정된 약현성당 특유의 안온하고 경건한 분위기가 잘 유지되고 있음 또한 부정할 수 없다. 마당 한구석에 앉아 성당 벽면에 드리우는 늦은 오후의 햇살을 바라보고 있으면 서울 시내 한복판에 이런 장소가 있다는 것이 기적같이 느껴진다. 건축은 수많은 대립과 모순 속에서 내리는 괴로운 결정의 도정이다. 다만 이 경우는 너무 쉽게 극단적인 결정을 내렸다고 생각한다. 분명히 성요셉아파트의 입장에서도 만족할 만한 제3의 대안이 있었을 것이다. 이를 찾는 것이 건축가의 역할 아닌가.

고갯길 최정상에서 내려다 본 성요셉아파트.
이 사진에서는 3층 건물 같지만 실제로는
총 일곱 개 층이 있다.

간결하고 선도적인 문제 해결법

약현성당이 지은 건물치고는 성당과의 관계가 뜻밖이라 그렇지,
사실 성요셉아파트는 지금의 관점으로 봐도 배울 점이 많은 건물이
다. 일단 지형의 흐름에 철저하게 순응한 건물이라는 점을 들 수 있
다. 있는 그대로의 고갯길을 따라 지었기 때문에 결과적으로 지형과
건물, 그리고 길 사이에 서로 떼려야 뗄 수 없는 관계가 형성되었다.
툭하면 대지를 평탄화해서 경사지를 계단으로 만들어버리는 요즘 태
도와는 근본적으로 다르다. 국토 대부분이 경사지인 한국에서 경사

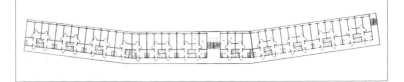

성요셉아파트 평면.

지를 최대로 이용하는 건물의 유형이 발달하지 않은 것은 상당히 부끄러운 일이다. 오래된 아파트가 이 문제에 대한 상당히 선도적인 해결책을 제시한 셈이다.

두 번째 미덕은 내부의 공간 구성 방식이다. 경사지를 따라 아래에서 올라가다 보면 건물이 한 층씩 줄어들게 된다. 그러다 보면 조형적으로나 동선적으로 혼란이 생길 수 있는데 성요셉아파트는 이 문제를 비교적 간단하게 해결했다. 즉 건물을 크게 두 부분으로 나누고 그 중간과 양끝에 계단실을 두어 편복도로 연결한 것이다. 건축물대장에도 두 부분이 명확하게 나뉘어 있다. 그래서 개념적으로나 물리적으로 건물의 전체적인 윤곽이 간명하다. 다만 이런 결과를 만들기 위해서 저층부의 각 부분에서 레벨을 미세하게 조절한 흔적들이 다수 보인다. 전체적으로 보면 가장 낮은 층을 기준으로 볼 때 가장 높은 층은 7층에 해당한다. 실제로 건물 안을 다녀보면 처음에는 미로 같지만 금방 구성의 논리를 익힐 수 있다. 주어진 문제를 매우 간결하고 상식적으로 해결한 설계자의 의도가 읽히는 부분이다.

성요셉아파트 최대의 특징은 역시 가장 대표적인 선형식 아파트라는 점이다. 특히 이 유형에서 최대의 라이벌이라고 할 서소문아파트가 지척에 있다. 이 두 아파트는 여러모로 비교 대상이 된다. 일단

늦은 오후의 햇살이 비추는 약현성당. 왼쪽 나무
뒤로 성요셉아파트가 보인다.
서울 시내 한복판에 이런 장소가 있다는 것은
기적에 가깝다.

성요셉아파트에서 바로 본 약현성당. 그나마
창턱이 낮은 일부 창문에서만 보인다.

충정로 일대 상가아파트들이 모두 등장하는 희귀한 사진.
좌측부터 성요셉아파트, 충정아파트, 서소문아파트, 미동아파트.

지어진 시기도 비슷하다. 서소문아파트는 1971년 1월 23일에, 성요셉
아파트는 1971년 6월 20일에 사용승인을 받았으니 둘은 동갑이다. 게
다가 마치 자로 잰 것처럼 두 건물의 길이도 115미터 내외로 비슷하
다. 공통점은 또 있다. 둘 다 곡선형 건물처럼 보이지만 자세히 보면
중간에 두 군데가 꺾인 직선의 조합이라는 사실이다. 만약 완전히 곡
선으로 지었다면 개념이나 조형 면에서는 근사했겠지만 가구 배치,
콘크리트 타설용 형틀 제작 등에서 많은 문제가 발생했을 것이다. 당

시 기술로서는 아마도 이것이 최선이자 유일한 해결책이었으리라.

두 아파트의 차이점도 많다. 서소문아파트가 만초천이라는 물길 위에 자리 잡은 것처럼 성요셉아파트도 물길 위에 지어졌음을 이야기하는 자료가 여기저기에서 보인다. 그러나 이것은 오류다. 물길이 매우 자세하게 기록돼 있는 조선 시대나 일제강점기의 지도 어디를 봐도 이 자리에 물길은 없었다. 성요셉아파트는 그저 자연 지형 위에 지어진 건물일 뿐이다. 토지대장에도 종교용지로서 면적이 1790제곱미터에 달한다는 기록이 엄연히 나와 있다. 물길 위에 지은 건물이면 완전히 다르게 기술되었을 것이다. 또한 서소문아파트가 계단실형인 데 반해서 성요셉아파트는 편복도형이다. 서소문아파트는 거의 평지에 면하지만 성요셉아파트는 경사지에 지어졌다. 한국의 대표적인 두 선형식 아파트가 이렇게 가까운 거리에 있으면서 저마다 서로 다른 이야기와 건축적 가치를 보여주고 있음은 매우 즐거운 사실이다.

꼭 유명 건축가가 설계한 화려하고 눈에 띄는 건물만이 우리에게 감동과 의미를 주지는 않는다. 이 두 아파트는 설계자가 누구인지도 알려져 있지 않다. 익명의 존재가 계획하고 구상한 건물들이다. 다만 지어진 지 46년에 불과한 두 건물이 너무 낡은 상태라는 점만은 안타깝다. 약현성당이 1892년에 지어져 무려 124년이나 나이를 먹었고, 그사이에 한국전쟁, 심지어 1998년에 취객의 방화로 인한 화마까지 겪었음에도 안팎 모두 멀쩡하게 잘 보존된 데 비하면 더욱 그렇다.

숭인상가아파트

아파트가 흐르는
천변풍경

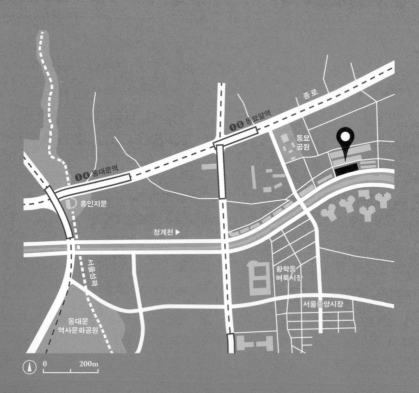

숭인상가아파트
무지개떡 지수

92

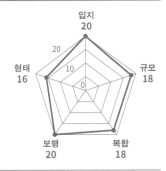

총평 상가아파트 계보의 마지막 시기에 지어졌다. 조형적으로는 아   **92/100**
쉬움이 있다. 다만 지하에 대형 주차장을 갖추고 있는 등 도시
건축 유형으로서 완결된 모습을 보여주는 점은 중요하다.

입지 여전히 서울 간선도로의 하나인 청계천변 거대 상권 지역에 위   **20/20**
치한다. 청계천이 '복원'되면서 환경이 매우 좋아졌다.

규모 단일 건물로서 하나의 '마을'을 구성하는 최대치에 가깝다. 엘   **18/20**
리베이터가 있다.

복합 지하 주차장, 상가 그리고 공동주거가 적절한 비율로 섞여 있   **18/20**
다. 별다른 기능을 하지 않는 옥상이 아쉽다.

보행자 전면은 청계천변이고 후면은 신설종합시장이다. 상가의 전후   **20/20**
친화성 면으로 모두 보행자의 접근이 용이하다.

형태 규모와 복합도에 비해 형태가 단순하고 획일적이다. 리모델링   **16/20**
을 하게 된다면 중간중간 세대를 비워내고 공용 발코니 등을
설치해도 좋을 것이다.

청계천 그리고 '천변풍경'

서울 구도심은 산으로 둘러싸인 분지로 전체적으로 서쪽이 높고 동쪽이 낮다. 도성 안의 물 또한 지형을 따라 대체로 서쪽에서 동쪽으로 흐른다. 그 중심을 이루는 것이 바로 지금의 청계천이다. 상하수도가 없던 시절에는 물의 흐름이 곧 사회적 위계를 의미했다. 수원지에 가까운 인왕산과 북악산 기슭에는 궁궐과 세도가들의 주거지가 들어서 있었다. 하류로 갈수록(즉 물의 오염도가 높아질수록) 거주민의 삶은 팍팍해졌다. 청계천의 원래 이름은 개천(開川)으로 문자 그대로는 '열린 하천'인데, 이는 자연 하천이 아닌 '내를 파낸' 하천이라는 의미다. 경인 아라뱃길과 합류하는 굴포천의 또 다른 이름인 '판개울'과 그 뜻이 비슷하다.

도성의 젖줄이나 다름없는 하천이었기에, 이곳을 관리하는 일은 조선 시대부터 통치자의 큰 관심사였다. 태종은 '개천도감(開川都監)'이라는 전담 부서까지 마련할 정도였고, 조선 후기의 영조는 대대적인 준설사업을 벌이고 호안석축(물가에 돌로 쌓은 벽)을 쌓아 구불구불하던 물길을 바로잡았다. 상황의 묘사라기보다는 희망 사항에 불과한 청계천(淸溪川)이라는 이름이 붙은 것은 일제강점기 때다. 총독부의 사업으로 이 하천의 여러 지류가 복개되기 시작했다. 심지어 청계천 본류에 대한 다양한 복개 및 도로, 심지어 철도 계획까지 등장했다. 다만 실행은 미비했다. 준설로도 청계천의 환경이 악화되는 것을 막지 못했다.

1930년대 청계천변에서 벌어지는 인간 군상의 이야기를 그린 소설이 바로 박태원의 『천변풍경』이다. 박태원은 「소설가 구보 씨의 일일」의 저자이며, 영화감독 봉준호의 외조부이기도 하다. 특히 '카메라아이(camera-eye)'로 일컬어지는 그의 소설 작법은 훗날 명감독 외손자의 출현을 예고하는 것 같아 재미있다. 1절 「청계천 빨래터」에서 시작하여 50절 「천변풍경」으로 끝나는 이 소설에는 헤아릴 수 없이 많은 사람이 등장한다. 필원이네, 칠성 어멈 등을 비롯한 동네 아낙들은 청계천변에서 빨래하며 온갖 잡담을 나누는가 하면 "신전집 주인의 장구 대가리 처남"은 물지게를 지고 천변에 나온다. 그러나 그 물은 지금 기준으로 보면 음용은커녕 빨래에도 적합지 않았다. 빨래터는 개천가의 샘물이 솟는 데 위치했고, 심지어 유료였다. 그 나머지 청계천의 물이 어떠했는지는 소설의 다음 구절이 잘 말해준다.

> 그 불운한 중산모는 하필 고르디 골라, 새벽에 살얼음이 얼었다가 막 풀린 개천물 속에 빠졌다. 상판대기에 불에다 덴 자국이 있는 깍정이 놈이 다리 밑에서 뛰어나와 얼른 건졌으나, 시꺼먼 똥물이 뚝뚝 떨어지는 것이, 코에다 갖다 대보지 않더라도 우선 냄새가 대단할 듯싶다.

물길은 덮이고 찻길은 뚫리고

일제강점기인 1937년 그리고 1955년에 무교동 인근 구간이 일부 복개된 것을 제외하면 저 청계천 "시꺼먼 똥물"은 개발 시대에 접어들어서야 시민의 시야에서 본격적으로 사라졌다. 1958년부터 1977년 사이 광통교에서 시작하여 중랑천 조금 못 미친 지점까지, 물이 흐르는 방향을 따라 복개가 순차적으로 진행되었다. 이와 거의 동시에 청

숭인상가아파트 전경. 오른쪽에 2층까지만 남은
삼일아파트가 보인다.

계고가도로가 놓이면서 청계천은 서울의 동서를 잇는 중요한 간선
도로가 되었다. 그 물리적인 서쪽 끝이 태평로였다면, 동쪽 끝은 용
두동 인근이었다. 하지만 손정목의 『서울 도시계획 이야기1』에 따르
면 그 훨씬 너머 아차산 인근의 '미군 위락시설' 워커힐호텔이 청계
고가도로의 궁극적인 목적지였다. 외화 벌이를 목적으로 이미 1961
년부터 추진되던 국가적 사업이었다. 청계천이 복개되고 그 위에 고
가도로가 놓이면서 판잣집들이 즐비하던 천변에도 변화가 일어났
다. 대표적인 사례가 1969년 세워진 삼일아파트다. 무려 7층 높이의
스물네 개 동으로, 어마어마한 대규모 건물군이었다. 창신동과 숭인
동 그리고 청계천 맞은편 황학동 일대를 빌딩의 숲이 빽빽이 채웠다.
그 사이를 누비며 달리는 청계고가도로, 그리고 마침 비슷한 시기인

403

1968~1971년 사이에 세워진 김중업의 삼일빌딩과 함께, 청계천 일대는 바야흐로 개발 시대 서울의 새로운 상징으로 떠올랐다. 아직 도시 구조상 한강이 사람들의 인식에 깊게 들어오기 전이었다. 청계천은 수도의 대동맥 같은 지위를 부여받았다. 복개된 상판 아래 저 어둠 속에는 도시의 온갖 오물을 담은 탁한 물이 여전히 흘렀지만, 그 위의 세상은 딴판이었다.

삼일아파트는 흔히 청계천 양쪽을 꽉 채우던 것처럼 이야기되지만 실상은 달랐다. 총 스물네 개 동 중 절반인 열두 개 동은 청계천 남쪽인 황학동에 있었다. 그리고 북쪽의 나머지 열두 개 동도 여섯 동씩 두 개 그룹으로 나뉘어 각각 창신동과 숭인동에 자리 잡았다. 이 두 그룹 사이의 공간은 민간투자 부지로, 그 길이가 무려 250미터에 달했다. 간단히 말해서 삼일아파트는 청계천변 양쪽에 서로 멀리 떨어진 세 그룹으로 분산되어 지어졌다. 이내 삼일아파트 사이의 민간투자 부지에 개발의 바람이 불면서 대형 건물 세 채가 들어섰다.

그중 맨 동쪽에 있으면서 가장 큰 건물이 바로 현대건설이 지은 숭인상가아파트다. 건축물대장에 따르면 1979년 10월 22일에 사용승인을 받았으니 이 책의 다른 건물들에 비해서 건립 연대가 한참 늦다. 그보다 두 해 전인 1977년에 압구정동 현대아파트 특혜분양사건이 있었음을 감안하면 이제 본격적으로 강남, 강북의 시대가 열리는 시점이었다. 이 건물이 지어지던 당시는 이미 청계천 복개 공사 및 청계고가도로 공사도 완료된 후였다. 삼일아파트가 완공된 지는 무려 10년이 다 된 시점이었다. 다만 '숭인상가아파트'로 검색되는 1970년대 초반 신문기사들이 있는 것으로 보아, 건립 연대에 대해서는 좀 더 신중한 검증이 필요하리라 판단된다. 어떤 건물들은 실제 완공된 후

에도 이런저런 이유로 건축물대장 등재가 늦어지기도 했다. 충정아
파트도 그렇고, 완공 시기와 입주 시기가 크게 차이 나는 미동아파트
나 좌원상가아파트 같은 경우 또한 연구 대상이다.

정연하거나 단조롭거나

숭인상가아파트는 중후장대한 건물이다. 길이가 81미터에 달하며
지하 1층, 지상 8층으로 구성됐다. 게다가 중복도형이라 건물 두께가
이웃인 삼일아파트에 비해 배가 넘는다. 그러다 보니 총면적은 무려
1만 9921제곱미터에 달하고 246세대가 거주한다. 지금도 청계천 건
너편에서 이 건물을 바라보면 그 존재감이 상당하다. 어지간한 광각
렌즈가 아니면 한 번에 잡히지도 않을 정도다. 한국 최초의 아파트로
평가되는 충정아파트를 연상시키는 녹회색 타일(내지는 타일 위 도색)로
전면과 후면이 마감되어 있어 육중한 느낌을 배가한다. 3층까지는 점
포와 사무실, 그 위로는 아파트로 이루어져 주거와 상업의 복합도도
상당히 높다. 이 지역이 서울뿐 아니라 전국을 상대로 하는 거대한 동
대문시장 권역인 탓이겠지만, 상가의 업종은 보일러, 금속, 배관, 피
혁 등 주민들의 일상생활과는 무관하다. 그 점은 건물 인근의 신설종
합시장이나 동묘시장도 크게 다르지 않다. 그러나 워낙 다양한 시장
이 주변에 많기 때문에 생필품 구입 등에 불편을 겪을 상황은 아니다.
게다가 지금은 황학동 삼일아파트 자리에 세워진 거대 주상복합 단
지 안에 대형 할인 매장도 들어가 있다.

디자인 측면에서 숭인상가아파트는 전체적으로나 부분적으로나

옥상의 환기탑이 설치미술 같은 느낌을 준다.

지하 주차장. 주차장법은 1979년에 제정되었다.

아주 명확한 좌우대칭의 구도를 지녔다. 좋게 말하면 질서 정연하고 나쁘게 말하면 단조롭고 지루하다. 히틀러가 통치했던 제3제국에 지어진 건물이라고 해도 믿을 법하다. 다만 발코니를 통해서 저층부의 상가와 그 위의 공동주거 부분에 살짝 변화를 주려고 했던 의도를 읽을 수 있다. 중복도 건물이라 당연히 주거 세대의 절반이 북향인데, 이 역시 전면과 외관 디자인이 같다.

특이한 것은 주차장이다. 처음부터 계획에 맞게 제대로 지어진 듯한 넓은 주차장이 지하층에 있다. 자동차가 보급되던 당시의 시대상과도 관련되겠지만, 이 정도 투자는 이유 없이 이루어지지 않는다. 법과 제도의 강제력이 필요하다. 우연이었을까. 건축물대장상 사용승인을 받은 1979년은 '주차장법'이 제정된 해이기도 했다.

옥상에 올라보면 이 일대의 풍광이 한눈에 들어온다. 청계천이 완만하게 꺾이는 부분이 보이는 위치인 까닭에 시야가 더욱 넓게 확보된다. 옥상에는 녹색 방수액이 칠해져 있고 빨래가 조금 널려 있으며 각종 장비가 놓여 있을 뿐, 별다른 사용의 흔적을 찾을 수 없다. 우뚝우뚝 솟은 환기탑들이 설치예술 같은 느낌을 줄 뿐이다.

청계천의 유배 혹은 복원을 지켜본 아파트

숭인상가아파트 옥상에서 내려다본 청계천은 박태원이 『천변풍경』에서 묘사했던 똥물 흐르는 도시의 시궁창도 아니고, 고가도로 위로 자동차가 씽씽 달리던 개발 시대의 모습도 아니다. 잘 알려져 있다시피 청계천은 2003년 7월 1일부터 2005년 10월 1일까지 복개된 상

옥상에서 바라본 주변의 모습. 이 일대에
주상복합건물이 많이 들어서고 있다.
왼쪽이 대성스카이렉스, 오른쪽이 롯데캐슬,
저 멀리 왕십리모노퍼스 등이 보인다.

판과 고가도로를 걷어내면서 다시 햇빛을 보게 되었다. 그러나 전기
모터로 물을 순환하므로 더 이상 자연 하천이 아니고, 녹조 문제도
종종 일어나며, 무엇보다 졸속으로 무리하게 진행된 일이라 '복원'이
라는 말을 붙이기 어렵다는 비난이 쏟아졌다. 하수관로가 별도로 설
치되어 천연의 하수도 역할에서는 어느 정도 벗어났다. 그러나 소위
합류식 구조의 한계로 인해 큰 비가 오면 오수가 유입되어 겨우 만들
어진 생태계에 해마다 문제가 일어난다. 다만 평소에는 산책하는 사
람들도 제법 많고 각종 물고기, 심지어 새들도 많이 보인다. 이 주변
은 현재 서울 시내에서 새로운 상가아파트 및 주상복합건축이 가장

많이 지어지는 곳의 하나이기도 하다. 대성스카이렉스, 롯데캐슬, 이보다 하류의 왕십리모노퍼스 등이 그런 예다. 덕분에 천변을 따라 수 킬로미터의 상업가로가 끊어지지 않고 이어지는 상황이 유지된다. 이렇게 청계천 일대는 주거와 상업의 복합지수가 높은 지역으로 변신을 거듭하고 있다.

그 원조 격인 삼일아파트는 어떻게 되었을까? 비록 일부이긴 하지만 삼일아파트는 아직 남아 있다. 청계천 맞은편의 황학동 쪽은 완전히 없어졌으나 창신동과 숭인동 쪽은 그렇지 않다. 다만 구조 안전 진단, 그리고 주민과 상인 간의 갈등으로 인해 1, 2층 상가만 남고 그 위의 아파트는 완전히 철거되어 없어졌다. 박태원이 『천변풍경』을 1937년에 썼다는 걸 감안하면 소설에 등장하는 인물 중 재봉과 창수, 그리고 이쁜이와 금순이는 중년에 이르러 청계천이 복개되고 그 위에 고가도로가 놓이는 것을 삼일아파트 안에서 내다보았을지도 모른다. 한때 삶의 터전이었던 청계천이, 마치 영원히 계속될 것 같은 어둠 속으로 유배되는 모습을 보는 기분은 어떠했을까. 그러나 인간이 만드는 도시에 영원이란 없다. 그 청계천은 불과 30년 남짓한 세월이 흐른 후에 다시 세상 밖으로 나왔다. 그리고 그때와는 또 다른 '천변풍경'을 만들어간다. 세상에 대한 인간의 온갖 욕망 또한 여전히 그 위에 떠내려간다. 그들은 지금 어디에 살고 있을까.

411

4부

해외 도시의
무지개떡 건축

무지개떡 건축은 그것이 위치해 있는
도시를 이해하는 주요한 단서의 하나다.
밀도와 복합이라는 키워드를 구현하는
건물이 그 어떤 건축 유형보다 도시의
맥락과 도시적 삶의 의미를 풍부하게
드러내기 때문이다. 4부에서는 몇몇
태평양 연안 국가의 도시를 다룬다.
그중에는 형재형의 상가주택 전통을
보유한 곳, 공존의 미덕이 살아 있는 곳,
복합건축이 보편화된 곳도 있다. 다른
나라의 무지개떡 건축은 각기 어떻게
활력과 다양성에 기여하며, 생존의
방법을 찾아가고 있는지 질문해본다.

싱가포르
골든마일

싱가포르의
세운상가

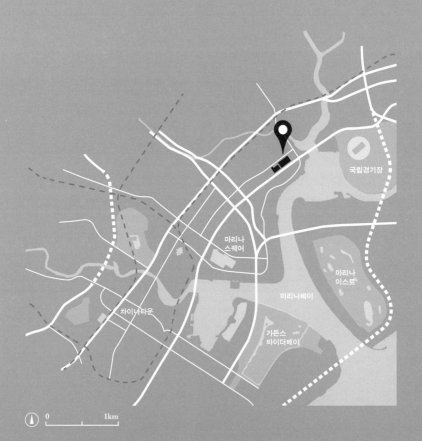

국립경기장

마리나
스퀘어

마리나
이스트

마리나베이

차이나타운

가든스
바이더베이

0   1km

골든마일
무지개떡 지수
92

총평 당시 세계 건축계의 주류적 사고를 여실히 보여주는 실험적인   **92**/100
건물이다. 아직 잘 기능하고 있으나 유토피아로서의 한계가 드
러난다.

입지 도심지에서 가깝기는 하지만 상대적으로 고립된 위치다. 마리   **18**/20
나베이를 향한 전면의 경관은 매우 뛰어나다.

규모 거대 주상복합으로 건물 자체가 하나의 도시 역할을 하고 있다.   **20**/20

복합 주거와 상가, 사무실 등의 비율이 적절하며 다양한 옥외 공간   **20**/20
이 조성되어 있다.

보행자
친화성 고립된 성격이 강해서 일부를 제외하고는 보행자의 접근이 불   **16**/20
편하다. 전면은 개방된 공원이지만 조경 등으로 단절되어 있다.

형태 거대 구조체 개념의 건물로서 기계적인 외관, 압도적인 스케일   **18**/20
을 보여준다.

도시국가 싱가포르의 공동주거

　본격적인 싱가포르의 역사는 19세기 초인 1819년으로 거슬러 올라간다. 영국 동인도회사의 토머스 스탬퍼드 래플스 경이 국제 무역항을 개발한 것이 그 시초로, 아직도 그의 이름이 여기저기에 남아있다. 1867년에는 대영제국의 정식 식민지가 되었다가 2차 세계대전 당시에는 일본의 지배를 받았다. 이후 다시 영국령이 되었다가 1963년 말레이시아의 일부로 독립했다. 그러나 인종과 사상 등의 차이로 1965년 8월 9일 초대 수상 리콴유, 초대 대통령 유솝 빈 이스학 등이 주도하여 말레이시아로부터 분리 독립한 것이 현재에 이른다. 지난 2015년, 싱가포르는 독립 50주년을 성대히 기념했다.

　잘 알려진 것처럼 싱가포르는 도시국가다. 면적은 719제곱킬로미터로 605제곱킬로미터인 서울보다 넓고, 인구는 2015년 말 기준 567만 명으로 990만여 명인 서울의 과반이다. 단순히 산술적으로 계산하면 인구밀도가 서울의 절반 정도임을 알 수 있다. 그런데 서울 정도의 면적에 한 국가가 들어가다 보니 국가로서의 인구밀도는 엄청나게 높다. 국가로서의 싱가포르 인구밀도는 무려 1제곱킬로미터당 6801명으로 단연 아시아 최고다. 대한민국 전체의 인구밀도가 1제곱킬로미터당 505명임을 감안하면 엄청나게 높은 수치임을 알 수 있다. 물론 동등 비교가 무의미하기 때문에 면적이 매우 작은 국가의 인구밀도는 별도로 취급한다. 흔히 싱가포르 하면 고층 건물들이 숲을 이룬 모습만 상상하게 되지만 나라 전체가 이런 것은 물론 아니다. 도심지나 교외의 신개발지를 벗어나면 의외로 저밀도 지역과 녹지가 많다. 싱가포르의 별명 중 하나가 '가든시티'인 것도 우연은 아니다. 드물지만

어퍼크로스스트리트의 상가주택군.

리콴유 전 수상의 사저가 있던 옥슬리(Oxley)처럼 단독주택이나 저층 공동주택이 자리 잡은 지역도 있다. 게다가 간척사업을 활발히 하여 건국 이후 지금까지 국토 면적을 무려 23퍼센트나 늘렸다. 좁은 국토에 민간용, 군사용을 포함하여 공항이 여섯 개나 되는 것도 특이하다.

국토가 극히 제한적인 나라이다 보니 싱가포르에서 공동주거는 매우 중요한 의미를 띤다. 개국 이후 주택 정책은 정부의 최우선 사업이었다. 2015년 4월 2일자 《연합인포맥스》 기사에 따르면, 싱가포르 정부는 한국의 토지주택공사(LH)에 해당하는 주택개발위원회(Housing Development Board)를 주축으로, 전체 주택 시장에서 공공주택의 비율을 무려 85퍼센트까지 끌어올렸다. 게다가 그중에서 임대주택이 차지하는 비중은 겨우 3퍼센트에 불과하다. 리콴유 수상 이후 강력하게 실행해온 자가 소유 확대 방침의 결과다. 사회적, 경제적 조건이 여러모로 다른 대한민국과의 단순 비교는 섣부르겠지만, 싱가포르 국민 대다수는 정부 주도로 지어진 자기 집에 살고 있는 셈이다.

좁고 긴 대지에 자리한 숍하우스

상업 및 교역을 경제력의 근간으로 삼아온 싱가포르에서는 이미 오래전부터 다양한 유형의 주거가 존재해왔다. 그중에서도 한국과 비교했을 때 특히 눈길을 끄는 것은 상가주택이다. 현지에서 숍하우스(shophouse)라고 부르는 이 유형은 기본적으로 3층 건물이며 전체적으로 좁고 긴 대지에 자리 잡는다. 짧은 변이 거리에 면하기에 상업의 밀도를 높이는 데 매우 유리하다. 중국에서 기원한 유형으로서, 건물에 대한 세금을 도로에 면한 폭(프런티지)을 기준으로 매긴 탓에 점차 좁아졌으리라는 설이 있으나, 결과적으로 상업시설이 밀집한 거리를 만드는 데 크게 기여해 왔다. 사실상 이런 유형은 싱가포르뿐 아니라 전 세계의 상업이 발달한 도시에서 종종 찾아볼 수 있다. 동남아시아에 특히 많으며 일본의 나가야 또한 이런 유형이다. 다만 한국에서는 쉽게 찾아보기 어렵다. 한국에서는 대지의 긴 변이 거리에 면하는 경우가 많기 때문이다. 대지의 긴 변과 짧은 변 중에 어떤 것이 도로에 접하느냐 하는 문제는 건물의 배치와 구성, 나아가 가로의 성격에까지 큰 영향을 미치는 중요한 문제다.

이런 유형의 건물이 많이 모인 곳은 싱가포르의 어퍼크로스스트리트 일대다. 가로의 남쪽 면에 잘 보존된 상가주택이 줄지어 있

상가주택의 단면 모형.

다. 넓게 보면 차이나타운에 속한다. 중국계가 대다수인 싱가포르지만 차이나타운은 엄연히 따로 존재한다. 이중에서도 가장 붐비는 골목인 파고다스트리트의 한복판에 있는 차이나타운역사박물관(Chinatown Heritage Center)은 3층짜리 상가주택을 복원한 곳이다. 당시생활상을 쉽게 파악할 수 있도록 내부의 가구, 집기까지 잘 갖춰놓았다. 단면 모형을 보면 좁고 긴 평면 안에 중정이 두 개 있음을 알 수있다. 이 중정을 중심으로 환기가 필요한 두 개 시설, 즉 주방과 화장실이 바로 인접해 있는 것이 특이하다. 아마 많은 고민 끝에 어쩔 수없이 내린 결론이었을 것이다.

이 상가주택들은 이제 일종의 역사 유물이 되어 관광객들의 인기를 독차지한다. 그러나 이들을 통해 형성된 복합건축의 전통은 여전히 현재형이다. 싱가포르를 비롯한 동남아시아 일대에는 우리로서는 상상하기 어려울 정도로 복합건축이 보편화되어 있다. 그야말로 무지개떡 천국인 셈이다. 그중에서도 싱가포르 거대 주상복합의 대명

차이타타운 상가주택 너머의 국민공원 건물.

테라스 형식의 골든마일. 비교적 깨끗한 외관이지만 주거 부분에는 불법 증개축이 심하다.

사는 바로 골든마일과 국민공원이다. 두 건물 모두 1973년에 최종 완성되었을 뿐 아니라 건축가 또한 동일 인물이다. 바로 싱가포르 근대 건축의 선구자로 일컬어지는 윌리엄 림(William Lim)과 그가 이끄는 설계 회사인 디피아키텍츠(DP Architects)의 작업이다. 그리고 앞서 언급한 싱가포르 주택개발위원회의 주도로 진행된 공공프로젝트라는 공통점 또한 빼놓을 수 없다. 골든마일의 부지는 1969년 체결한 99년간의 임대 계약으로 확보된 것이다.

찬사와 비난을 동시에

골든마일은 1973년에 완공되었으니 세운상가 등 한국의 상가아파트들에 비해서는 다소 연도가 늦은 편에 속한다. 그러나 윌리엄 림이 유럽과 미국에서 공부한 해외파인 데다가 싱가포르의 지정학적 성격이 겹쳐 국제적인 지명도는 비교하기 어렵다. 이 건물과 윌리엄 림에 대한 자세한 영문 정보는 인터넷에서 쉽게 구할 수 있다. 골든마일은 당시 세계적으로 유행하던 일련의 건축적 사고들, 즉 메가스트럭처(megastructure), 일본의 메타볼리즘, 브루탈리즘 등에서 실제로 구현된 거대 사례의 하나로 평가받으면서 국제 건축계에서 상당한 명성을 얻은 바 있다. 이는 동시에 당시의 한국 또한 일정한 동시대성을 확보하고 있었음을 역으로 보여주는 사례라고 할 것이다.

골든마일은 상업과 업무, 주거의 다양한 기능이 거대 구조물에 들어가 있는 건물이다. 아래서부터 순차적으로 500개의 주차 공간, 411개의 상점, 226개의 사무실, 68개의 주거 세대가 있다. 멀리서 보면 반

건물 후면의 옥외 공간.

포의 고속버스터미널을 연상케 하는 외관이다. 경사 구조물로 된 본관과 그 옆의 고층 타워 두 동으로 구성되어 있는데, 타워에는 북한 대사관이 입주해 있다고 들었다. 싱가포르는 여러 동남아시아 국가들처럼 남북한 동시 수교국이다. 북한과의 교역도 10위권에 들어간다. 다만 북한의 대(對)중국 교역량 비중이 워낙 높아 싱가포르와의 교역 절대량은 1퍼센트 미만이다. 골든마일의 소유와 관리는 모두 싱가푸라개발(Singapura Developments)이라는 민간기업에서 맡고 있다.

택시에서 내리자 태국어 간판이 여럿 눈에 보인다. 오가는 사람들 또한 싱가포르의 화교들이나 말레이족들과는 다소 다른 외모다. 싱가포르 내에서 태국 사람들이 모여 사는 곳이어서 "미니방콕"이라 불린다는 소문대로다. 건물 한쪽에 태국식 불교 제단이 있고 사람들

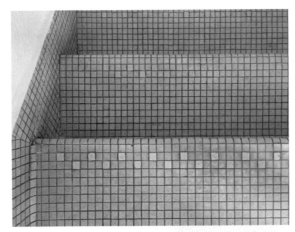

모자이크 타일을 이용,
계단의 논슬립을 만들었다.

내부 공간. 채광과 환기는
되지만 쾌적한 공간이라고
하기는 어렵다.
아래쪽에 상가 지붕이 보인다.

이 향을 피우며 경배를 올린다. 건물을 보러 오는 사람들이 많아서 그런지 상당히 경비에 신경을 쓰는 눈치다. "촬영 금지"라는 푯말도 보였으나 마음속으로 사과를 하고 엘리베이터를 탄다.

최고층인 16층에서부터 계단을 따라 걸어 내려간다. 오래된 건물이지만 의외로 건물의 상태가 나쁘지 않다. 1960~1970년대 한국 상가아파트들의 경우 예외 없이 벽에 금이 가 있고 페인트가 벗겨진 데 비하면 큰 차이다. 그나마 이 건물도 싱가포르에서는 일종의 슬럼으로 간주된다고 하니, 한국의 건물관리 문화가 얼마나 낙후되었는지 알 수 있다. 주거 부분은 기본적으로 개방형 편복도 구조라 환기나 채광에는 전혀 문제가 없다. 게다가 정면은 계단식 혹은 테라스식으로, 그 앞에 펼쳐지는 마리나베이 일대의 풍광을 즐기기에 손색이 없다. 또한 바로 앞이 공원이라 주변 환경은 쾌적한 편이다. 주거 부분의 최하층에는 옥상 운동장이 있다. 기둥을 밝은 노란색으로 칠한 덕분에 분위기가 경쾌하다. 원형 창문이 건물 여기저기에 나 있는 것도 특이하다. 계단실 바닥이 작은 모자이크 타일로 되어 있는데, 계단코 부분의 타일 높이를 달리하여 발이 미끄러지지 않게 논슬립(non slip)을 만들어둔 디테일 등을 보는 재미도 쏠쏠하다.

그러나 내려갈수록 분위기는 다소 음울해진다. 특히 사무실이 밀집된 중간 부분은 거대한 사선 공간으로, 건축의 기계 미학을 경험하기는 좋으나 결코 쾌적하다고는 할 수 없는 곳이다. 저층부 상가는 층고가 높아서 시원시원한 공간이기는 하나 이 역시 즐거운 마음으로 다니기에는 어딘가 부족해 보인다. 다만 이것은 건물 자체의 본질적인 문제라기보다 현재 건물을 사용하는 행태에서 비롯된 것이다. 내부를 좀 더 잘 정리하고 조명, 간판 등을 손보면 훨씬 나은 분위기가

427

저층부의 상가.

되리라 생각한다.

　다소 부정적인 의미를 담아 이야기를 하고 있지만, 세운상가에 비하면 관리 상태나 사용 행태의 수준은 비교할 수 없을 정도로 높다. 그러나 외부에서 바라보는 골든마일은 왜 싱가포르에서 툭하면 이 건물을 헐어야 한다는 이야기가 나오는지 설명해주지 않아도 알 수 있을 정도다. 테라스를 불법 개조, 증축하지 않은 세대가 거의 없다. 국민을 심지어 물리적으로 때려가면서 교육한 것으로 유명한 싱가포르에서 어떻게 이런 일이 생겼을까? 건물 대부분이 말쑥한 싱가포르에서 불법 증개축이 판을 치는 건물이 존재한다니? 그것도 세계적으로 잘 알려진 건물이? 오죽하면 싱가포르의회에서 이 건물 주민들의 이기심과 무관심을 통렬하게 비판할 정도다. 심지어 "수직의 빈민

굴", "국가적 수치" 같은 과격한 표현까지 등장했다. 솔직히 그런 비난을 받을 정도까지는 아닌 것 같다. 그만큼 건축에 대한 싱가포르의 사회적 기대치가 남다르다는 것을 보여주는 사례인 듯하다.

다민족 국가로서 싱가포르는 특정 민족의 전통이나 문화를 우선하기 어렵다는 고민을 안고 있다. 그래서 오히려 일찍부터 지역주의를 벗어나 국제적인 건축에서 해답을 찾으려는 경향을 보여왔다. 현대건축의 대부 격인 렘 콜하스(Rem Koolhaas)는 싱가포르의 이러한 탈맥락적 특징을 "포괄적 도시(Generic City)"라 표현했다. 다만 싱가포르 사람들에게 이 건물은 본격적인 국제화가 이루어지기 전, 소위 '싱가포르적' 문화를 담는 노력의 일례로 종종 인용된다.

이 건물의 미래에 대한 논의는 그간 다양하게 진행되어 왔으나 여전히 철거를 주장하는 사람들이 많다고 한다. 한국의 세운상가가 겪었던 것처럼 극적으로 재생의 길을 걷게 될지 여전히 의견이 분분하다. 2017년 7월 골든마일이 다시 관심의 대상으로 떠오르는 상황이 발생했다. 숭게이로드(Sungei Road)에 있는 80년 역사의 벼룩시장이 폐쇄를 앞두고 있던 차였다. 그런데 상인들이 골든마일 측과 협상한 결과, 이 건물 주차장의 6층 옥상으로 시장을 한시적으로 이전하기로 합의를 보았다. 도시재개발국은 해당 부분에 대한 용도 변경의 필요성을 이야기하면서도 시장 이전 과정에 협조하겠다는 의사를 밝혔다. 기존의 건물 내부 시장에 옥상 시장이 더해진다면 골든마일로서는 상당한 변화를 겪으리라 예상할 수 있다. 만약 숭게이시장의 이전이 장기화된다면 건물의 운명에도 영향을 미칠 터다. 비슷한 시기에 지어져서 찬사와 비난을 동시에 받아온 한국과 싱가포르의 두 건물은 이렇게 다양한 방식으로 생존의 방법을 찾아가고 있다.

429

쿠알라룸푸르
전통 상가주택

다양성과
통일성의 조화

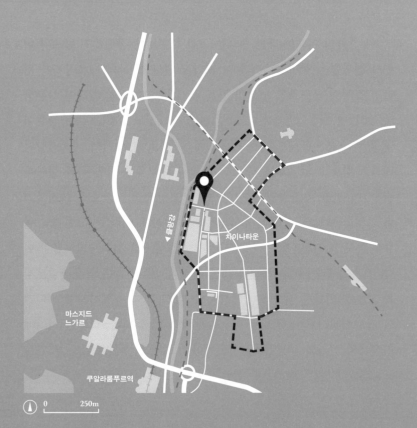

마스지드
느가르

차이나타운

쿠알라룸푸르역

0   250m

구시장광장 상가주택
무지개떡 지수
98

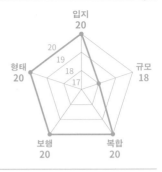

입지
20

형태
20

규모
18

보행
20

복합
20

20
19
18
17

총평 한 시대를 풍미했던 보편적 도시건축의 유형으로서 손색이 없   **98**/100
다. 잘 보존하거나 새로운 용도를 찾을 필요가 있다.

입지 구도심의 핵심 지역으로 주거와 상업이 공존하기 좋은 위치다.   **20**/20
게다가 비슷한 유형이 밀집해 있다.

규모 3층의 소규모 무지개떡 건축으로 상가주택의 규모에 해당한다.   **18**/20
다만 요즘은 이 이상의 밀도를 요구한다.

복합 주거와 상가의 비율이 적절하다. 건물은 안으로 깊기 때문에 주   **20**/20
거와 상업이 공존하기 쉽다.

보행자   오척가로는 보행자의 경험을 매우 풍부하게 만든다. 매우 강력   **20/20
친화성** 한 도시적 요소다.

형태 통일성과 다양성이 공존한다. 색채와 형태가 자극적이지 않다.   **20**/20
디테일의 묘미가 있다.

동서양의 상호작용

쿠알라룸푸르는 '흙탕물(lumpur)이 만나는 곳(kuala)'이라는 뜻이다. 그 이름에 걸맞게 구도심의 중심에서 곰박(Gombak)과 클랑(Klang)이라는 이름의 탁한 강줄기 두 개가 만난다. 그 교차점에는 이슬람을 국교로 하는 말레이시아의 수도답게 자멕모스크(Masjid Jamek)가 자리 잡았다. 국교가 있음에도 종교의 자유가 헌법에 명시되어 보장된다는 것 또한 다민족, 다종교 사회인 말레이시아의 특징과 고민을 동시에 보여준다. 자멕모스크의 동남쪽 일대가 쿠알라룸푸르의 구도심이다. 동남아시아의 상가주택에 관심이 있다면 꼭 가봐야 하는 곳이다. 그만큼 수효도 많고, 건축 양식도 다양하다. 싱가포르에도 상가주택이 많이 있지만 쿠알라룸푸르가 양과 다양성 면에서 단연코 앞선다.

쿠알라룸푸르라는 도시와 상가주택을 이야기할 때 빼놓을 수 없는 두 인물이 있다. 그 하나는 얍 아 로이(Yap Ah Loy)라는 광동 출신의 중국인이고, 또 다른 하나는 프랭크 스웨트넘(Frank Swettenham)이라는 영국인이다. 얍 아 로이는 다수파인 말레이족과 대별되는 이 지역 중국인의 지도자로서 인근 주석 광산의 배후 지역에 불과했던 쿠알라룸푸르의 근대화를 이끈 인물이다. 그런 그에게 도시 근대화의 구체적인 방법을 제공한 인물이 쿠알라룸푸르가 위치한 슬랑오르주의 외국인 고문 스웨트넘이었다. 1882년 고문이 되자 그가 처음으로 한 일은 거리 청소였다. 그러고는 도시를 개조하기 시작했다. 마침 그 전 해인 1881년 쿠알라룸푸르에 대화재가 발생했기에, 대대적인 개선이 필요한 상황이었다.

그는 우선 초기 주석 광산 시대의 유산인 목구조 초가지붕(atap)

구시장광장의 상가주택. 색상이 다채롭지만
명도가 높아 서로 싸우지 않는다. 오척가로가 보인다.

건물 대신 벽돌과 타일로 건축할 것을 법으로 정했다. 이렇게 해서 건물의 물리적인 수명을 늘리고 무엇보다 화재에 대비했다. 벽돌 수요가 대대적으로 늘어나는 데 대비해 얍 아 로이는 넓은 지역 하나를 인수한 뒤 여기에 도시 재건을 위한 벽돌 공장을 설립하여 운영했다. 그것이 지금 쿠알라룸푸르의 '리틀인디아'로 불리는 브릭필즈(Brickfields)다. 이 두 사람은 정치적으로는 경쟁하는 관계였을지 모르기만 주거니 받거니 하면서 쿠알라룸푸르를 근대도시로 탈바꿈해나갔다. 이 과정에서 여러 제도를 만들고 산업 기반도 갖췄다. 이렇게해서 집단적으로 출현한 건물들이 1880년대 중반의 과도기형 상가주택들이다. 구도심 중심가로의 하나인 툰에이치에스리가(Jalan Tun H. S. Lee)는 당시의 상가주택이 가장 많이 남아 있는 곳이다.

스웨트넘이 만든 또 다른 규정은 가로에 면한 1층의 전면부에 대한 것이었다. 상점의 전면을 5피트, 즉 1.5미터 후퇴하여 일종의 아케이드를 구성했다. 대다수 상가주택은 벽을 공유하는 소위 합벽건축이어서 이 아케이드는 가로 전체로 확대될 수 있었다. 이것은 곧 사람들이 비가 와도 젖지 않은 채로 거리를 다닐 수 있다는 의미였다. 이 '오척가로'는 현대적인 언어로 풀어쓰면 사유재산에 대한 제도적인 개입을 통해 공공의 선을 확장한 정책인 셈이다. 스웨트넘이 이러한 제도를 처음 고안한 것은 아니었다. 싱가포르를 세운 스탬퍼드 래플즈 경이 이미 1822년에 도시계획에 포함시킨 적 있는 규정이다. 오늘날 동남아시아의 도시적 전통으로 여겨지는 것들이 알고 보면 유럽인 식민 지배자들에 의해 정착된 제도의 산물인 셈이다. 물론 볼로냐 등 유서 깊은 유럽 도시에서 흔히 볼 수 있는, 도시건축의 기본적 어휘이기도 하다.

초기 상가주택은 2층이었으나 이내 3층으로 수직 확장되었다. 그러나 대체적인 폭은 20피트, 즉 6미터 정도를 유지했다. 정면이 좁은 대신 안쪽으로는 깊었다. 너무 깊어지면 채광과 환기를 위해 중정이 추가되는 것 또한 공통이다. 그리고 시대에 따라 다양한 건축 양식이 반영되었다. 중국, 말레이 양식이 도입된 것은 당연했고, 거기에 다양한 유럽의 영향까지 추가되었다. 신고전주의는 물론이고 아르데코와 모더니즘의 영향까지 발견된다. 네덜란드의 영향도 보인다. 박공, 즉 지붕의 측면을 강조하는 양식으로 네덜란드 본토에서 유행한 더치 퍼트리시언(Dutch Patrician) 등이 그 예다. 초기에 소박했던 상가주택이 본격적으로 화려해지기 시작한 시기의 모습을 쿠알라룸푸르 구도심의 거점인 구시장광장(Old Market Square)에서 볼 수 있다. 상가주택은 이처럼 형식과 내용 모든 측면에서 동서양 요소들의 상호 작용이 관찰되는 흥미로운 사례다.

서로 싸우지 않는 다양성

구시장광장을 찾아간다. 열대지방치고는 견딜 만한 날씨다. 여기에도 상대적인 사계절이 있어서 이제 여름이 가고 가을이 오는 중이었다. 두 강이 만나는 지점 일대에는 한창 강변 미화 작업이 진행 중이었다. 공사장이나 다름없는 거리를 지나, 현대건축물과 오래된 건물이 불편한 동거를 하는 듯한 업무 지역을 빙 돌자 한눈에 봐도 반듯하게 정리되어 있는 광장이 나타났다. 광장 서쪽에는 고층 오피스가 가지런히 서 있지만 그 반대편인 동쪽은 완전히 분위기가 다르다.

신고전주의 양식의 상가주택.
단 한 채도 똑같은 건물이 없다.

제과점의 쇼윈도를 들여다보는 느낌이랄까. 다채로운 상가주택들이
한 줄로 서 있다. 흰색, 하늘색, 노란색, 붉은색……. 하지만 명도가 높
아 서로 싸우지 않는다. 자로 잰 듯 모두 3층 높이이고 정면 폭도 일
정해서 가로의 연속성이 잘 유지되었다. 세부는 조금씩 차이가 나서
창문은 창문대로, 옥상의 페디먼트(pediment) 장식은 장식대로 모두
저마다의 특성이 있다. 몇 가지 요소들에 차이를 주고 그것과 색상 몇
가지를 조합한 결과, 단 한 채도 같은 건물이 없게 된 것이다. 이로써
통일성과 다양성을 겸비한 상황이 탄생했다. 1층은 모두 상점인데 위
에서 설명한 오척가로의 원칙이 잘 지켜진다. 누군가는 자기 상점의
면적을 늘리겠다며 전면을 막을 수도 있었을 텐데 아무도 그러지 않
았다. 제도와 문화가 동시에 작용한 결과가 아닌가 싶다. 다만 간판이

고층 건물과 대비되는 상가주택.
문화적 다양성이 엿보인다.

어지럽게 붙어 있는 모습을 보면 삶의 구석구석까지 도시 미관에 대한 생각이 침투하지는 못한 듯하다.

다시 길을 걷기 시작해서 툰에이치에스리가를 따라 내려간다. 건축 양식이 또 변하는 것이 감지된다. 과감한 색상을 사용한 건물도 보인다. 간판만 좀 더 정리되면 유럽의 거리라고 해도 믿을 것이다. '동양과 서양이 만나는 곳'이라는 표현은 한국보다는 여기 훨씬 더 잘 어울린다는 사실을 새삼 깨달았다. 쿠알라룸푸르가 이렇게 다양한 문화를 갖춘 도시일 줄은 미처 몰랐다. 다만 그 수많은 다양성 중에 유독 이슬람 문화가 상가주택에 미친 영향에 대해서는 이렇다 할 언급이 없어 의아하다. 짧은 일정 동안 육안으로 확인하는 데는 당연히 한계가 있고, 관련 자료도 아직 보지 못하였다. 물론 이슬람의 영향은

차이나타운의 중심인
페탈링가의 유리 지붕.

이슬람 사원이나 법원 등 공공건축에서는 쉽게 발견된다. 정신적 세
계와 일상생활 사이에 보이지 않는 경계가 있는 것인가. 이처럼 다양
한 문화가 섞여 있다고 해도 모든 분야에서 골고루 발현되는 것은 아
닐지 모른다. 일종의 선택적 매핑(mapping)이다. 주목할 것은 건축 양
식과 특정 인종 집단과의 연계다. 다민족 국가에서는 어느 한 민족의
양식을 대표적으로 내세우기 힘들다. 자칫하면 사회의 안정이 뒤흔
들릴 수 있기 때문이다.

쿠알라룸푸르의 구도심은 꽤 넓은 편인 데다가 도시적 연속성이 비교적 잘 유지되고 있다. 그러면서도 길모퉁이를 돌면 또 다른 분위기의 거리가 나오는 것이 즐겁다. 차이나타운에 가까워질수록 상업의 밀도는 점점 높아진다. 그중에서도 차이나타운의 중심가로라고 할 페탈링가(Jalan Petaling)는 전체 가로 위에 거대한 유리 지붕이 덮여 있다. 고풍스러운 상가주택과 현대식 유리 지붕이 대비를 이루면서 거리의 풍경은 더욱 다채로워진다. 이 지역에서 상가주택의 층수는 2층 정도로 다시 통일성을 찾는다. 이윽고 벽돌 혹은 목재의 중국풍 장식이 추가되는 것을 느낄 수 있다.

밀도와 복합이라는 두 요소의 배합

이 대목에서 쿠알라룸푸르의 상가주택과 한국의 2층 한옥상가를 비교해본다. 일단 시기로 보면 1900년 무렵 등장한 한옥상가가 다소 늦다. 게다가 목구조 건축술의 한계, 그리고 아마도 경제성 등의 이유로 2층을 끝내 벗어나지 못했다. 쿠알라룸푸르의 상가주택도 당초 목조였으나 얍 아 로이와 스웨트넘의 지시에 따라 벽돌조로 전환했다. 앞서 잠시 다룬 싱가포르 차이나타운의 역사박물관 건물은 기둥과 보 등의 주요 구조부가 아예 콘크리트였다. 하지만 대체로 이 지역에서는 이것을 시대의 변화에 따른 당연한 건축술의 진보로 보는 듯하다. 즉 일부 문화재 건물을 제외하고는 목구조 자체의 물리적 '진정성'에 그리 큰 의미를 두지 않는다. 한국은 이와 다르다. 나무를 사용하지 않는 한옥은 상상할 수 없다. 경복궁 안의 구국립박물관(현 국립

강변의 상가아파트.

민속박물관)처럼 콘트리트 한옥이 없지는 않으나 오히려 관 주도 건축의 대표적인 문제 사례로 간주된다. 한국 건축계의 심각한 트라우마다. 이런 피해 의식이 목구조 이외의 한옥에 대한 논의를 더욱 어렵게 하는 현실이다.

이러한 고정관념이 낳은 결과의 차이는 크다. 쿠알라룸푸르의 상가주택은 벽돌이라는 새로운 구조 방식을 받아들인 결과 3층 이상의 층수를 확보하면서 근대화가 야기하는 도시적 밀도의 압박을 어느 정도 이겨냈다. 물론 최근에 들어서는 이를 훨씬 초과하는 밀도가 요구되면서 도시건축의 보편적 유형으로서 상가주택이 지니는 의미는 점차 축소되었다. 그러나 적어도 상당한 기간 동안 그 역할을 해온 사실을 부인할 수는 없다. 반면 2층 한옥상가는 애초에 보편적 유형으로 보급되지도 못했고, 근대화 과정에서 도시적 밀도가 금방 2층 이상을 요구한 터라 유효 기간이 길지도 않았다. 결국 현재 한국 도시에서 2층 한옥상가는 지극히 희귀한 존재다. 최근 화제가 된 남대문로의 2층 벽돌 한옥상가처럼 문화재 대접을 받으며 가까스로 파괴의 위험을 벗어나는 경우는 보기 드문 예다. 얼마 남지도 않은 그 나머지는 소리 없이 사라지거나, 정면을 뒤덮은 간판과 가벽 뒤에서 자기 정체성을 숨긴 채 근근이 명맥을 유지할 뿐이다.

도시란 결국 밀도와 복합이라는 두 키워드로 구성되는 인간의 정주 형태다. 도시건축의 유형은 이 두 가지 중에서 어느 하나만 무시해도 결국 도시적 보편성을 상실한다. 그리고 그 결과는 종종 그 유형 자체가 아예 송두리째 사라지는 무시무시한 결과를 가져온다. 특히 밀도의 문제는 심각하다. 그래서 문화유산이라는 이름으로 상당한 제도적, 경제적 보호를 받지 못하면 명맥을 유지하기 어렵거나 특

443

차이나타운의 2층 상가주택.
오척가로를 두는 규칙은 아무도 위배하지 않는다.

수 용도의 건축물이 되는 운명에 처한다. 이것은 우리의 한옥이 밟아 온 과정이기도 하다. 이곳에서도 상가주택의 미래에 대한 수많은 고민이 쏟아져 나온다. 싱가포르, 그리고 같은 말레이시아의 도시 중에는 믈라카(Melaka) 등이 모범 사례로 종종 제시된다.

최근에는 젊은 세대가 이런 역사적 건축에 관심을 두는 사례가 는다는 소식이 들려온다. 그들이 힘을 모아 쿠알라룸푸르 구도심의 한 가로를 '로(Row)'라는 이름의 매우 매력적인 상가주택 지역으로 탈바꿈시켰다는 소식도 들려온다. 이런 현상이 이미 2000년대의 한국에서도 싹트고 있었음은 주지의 사실이다. 무수한 부작용이 있었음에도, 서울의 북촌과 서촌 그리고 전주와 경주 등의 한옥마을에 일어나는 변화가 이를 증명한다. 역설이지만 전통의 미래는 젊은 세대에게 달려 있다. 이렇게 몸은 이국의 거리에 서 있으나 생각이 한국을 향하는 것은 어쩔 수가 없다.

방콕 호프

진화하는
상가주택

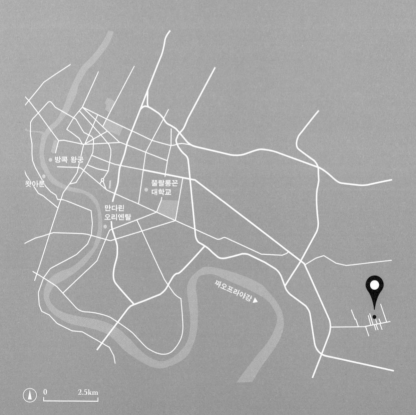

방콕 왕궁

왓아룬

풀랄롱꼰
대학교

만다린
오리엔탈

짜오프라야강 ▶

0   2.5km

호프
무지개떡 지수
98

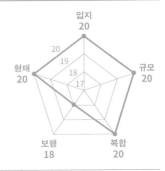

입지
20

형태
20

규모
20

보행
18

복합
20

20
19
18
17

총평   건축 작품으로서의 가치와 시장에서의 상품성이 결합된 드문   **98**/100
사례다. 도시건축의 새로운 보편성을 확보한 본보기로 보인다.

입지   주거와 상업이 적절히 공존하는 소이 지역 한복판에 위치하며   **20**/20
그러한 복합성이 잘 반영되어 있다.

규모   5층의 소규모 무지개떡으로 상가주택의 범위에 해당한다. 지역   **20**/20
의 스케일과도 조화를 이룬다.

복합   주거와 사무 공간의 비율이 적절하며 4층의 중정은 주거 공간   **20**/20
을 매력적으로 만들어준다.

**보행자
친화성**   1층 주차장이 전면에 노출되어, 보행자 입장에서는 심리적인   **18**/20
저항감이 있다. 다만 섬세한 디테일과 조경으로 이를 보완하고
있다.

형태   전통적인 상가주택의 박공지붕을 주요 모티프로 삼았다. 동일   **20**/20
한 유닛을 네 번 반복한 단순한 구성이다.

방콕의 혈관, 소이

서울에 골목길이 있다면 베이징에는 후통(胡同)이 있고 방콕에는 소이(soi)가 있다. 방콕 시내 주요 간선도로의 어마어마한 교통 체증을 피해 택시며 툭툭(tuktuk)이 아슬아슬하게 곡예하듯 누비는 좁은 길이 바로 소이다. 그러나 소이가 단순 우회로인 것만은 아니다. 때로는 목적지에 가기 위한 유일한 길이기도 하다. 방콕의 도시 구조가 워낙 특이한 탓이다. 상식적으로는 큰길 옆에는 큰 건물이, 작은 길 옆에는 작은 건물이 있는 것이 맞지만, 이 도시에서는 어쩐 일인지 그런 공식이 잘 읽히지 않는다. 크고 잘 알려진 건물을 찾아가려는데 알고 보니 소이가 복합하게 얽힌 지역의 한복판에 있는 경우도 흔하다. 혹시 운전기사가 나를 속이고 엉뚱한 길로 돌아가는 것은 아닌가 싶은 순간, 다 왔다며 내려준다. 그러니까 소이는 사람 몸으로 치면 실핏줄인 동시에 대동맥, 대정맥이기도 하다.

이것은 뒤집어 말하면 그만큼 소이 주변의 상황이 다채로움을 의미한다. 차를 타고 지나가며 무심히 바라본 어떤 소이는 초라하고 소란스럽지만, 다른 소이는 놀랍도록 쾌적하고 조용하다. 잠시 길을 잃어도 좋다는 각오를 하고 걸어 다니다 보면 여기에 이런 곳이 있다니 놀라울 정도로 기대하지 못한 상황과 마주칠 수도 있다. 그것은 아주 유명한 호텔일 수도 있고, 전통 태국 요리를 가르치는 학교일 수도 있다. 혹은 태국에 둥지를 튼 외국인이 운영하는 여행 카페 혹은 에어비앤비일지도 모른다. 그리고 무엇보다 소이야말로 방콕의 저 무궁무진한 상가주택들이 모여 있는 곳이기도 하다. 방콕의 상가주택은 너무 흔해서 이야깃거리조차 안 되고 특별한 관광 명소로 기능

호프 전경. 소이와 다른 상가주택 사이의
관계를 읽을 수 있다.

하지도 않는다는 점에서 싱가포르나 쿠알라룸푸르와는 다르다. 아마도 소이를 따라 워낙 넓게 분포된 탓이겠지만, 이곳의 상가주택은 아직도 방콕의 중요한 건축 유형으로서 여전히 도시의 기본 밀도 및 복합성에 기여하며 진화 중이다. 즉 끊임없이 새로 지어지고 있다. 그중 한 현장을 찾아가보았다.

푸미폰 아둔야뎃 전 국왕이 사망한 지 불과 며칠 후, 거리 곳곳에는 여전히 검은 옷을 입고 다니는 사람들이 많았다. 여기저기에서 제단을 만드는 모습도 보였다. 나 또한 어쩌다 보니 검은 상의를 입었는데, 자기들의 슬픔에 외국인이 동참한다며 감사를 표현하는 사람도 있었다. 마침 몇 년 전 나의 사무실에서 일하다가 귀국하여 방콕에서 독립 건축가의 길을 걷는 폰 라오하수카셈과 그녀의 회사 파트너인 나타퐁 비치칩이 고맙게도 사전 정보 모으는 과정을 도와주고 실제 답사에도 동행해주었다. 비가 주룩주룩 내리던 날이었다. 아마도 스마트폰과 구글지도가 없었으면 나 자신은 물론이고 방콕 토박이인 그들도 방향을 찾기가 쉽지 않았을 터다. 그만큼 방콕에는 수많은 소이들이 복잡하게 얽혀 있다. 소위 전근대적인 도시 구조의 한계를 첨단 기술로 극복하며 다닌 셈이다. 역설적이지만 그 덕분에 오래된 도시 구조를 굳이 바꿀 이유가 그만큼 줄어든다고도 느꼈다. 이처럼 새로운 기술은 없던 것을 만들기도 하지만 원래 있던 것에 새로운 생명을 불어넣기도 한다.

현대식 상가주택, 호프

우리가 찾아가는 곳은 와치라탐사팃51(Wachiratham Sathit 51)이라

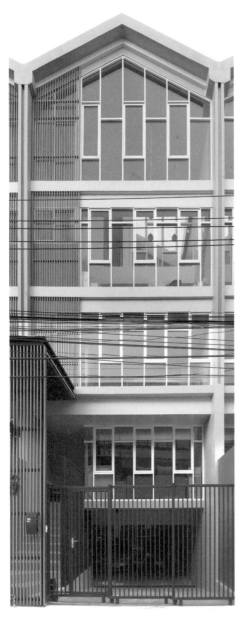

하나의 유닛. 다섯 개 층으로
구성되어 있다.

유닛 네 개가 반복되어 한 건물을
이룬다. 아주 간단한 아이디어다.

불리는 소이에 위치한 '호프(HOF)'라는 이름의 새로 지은 상가주택이
다. 홈오피스의 이니셜을 딴 이름이다. 방콕의 주요 간선도로인 수쿰
빗(Sukhumvit)가의 스카이트레인 역으로부터 무려 2.5킬로미터나 안
으로 들어가야 하는 곳에 있어서 택시를 타지 않으면 가기 어렵다.
택시는 작은 하천을 지나 아주 조용한 동네를 깊숙이 파고든다. 주택
가지만 여기저기에 상가와 사무실이 들어와 있다. 일본계 회사들의
간판도 보인다. 주거와 비주거 기능이 골고루 섞여 있는 것이다. 전반
적인 층수는 3, 4층 내외지만 2층 이하의 단독주택 유형도 많이 보인
다. 고만고만한 상가주택이 길 양옆으로 한참을 이어지다가, 높이와
규모는 비슷하되 느낌은 완전히 새로운 건물 하나가 나타난다. 곧 택
시가 멈췄다. 호프에 도착한 것이다.

　새 건물이지만 주변의 맥락을 잘 읽고 해석한 결과물이어서인지
이질적으로 느껴지지 않는다. 전체적인 규모도 그렇고, 기능도 그렇
고, 조형 언어도 그렇다. 어느 모로나 신경 써서 설계하고 지은 수준

건물 입구의 작은 제단. 진화하는 전통.

주차장은 조경이 아주 잘되어 무척 쾌적하다.

높은 건축이다. 곧이어 이 건물의 건축가인 IF(Integrated Field)의 소라 낏 낏차른로찌(Sorakit Kitcharoeuroj)도 도착한다. 그는 태국의 쭐랄롱 꼰대학교에서 건축을 공부하고 영국의 바스대학교에서 경영학 석사 를 받은 특이한 이력의 소유자다.

그의 안내로 돌아본 호프는 지상 5층 건물이다. 1층은 주차장, 2, 3 층은 사무실 그리고 4, 5층은 주택이다. 각 공간은 좁은 실내 계단으 로 연결되며 지하층은 없다. 이렇게 구성된 하나의 유닛이 대칭으로 반복되며 네 채 붙어 있는 아주 간단한 발상의 건축이다. 설계가 복잡 하지 않아서 건물을 이해하기도 쉽다. 그러나 자세히 들여다보면 현 실의 관찰에 기반을 둔 건축적 아이디어가 구석구석 엿보인다. 건축 가인 소라낏 낏차른로찌 자신이 사업의 주체로서 직접 지은 건물인 까닭도 있다. 이처럼 건축주의 역할은 정말 중요하다.

지표면에서 7~15미터 깊이까지 견고한 해양 점토층으로 덮여 있 고 지하수위가 높은 방콕에서는 일반적으로 지하실을 개발하지 않 는다. 일단 비용이 많이 들 뿐 아니라 장기적인 유지 관리도 어렵다 고 보기 때문이다. 그래서 주차장 대부분은 지하가 아닌 지상에 있다. 초고층 건물의 경우도 자동차로 한참을 올라가서 주차해야 한다. 다 만 최근 추세를 보면 아주 고급 건물의 경우 지하 주차장을 개발하기 도 한다. 방콕 시내 최고급 호텔의 하나인 수코타이호텔에 부속된 콘 도미니엄이 그런 경우다. 지상을 향해 열린 큰 중정을 여러 개 만들어 지하도 환기와 채광이 되도록 했다. 그러지 않으면 어마어마한 습기 로 주차해놓은 차들에 당장 큰 문제가 발생할 것이다. 중정 덕분에 지 하 주차장이지만 어둡지도 않고 공기도 상쾌하다. 이처럼 최근 태국 에서는 주차장을 쾌적하게 만드는 문화가 마련되고 있다. 호프도 마

2층의 업무 공간. 앞뒤로 채광과 환기가 가능하다.

5층의 침실. 밖으로 소이의 녹지가 펼쳐진다.

4층의 식당.
사진의 오른쪽 부분이 중정에 해당한다.

찬가지였다. 주차장은 길에서 경사로로 살짝 내려가도록 해두었는데 주변 조경에 신경을 많이 썼다. 입구 한쪽에 작은 불교 제단이 설치된 것을 보면 역시 전통의 나라 태국답다. 특히 소규모 건물이 밀집한 지역일수록 주차장이 지역 분위기에 미치는 영향은 절대적이다. 이 점은 한국이 배워야 하겠다.

현재 모델하우스로 사용되는 세대를 방문해볼 수 있었다. 최종적으로는 건축가 자신이 입주할 곳이라고 했다. 2층으로 올라가면 신을 벗게 되어 있다. 물론 입주자의 편의에 따라 조정할 수 있는 부분이다. 앞뒤로 창이 있고 층고가 높기 때문에 아주 밝고 시원한 공간이다. 현 용도는 사무실이지만 주거로 사용할 수도 있다. 반대로 주거 부분도 입주자의 선택에 따라서 별다른 절차 없이 사무실로 써도 무방하다. 소규모 건축물이라 용도 변경이 쉬운 탓도 있지만 대체로 행정 절차가 한국보다는 덜 엄격한 듯했다. 사실 이 정도 규모의 건물이라면 용도 변경을 까다롭게 제한할 이유가 없다고 생각한다.

계단이 하나밖에 없고 실내를 통해서만 연결되어 있다. 따라서 사무실과 주거 부분의 입주자가 동일해야 한다. 이것은 분명 제약이지만, 어차피 그리 사용할 사람들을 대상으로 개발한지라 굳이 동선을 분리할 필요는 없었다고 한다. 한 세대의 폭은 6.3미터인데 동남아시아 일대의 전통 상가주택의 폭과 크게 다르지 않다. 그 폭 안에서 계단실, 화장실, 주방, 기타 설비를 모두 한쪽으로 몰아넣어 나머지 부분을 자유롭게 사용할 수 있다. 이 부분은 각 세대의 정면에 그대로 표현되어 유리 커튼 월(curtain wall) 밖에 루버(가느다란 널빤지로 빗대는 창살이나 창 가리개.) 재질로 마감되어 있다. 이 루버는 처음에 보면 나무 같으나 건축가 설명으로는 일종의 합성 재료다. 나무를 쓰고 싶었으나 장기적인 유지 관리를 고민하다가 내구성이 훨씬 좋고 가격이 낮은 합성 재료를 쓰고 그 위에 페인트를 발랐다고 한다. 장기적인 사용을 위한 내구성 측면은 설계자들이 흔히 놓치는 부분이다.

외부 공간의 중요성

주거 부분으로 올라가면 개방감이 더욱 커지면서 공간이 매우 다양해진다. 침실도 층고가 높고 건물 뒤편의 녹지가 넓게 펼쳐져 있어 아주 쾌적한 분위기다. 소이 지역에 있는 매력의 하나다. 전체 건물에서 가장 돋보이는 부분은 역시 4층의 중정이다. 이 중정을 중심으로 4, 5층의 방들이 배열되어 있다. 이 중정은 일종의 세일즈포인트다. 방문객들이 그저 깔끔하게 잘 지은 상가주택 정도라고 생각하고 왔다가 이 중정을 보고 구매를 결정하는 경우가 많다고 한다. 덕분에 분양이 잘되어 바로 인근에 같은 유형의 건물 두 채, 그러니까 여덟 세대를 더 짓고 있었다. 중정 바로 옆이 주방이어서 허브가든 등으로 사용하기도 좋다는 설명이다. 이처럼 열대 기후 지역에서도 외부 공간과 실내 공간의 연결은 중요한 문제다. 사람들은 에어컨이 돌아가는 실내에만 있고 싶어 하지 않는다. 덥고 습해도 바깥을 느끼고 싶은 것이 당연하다. 옥상마당을 중시하는 무지개떡 건축 이론의 설득력을 다시 한 번 확인하는 순간이다.

중정의 벽은 수직 조경으로 대체했다. 열대 지방이라 식물이 사철 자라기 때문에 매우 적절한 선택이다. 지은 지 얼마 안 되는 건물이지만 이미 식물이 빽빽하게 벽을 이루고 있었다. 이처럼 호프는 사업 감

중정의 벽은 수직의 조경이다.

각과 디자인 능력을 겸비한 젊은 건축가가 기존의 상가주택을 잘 연구하고 나름의 해석을 더하여 설계한 건물이다. 건축적으로도 가치 있을 뿐 아니라 시장에서도 좋은 반응을 얻는다는 점에서 현재적 보편성을 획득하는 데 성공했다고 할 수 있다. 그런 보편성의 토대가 있어야 도시건축의 유형으로서 자리 잡을 수 있다.

이날 답사를 위해 준비한 자료에는 호프 말고도 여러 다른 상가주택이 있었으나 시간 관계상 다 볼 수 없었다. 이미 이 건물들은 태국의 대표적인 현대건축 작품으로 해외 매체 등에 소개되기도 했다. 호프는 이렇게 새로운 해석으로 지어지는 수많은 신세대 무지개떡 건축의 일례일 뿐이다. 상가주택의 오랜 전통 때문인지 방콕 시내의 고층 건물 중에도 무지개떡이 많이 눈에 뜨인다. 내가 머물던 호텔 바로 옆도 그런 건물이었다. 덕분에 아침마다 16층 승강기 로비 창 너머로 옆 건물 발코니에 사는 강아지와 인사하는 진귀한 경험도 할 수 있었다. 2016년 8월에 개관한 이래, 방콕의 새로운 명물로 등장한 마하나콘타워(MahaNakhon Tower) 역시 초고층 주상복합이다. 대규모 상가와 209개의 주거 세대, 150실의 부티크 호텔, 그리고 옥상의 바와 전망대로 구성된 마하나콘타워는 현재 태국에서 가장 높은 건물이다. 태국 최초로 중동 지역에까지 분양 홍보를 한 건물이기도 하다. 건물 외곽을 나선형으로 파내어 확보한 공간에 수많은 발코니와 마당을 마련함으로써 전통적인 중정을 넘어서 새로운 차원의 도시 고층 외부 공간을 드라마틱하게 제시한 것이 매우 특징적이다. 이처럼 전통적 저층 상가주택에서 최신의 초고층 주상복합건축까지 태국의 무지개떡 건축은 진화하고 있다.

시드니
상가주택

주민과 관광객이
공존하는 곳

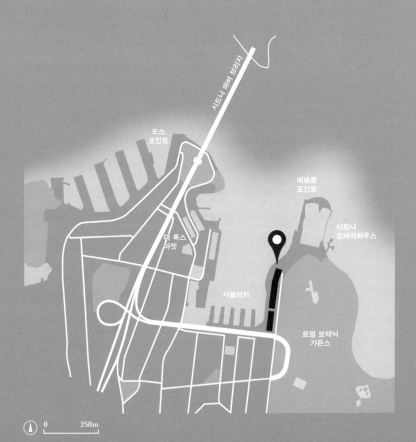

시드니 하버 브리지

도스
포인트

베넬롱
포인트

시드니
오페라하우스

더 록스
마켓

서큘러키

로열 보태닉
가든스

0   250m

시드니 상가주택
무지개떡 지수

96

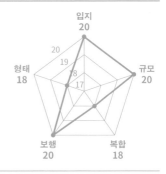

입지
20

형태
18

규모
20

보행
20

복합
18

총평 복합적인 대지 여건을 잘 풀어낸 건물이다. 시드니에서 가장   **96**/100
인기 있는 주거용 건물로서 가격적 보편성은 매우 결여되어
있다.

입지 도시의 상업적, 문화적, 교통적 중심이면서 동시에 주거 지역이   **20**/20
라는 어려운 요소들이 결합되어 있다.

규모 여러 채의 대형 건물이 연결되어 만들어지는 장대한 규모다.   **20**/20
그럼에도 부지 여건상 그리 위압적이지는 않다.

복합 주거와 상가의 비율이 적절한 데다가 지형적 이점을 잘 살렸   **18**/20
다. 주거는 엄청난 고가로 보편적이라고 보기는 어렵다.

보행자 전후면 모두 보행자에게 크게 개방되어 있다. 상가와 주거의   **20**/20
친화성 입구가 분리되어 서로 방해하지 않는다.

형태 수평선이 강조된 현대건축으로 금속성이 강하게 느껴진다. 뛰   **18**/20
어난 작품은 아니지만 도시적 역할은 충분히 하는 건물이다.

태양은 북쪽에

시드니에 가기 전, 그 도시의 대표적인 무지개떡 건축이 무엇이냐고 현지의 아는 분에게 물었다. 흥미로운 대답이 돌아왔다. 시드니 오페라하우스에 가면 그 근처가 죄 무지개떡 건축이라고 했다. 한걸음에 보고 싶은 두 군데를 찾을 수 있다니, 아주 반가운 소식이었다. 잘 알려져 있다시피 호주는 대표적인 남반구 국가다. 그중에서도 시드니는 남위 33도에 위치한 도시로, 북위 37도에 위치한 서울에 비해서는 적도에 조금 더 가깝다. 서울에 가을이 깊어갈 무렵이라 시드니에는 봄이 한창이었다. 날이 점점 더워지고 있었다. 반바지 반팔 차림의 사람들도 눈에 많이 띄었으나 저녁이 되면 아직 쌀쌀했다. 적도를 넘은 것은 이번이 처음이었다. 태양이 북쪽에 있기 때문에 생기는 공간 지각의 혼동은 며칠이 지나도 사라지지 않았다. '양지바른 북향'이라니.

그런데 예상치 않은 곳에서 또 다른 무지개떡 건축을 만났다. 한 두 채가 아니라 한 지역 전체가 무지개떡이었다. 다름 아닌 숙소 근처였다. 숙소를 시드니 중심 지역에서 벗어난 쿠지해변에 잡았는데, 이 일대가 무지개떡 건축으로 가득했다. 쿠지는 태즈먼해에 면한 시드니 동해안의 지역으로 아름다운 백사장과 깎아지른 절벽으로 유명하다. 리조트 지역이라기보다는 주거지로서의 성격이 강하기는 하지만 어느 정도의 상가와 유흥가는 형성되어 있다. 시내에서 조금 떨어진 곳이라 밀도가 높지 않아서 대다수 건물은 3, 4층 내외였다. 상업시설 대부분이 저층에만 있고 그 위는 주거 기능이 자리해서, 밤이 되어도 사람들이 별로 시끄럽게 굴지 않고 비교적 정온한 상태를 유지했다. 주거와 상업이 공존하면 소음 문제가 심각하겠거니 생각하는 사람들

쿠지해안은 온통 무지개떡 건축 천국이다.

이 많은데 주거의 비중이 어느 정도 이상이 되면 실상 그다지 걱정할
필요가 없다. 왜냐하면 상업시설 고객 대부분이 주민들이기 때문이
다. 자기가 사는 동네라면 누구나 행동에 어느 정도의 절제가 생긴다.
쿠지해안도 그런 편이어서 제법 많은 사람들이 밤에 돌아다니고 있
었지만 다들 적당한 선에서 조심성 있게 행동하는 듯 느껴졌다.

오랜 역사의 베넬롱포인트

시내로 나가본다. 시드니에는 우리의 교통 카드에 해당하는 오팔

카드라는 것이 있다. 편의점 등 여기저기에서 구할 수 있으며 잔액이 얼마 남지 않은 시점에는 미리 알려준다. 현금만 있어도 걱정할 것은 없다. 세상에 급할 것 없다는 태도의 버스 기사가 직접 받아서 거스름 돈을 챙겨주는 까닭이다. 당연히 시간이 좀 걸리지만 다들 그런가 보다 한다. 삶의 박자 그리고 사람들의 마음이 한결 여유 있다. 가는 길, 버스 도착 시각 이런 것들은 구글 앱으로 다 해결된다. 편리하기는 한데 반대로 여행의 고전적인 요소인 길 물어보는 재미가 사라진 것 같아서 아쉽다. 쿠지 해안에서 오페라하우스 근처의 페리터미널인 서큘러키(Circular Quay)까지는 30분밖에 걸리지 않는다. 시드니의 인구는 350만 명으로, 서울과는 비교할 수 없고 부산 정도를 생각하면 쉽게 가늠된다.

오페라하우스가 있는 베넬롱포인트(Bennelong Point)는 시드니에서 가장 역사가 오래된 곳이다. 위키피디아에 따르면 원래 이곳은 오랫동안 원주민들이 조개를 잡아 그 껍질을 버리던 섬이었다. 1788년 호주 최초의 총독 아서 필립(Arthur Phillip)이 함대를 이끌고 신대륙을 찾았다. 그 배에는 1000명 이상의 범죄자들뿐 아니라 말을 포함한 일부 가축도 타고 있었다. 동물들은 이 섬에 방목되었고, 이송된 범죄자들 중 여성들이 조개껍질을 모아 시멘트 모르타르와 섞을 석회를 구웠다. 그 재료를 이용해서 정부가 사용하기 위한 2층 건물을 지었다. 1790년대 초, 호주의 초기 역사에서 가장 특이한 인물인 원주민 베넬롱이 필립 총독을 설득하여 집을 하나 지었고, 이때부터 섬에 그의 이름이 붙었다. 그는 영국인과 원주민 간의 가교 역할을 하던 인물이다. 19세기 초, 섬과 반도 사이의 바다를 메우고 땅을 평평하게 고른 후 매쿼리라는 이름의 요새를 지었다. 시드니에 전차가 들어온 이후

이스트 서큘러키. 오페라하우스가 머리라면 다른
건물들은 몸통이다.

에는 이곳이 전차 차고가 되었다.

이후 1957년, 이 베넬롱포인트를 무대로 세계 건축사에서 가장 떠
들썩한 사건 중의 하나였던 대대적인 국제현상공모가 열렸다. 덴마
크의 무명 건축가였던 예른 오베르 웃손(Jørn Oberg Utzon)이 이 신생
국가의 상징이 될 오페라하우스의 설계자로 선정되었다. 시드니 오
페라하우스는 하나의 사건이었다. 1973년 개관할 때까지 공사 기간은
10년 연장되었고 비용은 열네 배 초과되었다. 건물 하나를 짓는 일이
심각한 사회문제가 되었다. 정부가 몇 번 바뀌었고 설계자와의 관계
는 극도로 악화되었다. 정부 측은 설계도 끝나기 전에 공사를 진행하
고자 했고, 수많은 변경을 요구했으며, 임금까지 체불했다. 결국 웃손
은 저주에 가까운 악담을 퍼부으며 중도에 덴마크로 돌아가버린다.
분노한 그는 평생 호주 땅을 다시 밟지 않았다. 오페라하우스의 공사
과정에서 이 땅이 밟아온 이런저런 역사적 흔적이 발굴된 것은 기대
치 않았던 수확이었다.

여기까지는 마치 소설 같은 줄거리로서 신생 국가 호주로서는 실

로 영욕이 교차하는 과정이다. 그다음 이야기는 조금 다르다. 일단 시드니 오페라하우스가 완공되자 그들은 장기간에 걸친 계획을 통해서 이 일대를 세계에서 가장 매력적이라고 할 만한 도시적 장소로 바꿔나간다. 지금의 베넬롱포인트는 해안가의 시드니 오페라하우스를 필두로 수많은 건물과 옥외 공간, 도시 인프라가 결합되어 있는 매우 특별한 지역이다. 게다가 그 배경은 세계 최대의 자연 항구인 시드니만이다. 그 변화의 한 축에 복합건축, 즉 무지개떡 건축이 있다. 바다를 향해 돛을 펼친 범선과도 같은 오페라하우스가 머리라면 그 뒤를 길게 따른 건물들은 몸통에 해당한다. 몸통을 이루는 것은 모두 주상복합이다. 시드니 오페라하우스 주변은 주거 지역이라는 의미다. 동시에 시민들과 관광객이 엄청난 수효로 몰려드는 도시의 중심지이기도 하다.

도시를 만드는 주체

지도를 놓고 이 일대를 들여다보면 그 도시적 상황을 더욱 확실히 알 수 있다. 일단 이 모든 것의 중심에 서큘러키가 있다. 서큘러키는 필립 총독이 배를 이끌고 내렸던 바로 그곳이면서 현재는 시드니만 일대의 다양한 장소를 그물처럼 연결해주는 페리 선착장이다. 그 동쪽 지역, 즉 이스트 서큘러키가 시드니 오페라하우스 쪽이고 반대쪽에는 시드니의 구시가가 가장 잘 보존된 더록스(The Rocks) 지역, 시드니현대미술관 그리고 국제여객선터미널이 있다. 서큘러키의 바로 남쪽, 즉 내륙으로는 고가도로와 지하철이 지나가며 그보다 남쪽은 시

469

고저차를 연결하는 무어 계단.

드니의 중심 업무 지역으로 고층 빌딩이 대거 솟아 있다. 한마디로 자연과 역사, 교통 그리고 현대 도시의 활력이 한데 집중된 보기 드문 장소다.

이스트 서큘러키 지역은 고저차가 심하다. 이곳의 주상복합건물들은 자연 지형을 최대한 이용해서 지어진 탓에 바닷가 쪽과 반대쪽의 입구는 두 층의 높이차가 난다. 즉 언덕에 바로 붙어서 건물이 축대 벽처럼 서 있는 상황이다. 앞쪽은 더할 나위 없이 붐비는 도시 광장이지만 뒤쪽은 널찍하고 조용한 공원이다. 주거와 상업시설이 공존하는 최적의 조건이다. 건물 사이로 역시 상당히 역사가 깊어 보이는 계단이 있는데, 이것이 두 장소를 연결해준다. 모든 건물의 저층부

저층부의 상가.

계단을 올라오면 갑자기
분위기가 정온해진다.

덱 아래층으로
내려가는 계단. 그 뒤로
주상복합건물과 중심 업무
지역, 그리고 공원이 보인다.

는 상가와 카페, 음식점 등이, 그 위는 건물에 따라 호텔, 사무실 그리고 고급 주거 등이 들어가 있다.

물론 이 거대한 계획이 탈 없이 진행된 것은 아니었다. 이스트 서큘러키 지역이 본격적으로 현재 모습을 갖춘 것은 1990년대 이후다. 초기 계획안이 발표되자 시민들의 원성이 들끓었다. 오페라하우스 때도 그랬듯이 결국 건축 계획이 정치 문제로 불거졌다. 총리까지 동원되는 우여곡절 끝에 건물의 높이가 낮아지고 건축가가 바뀌면서 현재의 안으로 방향이 정해졌다. 1993년 3월 시드니가 2000년 올림픽 개최 도시로 선정되면서 이 계획의 중요성은 급격히 커졌다. 저층부 상가를 구성하는 육중한 콜로네이드(colonnade) 때문에 시민들에게서 "빵 굽는 토스터"라는 별명을 얻는 등 논란이 끊임없이 계속되었으나, 이제는 시드니의 중요한 일부로서 받아들여진 상태다. 오페라하우스는 웃손이라는 한 명의 천재로 설명될지 모르지만, 도시를 이렇게 만드는 주체는 개인이 아니다. 온갖 우여곡절을 포함한 인간의 집단지성이 필요한 대표적인 존재, 그것이 바로 도시다. 오페라하우스와 그 주변 건물들은 상보적인 역할을 하면서 이스트 서큘러키를 세계에서 가장 매력적인 도시 공간으로 만든 견인차였다. 둘 중 어느 하나가 없는 상황은 상상하기 힘들다.

오페라하우스와 주거의 공존

시드니 오페라하우스 바로 옆에 자리한 서쪽 해안은 두 층으로 된 테라스 구조를 보여준다. 바다에 바로 면한 아래층은 여러 레스토랑

두 개층으로 구성된 덱. 아래층의 소음을
처마가 막아준다.

주거 지역이므로
조용히 해달라는 매우
정중한 안내문.

이기 때문에 항상 엄청난 인파로 붐빈다. 당연히 소음이 높아질 수밖에 없다. 그러나 그 바로 위층, 즉 지상 덱은 비록 사람들이 많이 오가기는 하지만 소음이 크게 발생하지는 않는다. 게다가 이곳은 완전한 보행자 지역으로 자동차도 다니지 않는다. 이 두 층의 차이는 불과 3미터 내외, 완만한 계단 몇 단을 오르내리면 쉽게 오갈 수 있는 구조다.

이렇게 복층으로 구성한 이유가 무엇일까? 물론 일반 보행자와 한자리에 오래 앉아 있는 레스토랑의 고객들을 분리하려는 의도가 있었을 터다. 이렇게 하면 서로 성격이 다른 두 그룹이 서로 방해받지 않고 경관을 즐길 수 있다. 간단하지만 매우 효과적인 해결법이다. 동시에 이 지역 일대를 정온하게 유지할 수 있다는 부수적인 효과 또한 기대할 수 있다. 아래층에서 나오는 소음은 바닷바람에 묻혀, 그리고 덱의 처마에 가려져 상당히 완화된다. 물론 물리적인 장치만으로는 한계가 있고 사람들의 조심성 있는 태도가 아울러 필요하다. 아래층 계단 입구에 붙어 있는 간단한 안내문이 이러한 문제에 대한 시드니 오페라하우스 측의 배려심, 그리고 이 지역의 상호 의존성을 잘 보여 준다.

방문객 귀하,
이웃을 위해 오페라하우스를 떠날 때 조용히 해주시기 바랍니다. 주거 지역으로 가는 길입니다. 감사합니다.

시드니 오페라하우스 드림.

평양
상가아파트

한반도의
보편적 도시건축을 찾아서

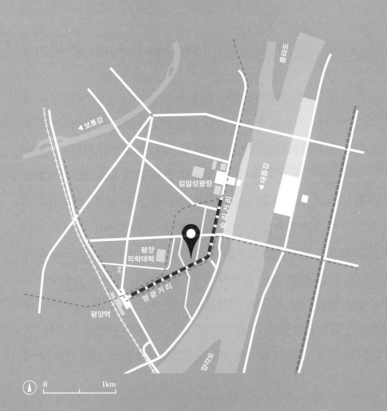

평양 상가아파트
무지개떡 지수
86

입지
20

형태
14

규모
20

보행
14

복합
18

20

10

0

총평 직주근접이라는 긍정적인 목표에도 불구하고, 이념과 체제의 한계에 머무르고 있다. 건축물 자체가 견고하다면 개선할 가치 는 충분히 있다. **86/100**

입지 평양의 구도심인 서평양 지역의 대로변에 많이 분포하는 것 으로 보인다. 생산과 소비, 주거가 근접해 있다. **20/20**

규모 상가아파트가 연속되어 도시 블록을 형성한다. 고층보다는 중 층인 경우가 많다. **20/20**

복합 상가는 거의 전적으로 거리에 면한 1층에만 자리 잡고 있다. 옥 상의 활용은 확인이 되지 않는다. **18/20**

보행자 친화성 거리에 면하나 내부가 잘 보이지 않고 창턱도 높으며 입구에 계단이 있어서 보행자에 대한 배려가 느껴지지 않는다. **14/20**

형태 대부분 외형이 매우 경직되어 있다. 삶의 문화보다는 사회주의 적 이념을 위한 수단이라는 인상이 강하다. **14/20**

갈 수 없는 도시

이 책을 쓰기 시작하면서 다짐한 바가 있었다. 당연한 이야기지만 모든 건물을 직접 가서 보겠다는 것이었다. 사진도 가급적 직접 찍은 것을 사용하고자 했다. 하지만 이 마지막 장을 쓰면서 그 원칙을 처음이자 마지막으로 접는다. 직접 보지 않은, 아니 그럴 수 없는 도시인 평양에 대한 글을 쓰려고 하기 때문이다. 사진 자료는 북한의 도시와 건축 연구에 있어 독보적인 존재인 재미 건축가 임동우 선생으로부터 받았다. 구글어스와 네이버, 다음지도 등으로 평양의 주요 거리 이름을 파악했고, 서구인들이 유튜브에 올려놓은 동영상을 통해 낯선 도시의 풍경을 볼 수 있었다. 또한 대한민국의 국토교통부가 만든 국가 공간정보 유통 시스템인 브이월드(map.vworld.kr) 역시 평양의 건물에 대한 입체 정보를 비교적 자세히 소개해놓고 있어 큰 도움이 되었다. 즉 공개된 자료들을 가지고, 최대한 객관적으로, 그러나 어쩔 수 없이 상당 부분 추측하며 글을 쓴다.

개별 사례를 이야기하기 전에 사회주의 도시계획에 대한 기본적인 설명이 필요할 것이다. 사회주의 국가에서는 토지와 자본이 원칙적으로 국가 소유이므로, 도시 내 자원을 분배하는 도시계획이야말로 사회주의 이념의 기본을 잘 보여주는 영역이다. 우선 사회주의자들은 평등한 사회를 만들기 위해 도시와 농촌 간의 격차를 줄이는 것을 중요하게 생각한다. 나아가 대도시라는 개념 자체에 반대한다. 도시가 성장하면 사회적 격차가 커지리라 보기 때문에 이를 억제하기 위해 국가 차원에서 많은 수단을 동원한다. 자연스러운 성장보다는 계획적인 성장을 도모하는 것이다. 중국과 같은 예외가 있지만, 사회주의 계열 국가에 거대 도시가 많지 않은 것은 이런 이유에서다. 대도시가 불가피하게 생긴다고 하더라도 대체로 수도 등 도심에 국한되고 그다음 도시들은 규모가 상당히 작아진다. 북한의 경우도 수도인 평양직할시의 인구는 325만 명이지만, 두 번째 도시 자리를 놓고 경쟁하는 함흥과 청진은 67만 명에 불과하다. 또한 마찬가지 이유에서 도농 간 통합을 지향한다. 그래서 도시 안에도 의외로 경작지가 있다. 평양의 채소 공급지로 알려진 대동강의 두루섬 같은 곳이 대표적인 예다.

또 다른 특징은 직주근접을 강조한다는 것이다. 사실상 자본주의 사회에서도 중요한 개념이기 때문에 사회주의만의 독창적인 내용이라고 보기는 어렵다. 주된 목적은 생산과 유통시설을 주거 지역에 근접 배치하여 노동자 계급의 복지를 증진하려는 것이다. 북한 관련 동영상에 걸어 다니는 사람들이 많이 등장하는 것도 이러한 도시 구조와 관계가 있다. 대한민국으로 치면 아파트 단지 내에 공장과 매장이 들어서는 듯한 상황이다. 이렇게 다양한 도시 기능이 복합된 주거 지역을 특별히 마이크로 디스트릭트(microdistrict)라는 명칭으로 부르기도 한다. 1920년대에 처음 도입된 이 개념은 소련이 붕괴하면서 비판받기 시작하여 지금은 유명무실한 상태다.

물론 직주근접은 자본주의 도시 이론에서도 중요한 개념이다. 이처럼 자본주의 도시와 사회주의 도시가 서로 이론적 입장을 교환 및 공유하는 것은 일종의 사상적 역설이라고나 할 것이다. 대표적인 사례가 발터 베냐민(Walter Benjamin)의 『아케이드 프로젝트 1, 2』(새물결, 2005·2006)에서도 나온다. 프랑수아 푸리에(François Fourier)와 그의 추종자들이 꿈꿨던 이상적 공산사회의 도시건축적 장치인 아케이드가 오히려 자본주의가 심화되면서 한층 발달했다는 지적이 바로 그것이다. 결과적으로 아케이드는 파리와 같은 메트로폴리스, 즉 대표적 자본주의 도시의 상징과도 같아졌다.

평양의 경우 요즘은 오히려 체제의 선전을 위한 고층 건물들이 들어서는 추세지만 기본적으로는 중층의 획일적인 밀도로 도시 대부분이 채워져 있다. 고밀도에 익숙한 자본주의 도시와 비교하면 길도 넓고 공원 등 녹지 등이 많이 확보되어 전원 도시 같은 느낌을 주기도 한다. 그러나 이 역시 전쟁 시 폭격에 대비하여 미리 도시의 각 지역을 이격한 결과이기도 하다. 한국전쟁 당시 미군 폭격기 조종사들이 "더 이상 폭격할 목표물이 없다."라며 그냥 돌아왔다는 이야기가 있을 정도로 평양은 완벽하게 파괴되었던 바 있다. 그 뼈저린 기억이 아직 남아서 도시계획에 영향을 주고 있는 것이다. 여기에 체제의 선전과 홍보를 위한 대규모 가로와 광장, 그리고 각종 기념물들이 더해지면 우리가 일반적으로 이해하는 사회주의 도시, 그중에서도 특정 개인 및 집단을 우상화해온 평양의 도시적 특질이 만들어진다.

사회주의판 무지개떡 건축?

이런 배경에서 보면 평양에 사회주의판 무지개떡 건축이 상당히 많으리라 짐작할 수 있다. 다만 소비를 중심으로 하는 자본주의 사회에서처럼 거리를 활기 있고 즐겁게 만드는 역할보다는, 기본적인 삶의 조건들을 충족시켜주는 정도의 성격이 강해 보인다. 또한 전반적인 경제 수준, 특히 소비 문화의 현격한 차이 또한 염두에 두고 볼 필

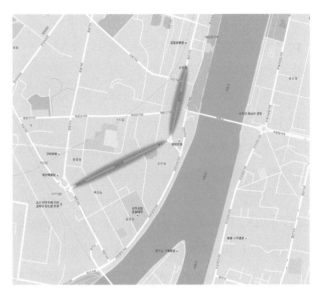

평양 구도심 지도.
붉은색 부분에 무지개떡 건축이 몰려 있다.

요가 있다. 특히 유튜브의 관련 동영상들을 살펴보면 일부 지역에 이
런 건물이 상대적으로 더 많이 분포된 것을 알 수 있다. 동영상으로
확인한 범위 내에서 이야기하자면, 대표적으로는 서울 강북에 해당
하는 서평양의 주요 간선도로로서 평양역과 평양대극장 사이인 영광
거리와 김일성광장을 관통하는 승리거리의 남단 부근에서 무지개떡
건축이 많이 발견된다. 반면 서울로 치면 강남에 해당하는 대동강 너
머의 상대적 신개발지 동평양 지역의 동영상에서는 이렇다 할 무지
개떡 건축의 존재를 볼 수 없다. 물론 주로 관광객들이 검열을 받아가
며 찍어 올린 동영상임을 감안하고 봐야 할 것이다. 심지어 관광객들
이 갈 수 없는 거리도 많다고 하니, 평양이라는 도시 전체에 대해 이
야기할 수 있는 상황은 아니다.

특이한 것은 동영상에 등장하는 무지개떡 건물들이 대체로 오래되어 보인다는 것이다. 그리고 건물의 양식에서 유럽 사회주의 건축의 영향이 읽히기도 한다. 한국전쟁 이후 북한의 재건에는 소련을 포함한 동구권 국가들과 중국인민지원군이 대거 참여했다. 평양은 소련, 함흥은 동독, 이렇게 도시별로 참여 국가가 달랐다고 알려져 있다. 동독은 특히 함흥을 대상으로 '함흥 프로젝트'를 가동할 정도였다. 북한 출신으로서 서독에서 활동한 도시계획가인 신동삼이 여기에 참여한 사실은 유명하다. 평양의 무지개떡 건축이 대체로 스탈린시대의 신고전주의적 경향을 보이는 데는 이러한 전후 복구의 역사적 배경이 있다. 한국전쟁 당시 평양은 심하게 파괴되어 일부 공산권 국가들은 아예 수도 이전을 권할 정도였다. 그러나 김일성의 의지, 그리고 소련 유학파 건축가 김정희 등의 노력으로 1953년, 그러니까 한국전쟁 종료를 전후해서 '평양 마스터플랜'의 발표와 함께 전후 복구가 시작된 바 있다. 최근에는 대동강변의 미래과학자거리에 초고층 주상복합이 등장하는 등, 북한이 국제도시로서 평양의 외형을 일신하는 데 상당한 노력을 기울임을 알 수 있다.

무심한 건물, 거리, 도시

여기 사진 몇 장을 소개한다. 전후 복구 과정에서 지어졌으리라 짐작되는, 동유럽 사회주의 건축의 분위기가 풍기는 것부터 비교적 최근에 지어진 것으로 보이는 사례까지 비교적 다양하다. 지명이 보이는 사례의 경우 지도에서 확인해보면 역시 평양 구도심에 위치하

1층에 대동문 식료품상점이 자리한 상가아파트.

고 있다. 아마 거의 전부가 서평양 중에서도 오래된 지역에 있다고 추측된다. 첫 번째 사진은 '대동문'이라는 이름으로 보아 평양성 내성의 동문이면서 북한 국보 4호인 대동문 인근 지역에 있는 건물인 듯하다. 대동문이 인민대학습당과 만수대회관 중간의 대동강변에 있으므로 이 역시 서평양의 구도심 지역이다. 식료품점으로서 일상생활을 위한 기초적인 먹거리 공급이 주목적이므로 거리의 분위기를 활기 있게 하는 데는 그다지 기여하지 않는다. 자본주의 도시 같으면 높은 창턱을 없애고 밖에서도 내부를 훤히 볼 수 있거나 사람들이 쉽게 드나들 수 있는 구조로 만들었으리라. 상층부는 주거시설일 텐데 생활의 흔적이 전혀 느껴지지 않는다. 상가 부분은 타일로 비교적 깨끗하게 마감했다.

두 번째 사진은 전혀 위치를 짐작할 수 없을 뿐 아니라 간판이 아예 없기 때문에 거리에 면한 저층부의 용도도 파악되지 않는다. 다만 색채와 창을 내는 방식 등이 차이가 있는 것으로 보아 저층부에 비주거 기능이 들어가 있으리라 추측할 뿐이다. 주거 부분은 발코니와 창틀에 화분이 놓여 있는 등, 어느 정도 생활의 흔적과 온기가 느껴진다. 전체적인 분위기로 보아 비교적 오래된 건물로 짐작된다. 역시 창턱이 높은 데다가 입구에도 계단이 있어서 거리의 분위기를 밝게 하는 데는 기여하지 못한다.

세 번째 사진은 여러 면에서 흥미롭다. 일단 건축 양식으로 보아 전후에 소련 및 동구권 국가들이 직접 참여하여 건설한 사례로 짐작된다. 신고전주의 건축에서 흔히 사용되는 저층부의 거친 석재 처리(rustication), 난간의 디테일 그리고 외벽 색채 등에서 그런 단서를 읽을 수 있다. 다만 실재 석재는 아니고 도색한 콘크리트로 보인다. 또다른 특징은 낚시 도구라는, 일종의 여가를 위한 도구를 파는 상점이라는 사실이다.(물론 대동강 등에서 생계형 낚시를 하는 사람들이 있을 수도 있으나 확인할 방법은 없다.) 역시 밖에서 내부가 잘 보이지 않고 높은 창턱, 입구 계단 또한 공통적이다. 에어컨 실외기를 거리 쪽으로 설치하는 무심함은 유감스럽게도 남북한이 공통이다.

네 번째 사진은 비교적 신시가지다. '창전'이라는 이름이 보이는 것으로 봐서 만수대 주변, 북한의 최고 부촌으로 알려진 창전거리 인근 지역으로 추측된다. 부착형 간판과 수직형 돌출 간판이 동시에 붙어 있어 특이하다. 그러나 옷 상점에서 기대하는 화려한 진열 방식과 조명 설치 등의 개념은 아예 찾아볼 수 없다. 역시 창턱이 높고 입구에는 계단이 있다. 보행자를 자연스럽게 유도하려는 노력이 특별히

485

저층부의 기능을 짐작하기 어려운 건물의 모습.

신고전주의 건축 경향이 발견되는 상가아파트.

아마도 창전거리에 자리한 상가아파트.

오탄에 위치한 상가아파트.

보이지 않는다. 거리에 면해 있다고 해서 보행자 친화적이 되는 것은 아님을 잘 보여주는 사례다. 디테일의 지원을 받지 않는 개념은 무의미하다.

마지막 사진은 5, 6층 내외의 중층 건물이다. '오탄'은 서울의 여의도에 해당하는 양각도 건너편의 대동강변 지역이다. 식료품점이지만 역시 내부가 잘 보이지 않고 높은 창턱과 입구 계단 등도 예외 없이 공통이다. 상층부 주거의 열린 창문을 통해 커튼, 일부 생활 집기 등이 엿보인다. 구매 활동의 즐거움과는 거리가 먼, 오직 실용적인 목적에만 충실한 디자인이다.

남북 관계가 최악의 상태인 지금, 북한의 도시와 건축에 대한 관심은 단순 호기심이거나 혹은 공허한 시도로 인식될지 모른다. 그러나 북한이라는 존재 자체는 숙명이므로 그 시각은 당연히 전면적으로 수정되어야 한다. 여느 도시가 그렇듯이 평양이라는 도시도 수많은 층위가 복잡하게 얽혀 있을 것이며, 그 도시를 이해하는 하나의 단서로서도 무지개떡 건축론은 적절하다고 판단되어 집필의 대상으로 삼았다. 결과론이지만 남북한 모두 한반도 상황에 적합한 도시건축의 보편적 유형을 만들어내는 데 실패했다. 그 해결의 실마리를 무지개떡 건축에서 찾을 수 있으리라 믿는다. 상가아파트는 그러한 논의의 전개에 있어서 빠질 수 없는 핵심 공통분모다.

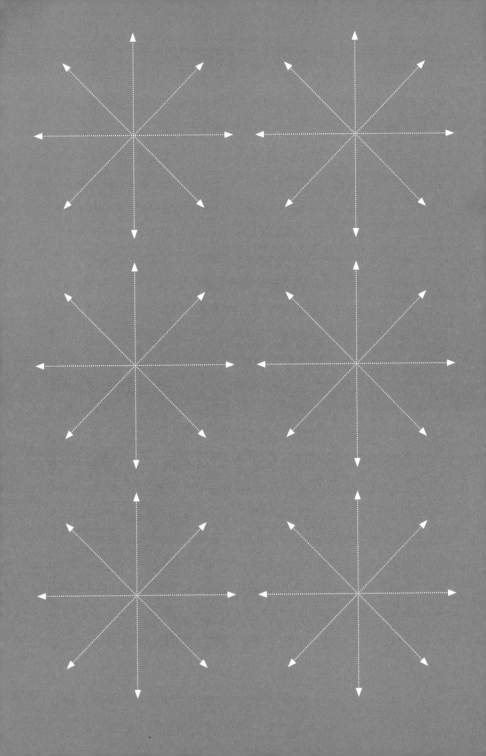

부록

무지개떡 건축 타임라인

완공 연도	아파트 이름	기타
1930	충정아파트	한국 최초의 아파트. 1979년 신촌개발사업 도로 확장으로 일부 철거.
1940	경성대화숙(야마토아파트)	훗날 이 자리에 미동아파트 건설.
1940년대	옥인동 2층 한옥상가	
1958	서울역 앞 관문빌딩	한국 최초의 상가주택.
1966	좌원상가아파트	건축물대장의 사용승인일에 따르면 한국 최초의 주상복합건축. 단, 1971년 분양.
1967	세운상가 가동	흔히 '한국 최초의 주상복합건물'로 알려짐.
1969	미동아파트	
1969	낙원빌딩	낙원악기상가 2013년 서울미래유산 선정.
1969	효자아파트	
1970	원일아파트	
1970	유진상가	1999년 B동 일부 철거.
1970	원효아파트	
1971	서소문아파트	
1971	대신아파트	
1971	성요셉아파트	
1971	삼각아파트 C동	
1971	홍파아파트	
1971	피어선아파트	
1971	금성아파트	
1972	안산맨숀	2005년 이후 아파트 1층이 근린생활시설로 용도 변경.
1974	반포주공 노선상가아파트	반포주공 1단지 재건축 추진 중. 한 개 동은 원형 보존할 계획.

1975	고은아파트	
	연화아파트	
1979	숭인상가아파트	
1982	한양가든테라스	
2002	타워팰리스1차	초고층 주상복합의 시초.
2003	타워팰리스2차	
2004	타워팰리스3차	

무지개떡 지수

연재 당시 각 건물의 무지개떡 지수를 산정하여 수록했는데, 소개하는 건물들에 대한 애정이 지나쳤는지 대체로 점수가 너무 후하여 변별력이 떨어진다는 지적이 있었다. 그러나 점수를 매겨 일렬로 줄 세우는 것을 평소에도 별로 좋아하지 않는다. 이러한 고민에 대해 이 책의 각종 지도 및 도표 작업을 도와준 신윤석* 씨가 좋은 아이디어를 제시했다. 점수에 초점을 맞추기보다 각 항목을 비율로 산정하면 오히려 그 건물의 특성이 잘 살아나지 않겠냐는 것이었다. 그렇게 해서 도표로 작성했다. 그리고 무지개떡 지수 산정의 기준으로 삼은 다섯 가지 항목(입지, 규모, 복합, 보행자 친화성, 형태)별로 대표적인 건물 다섯 개씩을 꼽아보았다. 이 무지개떡 지수와 요즘 사용되는 에너지 절약 계획서의 개념이 통합되면 궁극적인 친환경 도시건축 지수가 만들어질 수 있다.

◆ 지도 **신윤석**
연세대학교에서 건축을 공부하고, 이탈리아 사피엔자 로마대학교에서 건축 석사과정을 수학했다. 로마에서 건축과 연극 사진가로 활동했으며, 현재 미술, 도자기, 사진 등의 예술과 경영을 통합하는 디자인 비즈니스 프리랜서로 활동하고 있다. '한국 중소 도시의 형성과 진화'에 관한 지도와 사진 작업을 진행 중이다.

입지

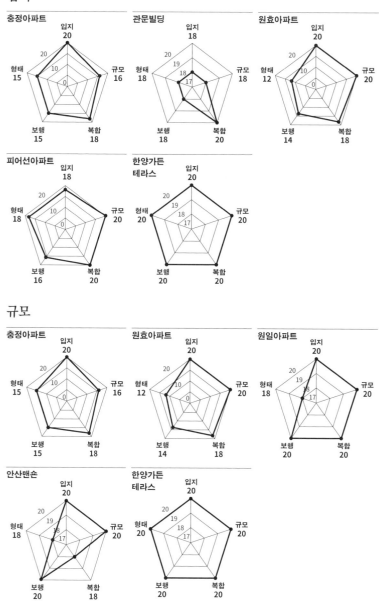

충정아파트
입지 20
규모 16
복합 18
보행 15
형태 15

관문빌딩
입지 18
규모 18
복합 20
보행 18
형태 18

원효아파트
입지 20
규모 20
복합 18
보행 14
형태 12

피어선아파트
입지 18
규모 20
복합 20
보행 16
형태 18

한양가든
테라스
입지 20
규모 20
복합 20
보행 20
형태 20

규모

충정아파트
입지 20
규모 16
복합 18
보행 15
형태 15

원효아파트
입지 20
규모 20
복합 18
보행 14
형태 12

원일아파트
입지 20
규모 20
복합 20
보행 20
형태 18

안산맨숀
입지 20
규모 20
복합 18
보행 20
형태 18

한양가든
테라스
입지 20
규모 20
복합 20
보행 20
형태 20

복합

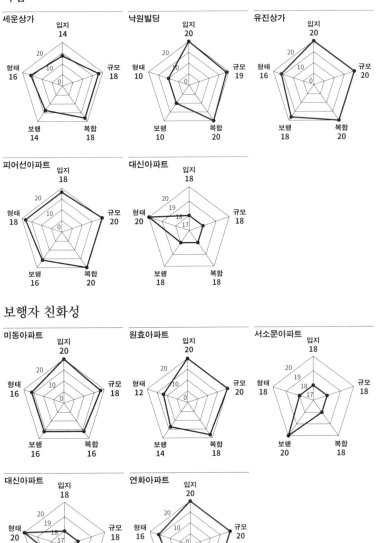

세운상가

입지 14
규모 18
복합 18
보행 14
형태 16

낙원빌딩

입지 20
규모 19
복합 10
보행 10
형태 10

유진상가

입지 20
규모 20
복합 20
보행 18
형태 16

피어선아파트

입지 18
규모 20
복합 20
보행 16
형태 18

대신아파트

입지 18
규모 18
복합 18
보행 18
형태 20

보행자 친화성

미동아파트

입지 20
규모 18
복합 16
보행 16
형태 16

원효아파트

입지 20
규모 20
복합 18
보행 14
형태 12

서소문아파트

입지 18
규모 18
복합 18
보행 20
형태 18

대신아파트

입지 18
규모 18
복합 18
보행 18
형태 20

연화아파트

입지 20
규모 20
복합 15
보행 14
형태 16

형태

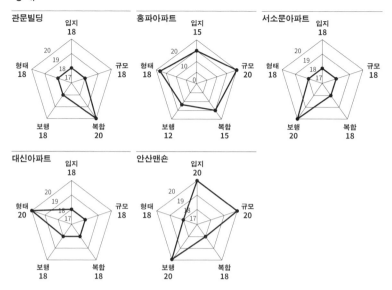

무지개떡 건축 용적률

건축물대장과 토지대장 등을 참고하여 각 건물의 용적률을 산정했다. 유진상가, 서소문아파트 등은 하천 부지 위에 지어져 대지면적 추산이 불가능하다. 도로 위에 지은 세운상가, 낙원빌딩은 실질 용적률을 추산했다. 기타 자료 파악이 어려운 해외 사례 등은 제외했다.

아파트 이름	용적률
충정아파트	365.9%
옥인동 2층한옥	80.3%
서울역 앞 관문빌딩	약 320%
좌원상가아파트	296.4%
세운상가	약 300%(도로 포함), 약 500%(도로 제외)
미동아파트	737.0%
낙원빌딩	약 500%(도로 포함)
효자아파트	558.0%
원일아파트	473.8%
원효아파트	573.4%
대신아파트	238.6%
성요셉아파트	493.5%
삼각아파트 C동	220.7%
홍파아파트	316.4%
피어선아파트	351.7%
금성아파트	373.7%
안산맨숀	464.3%
고은아파트	184.6%
연화아파트	242.7%
숭인상가아파트	606.0%
한양가든테라스	306.9%
올림픽파크타워	332.4%
타워팰리스 1차	919.6%

무지개떡 건축 답사 가이드

책을 읽으면 답사를 가고 싶어질 수 있다. 도움이 될까 하여 여기에 그 단계를 싣는다. 1단계는 책에 나와 있는 곳에 가는 것이다. 책의 내용과 자기 경험을 비교해보거나 전혀 엉뚱한 상상을 할 수도 있다. 책의 오류를 발견하는 즐거움도 있다. 그러다 보면 책에 나오지 않은 곳, 남이 가보지 않은 곳을 가야겠다는 의욕이 생긴다. 그것이 2단계다. 3단계는 그 결과로 어떤 기록을 남기는 일이다. 페이스북도 좋고 블로그도 좋다. 어지간한 책보다 이들 온라인 매체의 파급력이 오히려 큰 경우도 있다. 각종 도구가 발달한 요즘은 굳이 전문가가 아니더라도 정확하고 의미 있는 기록을 남기는 것이 가능하다. 역사는 어떤 특별한 사람의 기록만은 아니다. 내가 성실히 잘 기록하면 그것이 역사가 된다. 그런 의미에서 통상 이런 답사가 어떻게 진행되는지 나의 경험에 기초해서 설명한다. 상가아파트를 위주로 이야기하지만 일반 건물에 대해서도 적용될 내용이다.

1. 사전 조사

인터넷 검색

최초의 단서를 얻고 나면 일단 인터넷에서 이름을 검색한다. 아직 존재하는 상가아파트라면 거의 반드시라고 할 정도로 자료가 존재한다. 바로 각종 부동산 사이트들이다. 매매나 전월세에 대한 정보가 반드시 오가기 마련이고, 그 사이에 건물 자체에 대한 정보가 숨어 있다. 지도가 연계된 경우도 많고 오래된 건물이라도 운이 좋으면 평면도가 올라와 있기도 하다. 재미있는 것은 우리 사회의 변화다. 부동산 중개업소 중에 일종의 '덕후'들이 있다. 자기 사업을 위해 하는 일이라고 보기 어려울 정도로 애정 어린 글과 사진, 각종 자료들을 잘 모아서 정리해두는 분들이다. 이 책에 소개된 건물 중에는 반포주공 노선상가아파트의 경우가 특히 이분들의 신세를 졌다.

인터넷 검색은 반드시 네이버, 다음 등 국내 사이트와 구글과 같은 해외 사이트를 병행하는 것이 좋다. 검색되는 정보의 성격이 다른 경우가 많기 때문이다. 구글에서 건물의 영문명을 넣어 검색해도 의외로 자료가 많이 나온다. 특히 사진 자료는 외국 사이트에 더 질적으로 좋은 것들이 있는 경우도 많다. 심지어 책의 구절에 등장하는 단어까지 찾아주는 기능이 있어서 매우 유용하다. 충정아파트가 트레머호텔이던 시절을 배경으로 한 『귀로』라는 소설의 존재는 이렇게 알게 된 것이다.

사실 여기까지 하면 건물에 대해 어지간한 내용은 파악할 수 있다. 이에 비례해서 각종 자료들이 일치하지 않는다는 사실을 접하기도 한다. 어떤 이유에서인지는 잘 모르겠지만 부동산 사이트에 나오는 건물의 준공년도와 아래에서 설명할 건축물대장의 내용이 다른 경우도 종종 있다. 서소문아파트의 경우 네이버부동산 사이트(land.naver.com)에는 준공년월이 1972년 6월로 나오지만 건축물대장에는 1971년 1월 23일로 되어 있다. 이 책에서는 당연히 후자를 기준으로 했다.

이전에는 건물을 완공하고 한동안 등기를 하지 않는 경우도 있었다. 각종 세금을 회피하기 위한 일종의 편법인데, 그러다가 뒤늦게 등기를 하면 그제야 그 기록이 건축물대장에 올라가는 식이었다. 지금은 건축물대장을 먼저 작성하고 이를 기준으로 등기한다. 충정아파트의 경우 구가옥대장의 준공년도는 "1937년 8월"로 적혀 있고 그 옆에 "등기에 의한 등재"로 되어 있다. 우여곡절 끝에 실제 완공은 1930년이라는 의견으로 모아져 본문에 등장하는 박철수 교수의 논문에서처럼 '한국 최초의 아파트'라는 명예를 거머쥘 수 있었다.

건축물대장과 등기부등본

그다음은 역시 인터넷으로 건축물대장을 열람하는 것이다. 건축물대장은 사람으로 치면 호적이나 주민등록등초본 같은 것이다. 서울의 경우 서울부동산정보조회시스템(klis.seoul.go.kr) 같은 사이트를 사용하면 무료이므로 부담도 없다. 소유권 관계를 알고 싶으면 대법원인터넷등기소(iros.go.kr)에서 등기부등본을 찾아보면 되는데 소정의 비용이 든다. 무언가 법에 저촉되는 건물은 건축물대장에 "위반 건축물"이라는 글씨가 선명하게 박혀 나온다. 등기부등본에는 근저당, 압류 내용까지 주르르 나온다. 이렇게 남의 건물의 자세한 속사정을 들여다보고 있자면 '즐거운 죄책감(guilty pleasure)'이 들기 마련이다. 마치 어둠 속에서 암약하는 탐정이 된 것 같기도 하다. 하지만 여기까지는 법률로써 공개되는 내용이므로 그리 미안해할 필요는 없다.

본문에서도 언급했지만 건축물대장도 완벽한 것은 아니다. 오래된 건물일수록 더욱 그렇다. 설계자, 시공자 이름은 기대하기 어렵고 사용승인일이 빠져 있는 경우도 있다. 더 자세한 정보를 알고 싶을 때에는 결국 해당 구청에 가서 구가옥대장 열람을 신청하는 수밖에 없다. 이 책에서는 효자아파트가 이런 방식으로 사용승인일을 확인한 경우다.

제일 아쉬운 것은 도면이다. 도면이 남아 있는 경우는 크게 두 가지다. 원도면이 남아 있거나 후대에 누가 실측해서 새로 도면을 마련한 것이다. 원도면이야 누군가 당연히 그렸을 테지만 이걸 구하는 것은 거의 불가능이다. 소유 및 관리의 주체가 명확하고, 참여자들이 철저하게 일을 하는 스타일이었거나 건물의 설계자가 워낙 유명한 경우에는 원도면이 남아 있을 수 있다. 낙원빌딩이나 대신아파트가 전자라면 세운상가는 후자다. 관리 사무실에 문의하는 것도 좋지만 생면부지의 남에게 원도면을 보여줄 그럴듯한 이유를 준비해야 할 것이다. 그 밖에는 극히 일부 건물을 극히 일부 연구자들이 실측 조사한 경우가 있을 뿐이다. 결국 도면을 구하기 위한 그나마 가장 좋은 방법은 관련 논문을 구하는 것이다. 이에 대해서는 뒤에서 설명한다.

2. 답사

지도

답사를 다니다 보면 확실히 정보 천국에 살고 있다는 생각이 자주 든다. 각종 지리정보시스템(GIS)을 손쉽게 열람할 수 있기 때문이다. 위에서 이야기한 인터넷 검색의 출발점은 사실 인터넷 지도가 되어도 무방하다. 건물을 클릭하면 건축물대장까지 연결되는 경우도 있다. 특히 아파트는 매매나 전월세 정보가 활발하게 오가는 건물 유형이라 다른 건물에 비해 정보가 더 자세하다.

인터넷 지도의 유용성은 단순한 위치 파악만이 아니다. 이미 보편화되었지만 현장에 가기 위한 교통편을 확인하는 것도 대단히 쉬워졌다. 나의 경우 주로 지하철보다는 버스를 이용했다. 이 책에 등장하는 대다수 상가아파트는 1960년대 후반에서 1970년대 전반에 지어진 것이다. 서울 지하철 1호선 완공일이 1974년 8월 15일이므로 당시의 기분을 조금이나마 가깝게 느끼기 위해서는 버스가 적절하겠다고 생각했다. 차를 몰고 가봐야 주차가 쉽게 되지 않는 경우가 많다. 스트리트뷰로 건물 근처를 한번 훑으면 가서 보고 온 듯한 기분이 들기도 하지만 그것은 착각이다. 직접 가서 보면 건물은 마치 사람처럼 인격체로 다가온다. 말을 걸어오기 시작하고 특유의 소리, 냄새, 감촉이 전해진다. 특히 자기에 대한 사전 정보를 갖고 온 사람을 건물은 기가 막히게 알아본다. 좌원상가아파트의 경우 화면만 보고 판단하지 않았기에 접할 수 있었던 희귀한 사례였다.

특기할 것은 입체지도다. 집이나 사무실에서 컴퓨터로 볼 때는 국토교통부가 개발한 한국판 입체 지도 사이트인 브이월드(vworld.kr)가 천군만마와도 같다. 대한민국 정부가 국가지리정보를 제공했다면 구글어스(Google Earth)가 이미 했을 일이기는 하지만, 디테일의 수준은 그 이상이다. 심지어 평양 등 북한 도시의 주요 건물까지 나와 있다. 입체지도가 특히 유용한 것은 주변 지형이나 건물의 옥상을 볼 때다. 상가아파트의 경우 건물 옥상은 내부 평면을 암시하는 중요한 단서다. 옥상을 보면 중정이 있는지(미동아파트 같은 경우는 건물 폭이 넓은데 중정이 없었다.), 있다면 개방형인지 폐쇄형인지 사전에 알고 갈 수 있다. 이리저리 돌려가면서 사진을 찍기 좋은 각도를 미리 찾아보는 것도 큰 도움이 된다. 좋은 사진 한 장을 찍기 위해서 멀리 있는 다른 건물 옥상에 올라가야 하는 경우는 흔하다.

개인적으로 아쉬웠던 것은 모바일로 볼 수 있는 입체지도였다. 한창 답사를 다니던 2016년 후반기에는 이런 것이 없었다. 그런데 다음 맵에서 진화된 카카오맵이 바로 그 서비스를 시작했다! 2017년 초반부터는 아이폰으로도 가능해졌다. 게다가 그 해상도와 정확성이 실로 놀라운 수준이다. 이런 서비스가 조금 더 일찍 나왔더라면 답사가 한결 수월했으리라. 하지만 이미 내가 누린 것만으로도 충분히 감사한다.

현장

본문에서도 언급했지만 현장을 답사하는 데는 왕도가 없다. 상가아파트 대부분에는 재건축 등 이슈가 걸려 있다. 건물이 그만큼 낡았고 관계자 간 분열도 심하다. 격정적인 플래카드가 내걸린 곳도 흔하다. 그래서 답사하기가 그리 쉽지 않다. 내부를 보기란 더욱 어렵다. 정 급하면 이런저런 편법도 써보지만 편법은 편법에 그친다. 현재로서는 정식으로 이 건물들을 구석구석 볼 수 있는 방법이 마땅치 않다. 게다가 분양한 아파트는 집합건축물로서 소유자가 워낙 많기 때문에 누가 나서서 허락을 해주기도 쉽지 않다. 관리 사무실을 통해 어렵게 절차를 밟았다 하더라도 이를 못마땅해하는 주민들은 당연히 있을 수 있다.

그렇다면 답사를 아예 포기해야 할까? 그러지 않기 위해 권하고 싶은 것은 '최대한 상식적이 돼라'는 것이다. 특히 타인의 프라이버시에 관한 문제에 대해서는 각별히 신경을 써야 한다. 오래된 건물일수록 상태가 좋지 않기 마련인데 그런 모습을 내보이고 싶지 않은 것은 인지상정이다. 그래서 배려하는 마음으로 조심스럽게 행동할 필요가 있다. 상가아파트이므로 상가가 당연히 있을 텐데 거기서 뭐라도 좀 사거나 음식이라도 먹으면서 이야기를 걸어보는 것은 꽤 좋은 방법이다.

자주 느끼지만 종종 주민들을 자극하는 주범 1호는 카메라다. 대형 DSLR 카메라에 대포만 한 렌즈를 달고 다니면 누구나 경계심을 품게 된다. 생활 사진가를 자처하는 나는 평소에도 큰 카메라는 잘 갖고 다니지 않는다. 이 책에 실린 대다수 사진은 나의 애기(愛器)인 라이카 X1이라는 소형 카메라로 찍은 것이다. 심지어 극히 일부이기는 하지만 스마트폰으로 찍은 것도 있다. 둘 다 이런 목적으로는 나무랄 데 없이 좋은 카메라다. 물론 최선의 노력에도, 주민들에게는 당연히 불편을 끼쳤을 것이며, 이 책의 존재 또한 어떤 분들에게는 달갑지

505

않을 것이다. 이 점에 대해서는 대승적인 양해를 구한다.

그리고 또 한 가지. 여러 명이 몰려다니며 하는 답사는 적어도 이런 건물들에는 적절하지 않다는 사실을 강조한다. 많은 사람들이 이런 문제에 대해 관심을 갖고 답사를 다니는 것은 물론 좋은 일이다. 그러나 사람이 여럿 모이면 목소리가 커지고 눈에도 잘 띄기 마련이다. 조용히 보고 나오면 될 일이 공연히 시비에 걸려 커지는 경우가 생길 수 있다. 물론 길에 서서 외관만 보고 오는 것이라면 그리 큰 문제는 아니다. 내가 생각하는 최대한은 네 명이다. 택시 한 차, 탁자 하나 등 네 명은 여러 방면에서 편리한 숫자다. 나의 경우 일부 건물은 한 명 정도의 동행이 있었으나 대부분은 혼자 다녔다. 사실 그래야 건물과 이야기 나누기도 쉬워진다.

주민

몇몇 건물에서는 주민들과의 인터뷰를 시도했다. 이야기가 잘되어 집 내부를 들어가 본 경우도 있다. 대구의 가든테라스가 그랬고 종로구 낙원빌딩도 그랬다. 생활에 관한 이야기는 정말 재미있는 경우가 많고 나름 유익하다. 특히 이전에 누가 여기에 살았다든가 어떤 점이 불편하고 어떤 점이 좋다든가 등이 그렇다. 그러나 건물의 역사와 같은 객관적인 사실에 대해서는 일단 열심히 듣되, 나중에 재확인해 볼 필요가 있다. 자기가 사는 건물에 대해 따로 관심을 품고 나름 조사와 연구를 하는 사람이 과연 얼마나 되겠는가. 서울역 앞 관문빌딩은 이미 학술적으로는 1950년대 후반의 상가주택임이 명백히 밝혀져 있으나 건물 안 누구도 이 사실을 모르고 있었다. "여기에 주거가 있었다니, 말도 안 되는 소리."라는 식의 답변도 들었더랬다.

그래서 그다음 단계인 추가 조사가 필요하다. 사실 대다수에게는 답사 정도까지면 충분히 호기심도 충족되고 나들이로도 충분할 것이다. 그러나 좀 더 정확한 사실을 알고 싶거나 호기심이 끝없다면 다음 단계인 추가 조사로 넘어가기를 권한다. 속어이긴 하지만 찰진 어감의 '덕질'만큼 세상에 즐거운 일도 없다. 물론 정식으로 연구를 한다면 결코 빠질 수 없는 부분이다.

3. 추가 조사

RISS(www.riss.kr)

학위 논문을 써본 사람이라면 다 아는 사이트다. 정식 명칭은 '한국교육학술정보원(KERIS)에서 제공하는 학술연구정보서비스'다. 거창한 이름에 주눅들 필요는 없다. 매우 유용하고 친절한 사이트이기 때문이다. 아무 검색어나 누르면 학위 논문, 학술지 논문과 단행본, 연구 보고서 등 대한민국이 보유한 학술적 글쓰기 자산이 좍 펼쳐진다. 이 중 상당수는 일반 검색 사이트에서는 찾아보기 어려운 것들이다. 원문 보기 서비스가 제공되는 것들도 있으므로 더없이 편리하다. 학술 연구의 특성상 선행 연구에 대한 언급이나 참고 자료에 대한 신뢰도 등에 대한 수준이 높기 때문에 상대적으로 믿고 볼 수 있다는 장점이 있다. 물론 이 세상에 완벽한 것이 없다는 진리는 여기도 마찬가지이기는 하다. 다만 인터넷 사이트나 단행본과는 비교하기 어려운, 깊이가 있는 경우가 많으므로 진정한 마니아나 덕후라면 꼭 활용해야 할 사이트다.

옛날 신문 검색

얼마나 많은 사람들이 이 인터넷 서비스를 활용하는지 모르지만 이것은 정말 우리 시대에 태어났음을 감사하게 만드는 기능이다. 이전에는 이런 일을 하려면 신문사에 연락한 뒤 직접 방문하여 마이크로필름으로 하나하나 찾아야 했다. 그런데 이 또한 인터넷이 접수해버렸다. 네이버가 제공하는 '뉴스 라이브러리(newslibrary.naver.com)'라는 서비스가 바로 그것이다. 구체적으로는 1920년 4월 1일부터 1999년 12월 31일까지의 《경향신문》, 《동아일보》, 《매일경제》, 《한겨레신문》이 검색 대상이다. 마침 이 시기 안에 이 책에 수록된 국내 사례 대부분이 다 포함된다. 나 자신도 이들 건물에 대해서 모든 검색을 마친 것은 아니므로 내용을 찾으면 더 나올 것이다. 특히 많은 상가아파트들이 건립 초기부터 각종 화재 및 안전 문제를 안고 있었다는 점은 이런 검색 기능이 없었으면 알기 어려웠을 사실이다. 정말 시간 가는 줄 모르고 들여다보게 되므로 상당한 자기 절제를 필요로 한다. 사족이지만 자기의 생년월일 신문을 찾아서 읽어보는 것은 나름 삶을 되돌아보는 기회를 제공하기도 한다. 이와 유사한 서비스로는 아이서퍼(eyesurfer.com)라는 조금 더 전문적인 사이트와 앱이 있다.

물론 이 일을 사전 조사 단계에서 할 수도 있다. 답사와 조사를 반복하게 되는 경우도 흔하다. 조각조각 나뉘어 존재하는 정보들이 어떤 거시적인 역사에 따라 하나로 모이는 순간은 큰 쾌감을 준다. 미시사는 필연적으로 거시사와 연계되어 있으며 그것은 사람이나 건물 모두 마찬가지다.

4. 기록

아마 세 번의 추가 조사를 끝낸 사람이라면 어느 정도 기록에 대한 욕심도 날 것이다. 그저 개인의 생각과 판단에 따르면 되겠지만, 나의 경우 사실관계의 나열 못지않게 본인의 솔직한 생각이 들어간 것들이 훨씬 마음에 와닿았다. 나야 건축가이므로 건물 자체에 대한 애정이 있어서 가급적이면 긍정적으로 보게 되지만, 모두가 다 그럴 필요는 없다. 경우에 따라서는 이 책을 읽으면서 낡고 오래된 건물은 그냥 헐고 다시 짓는 편이 낫겠다는 생각을 하는 사람도 물론 있으리라. 심지어 그런 의견도 자신에게 솔직하게 쓰는 것이 좋다고 생각한다. 다만 이렇게 여러 사람의 글과 생각에 많이 담긴 건물은 어딘지 모르게 더 가치가 있어 보이고, 그만큼 살아날 확률도 커지리라는 것이 나의 소박한 희망이다. 비슷한 생각을 나누는 사람들이 늘기를 바라는 마음이다.

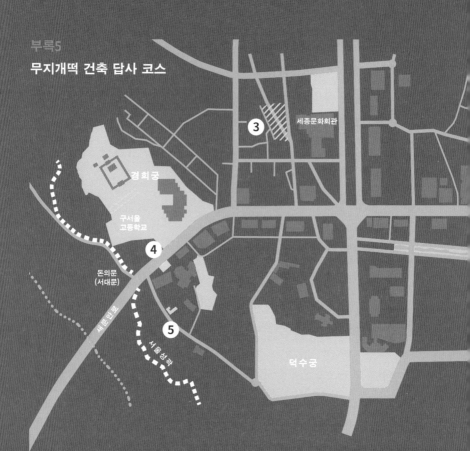

부록5

무지개떡 건축 답사 코스

코스 1 | # 종로

퇴계로에서
종로를 거쳐
새문안로까지

❶ 세운상가 →
진양상가 - 신성상가(현 인현상가) -
풍전호텔(현 PS호텔) -
삼풍상가(현 삼풍넥서스) -
대림상가 - 청계상가 - 세운상가 가동

❷ 낙원빌딩 →

❸ 세종문화회관 인근 주상복합 →

❹ 피어선아파트 →

❺ 정동아파트 →

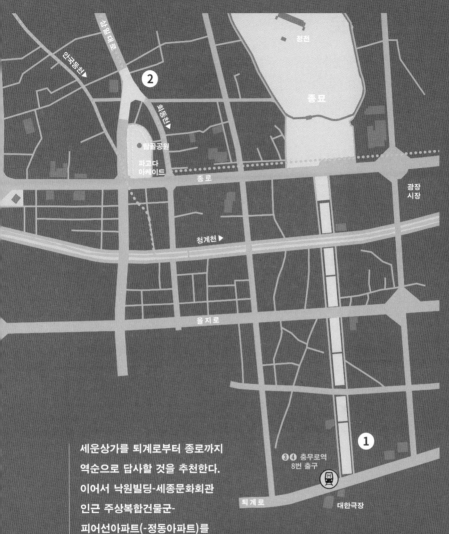

세운상가를 퇴계로부터 종로까지
역순으로 답사할 것을 추천한다.
이어서 낙원빌딩-세종문화회관
인근 주상복합건물군-
피어선아파트(-정동아파트)를
둘러보면 좋다. 구도심의
어떤 위치에 어떤 유형의
상가아파트들이 들어섰나를
살펴보는 것이 이 코스의 묘미다.

0   250m

충정로

중림동에서
서울역 앞을 거쳐
충정로까지

❶ 성요셉아파트 →

❷ 관문빌딩 →

❸ 서소문아파트 →

❹ 충정아파트 →

❺ 미동아파트(경성대화숙 터)

전차로 연결되는 교외 지역으로서
일제강점기부터 신개발 주거지로
각광받던 충정로 일대에 유명한
상가아파트들이 모여 있다. 이 코스의
상가아파트들을 전차 노선, 만초천과
연계해보면 더욱 흥미롭다. 인근의
충정각 등과 함께 답사해도 재미있다.

홍제

홍제천에서
통일로를 따라
안산 기슭까지

❶ 유진상가 →
❷ 원일아파트 →
❸ 안산맨숀 →
❹ 고은아파트

조선 시대부터 독자적인 권역을
이루었던 홍제동 일대에 개성 있는
상가아파트 여러 개가 인접하여
들어서 있다. 아울러 홍제천에 대한
이야기도 함께 즐길 수 있는 코스다.

고가 내부순환로

홍제천 ▲

①

인왕시장

②

🚇 ③ 홍제역
1번 출구

③

디지털
서울문화
예술대학교

④

통일로

모래내로

서울고은
초등학교

0   200m

용산

삼각지에서
용산의 끝자락까지

❶ **삼각아파트** →
❷ **원효아파트** →
❸ **금성아파트**

현재 서울에서 가장 큰 관심이
쏠려 있는 용산의 역사를 생각하며
이들 상가아파트를 답사하면 매우
흥미롭다. 특히 용산이라는 지형을
눈여겨볼 것.

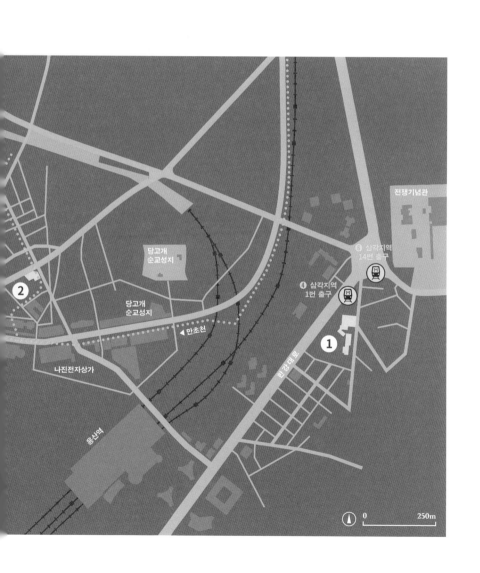

사진 출처

34 제공: 황두진건축사사무소, 촬영: 박영채

45 ⓒ AP / Max Desfor

48 제공: 고 장림종·박진희

64 제공: 황두진건축사사무소, 모델링: 신병호

72 제공: 대한주택공사

105, 313, 362, 379 강승현, 「1960-1970년대 서울 상가아파트에 관한 연구」(서울대학교 석사논문, 2010)

114 조선총독부, 『경성시가도(京城市街圖)』(소림우칠조선지도부, 1927)

130 ⓒNational Archives

131 허영환, 『서울지도: 정도 600년』(범우사, 1994)

199 제공: 엔이이디건축

200 제공: 엔이이디건축, 촬영: 송유석

206, 207, 211(아래), 214 제공: 서가건축, 촬영: 노영

274 실측 및 도면 작성: 이우석

278 《경향신문》(인터넷판 1971년 7월 21일자)

284 《동아일보》(인터넷판 1967년 7월 24일자)

306 이인성, 『서울 성장 50년사 영상자료 탐사』(서울시립대학교, 1998)

312 제공: 대일건설

330(아래) 「서울특별시지번약도」(1993)

342 ⓒOssip van Duivenbode

345 《경향신문》(인터넷판 1970년 9월 29일자)

372, 388 국토교통부 브이월드(map.vworld.kr)

382 제공: 코어건축

457 ⓒKetsiree Wongwan

484, 486, 487 제공: 임동우

가장 도시적인 삶

**무지개떡 건축
탐사 프로젝트**

1판 1쇄 펴냄 2017년 10월 27일

1판 3쇄 펴냄 2020년 2월 11일

지은이	황두진
펴낸이	박상준
편집인	김희진
책임편집	조은
편집	최예원, 강혜란
펴낸곳	반비

출판등록   1997. 3. 24.(제16-1444호)

(우)06027 서울특별시 강남구 도산대로1길 62

대표전화   515-2000, 팩시밀리 515-2007

편집부   517-4263, 팩시밀리 514-2329

글 ⓒ 황두진, 2017. Printed in Seoul, Korea.

ISBN 978-89-8371-892-1 (03610)

반비는 민음사출판그룹의 인문·교양 브랜드입니다.